国際仲裁制度改革の重要論点

中国仲裁法改正との関連で

Key Issues in
International
Arbitration Reform

梶田幸雄 =著
KAJITA Yukio

日本評論社

まえがき

　本書は，国際商事・投資仲裁に関して，筆者が2023年及び2024年に発表した研究をまとめたものである。収録にあたっては，誤植・誤記の修正を行ったほか，一部の論考については公表後の動向に関して論文に若干の加筆修正及び追補をした。また，各章は独立した論考として公表したものであるので，関連する叙述の中に若干の重複した文章があるが，各章を1つの論考として読むこともできるように，重複もあえてそのままにしているところがある。

　国際仲裁（商事・投資）については，多くの課題があり，この解決策が常に検討され，様々な改正がなされている。現時点における制度改革の論点を整理し，課題の存在を明らかにすることは，今後の改革方針や発展方向を検討する上で有用なことであると考える。

　本書は，全7章で構成されている。第1章は，中国仲裁法改正の動向と実務への影響についての論考である。第2章から第4章は，中国の国際商事仲裁における重要な論点を取り上げてそれぞれ検討をした。中国における新しい実務の動向に関する論考であるが，ここで取り上げた問題は，単に中国の問題ではなく，広く国際商事仲裁が抱えている課題である。第5章は，国際仲裁における第三者資金提供に関する論考である。第6章及び第7章は，国際投資仲裁に関わる問題を扱った。各章の主な内容は，以下のとおりである。

　第1章は，中国が着手している仲裁法改正に関する問題を検討した。現行仲裁法は1995年9月1日から施行された30年経ったところ，この間に中国の対外開放は大きく進展した。このとき，中国の仲裁機関を世界の仲裁センターにしたいという強い意向がある。そこで，①仲裁範囲，②仲裁機関の性質，③臨時仲裁，④国内外仲裁判断に関する司法審査基準の統一，⑤国際仲裁法との不一致の解消などについて国際実務に合わせた改正をしようとしている。改正内容と課題，実務への影響，改正によってもなお残

る問題について検討をした。

　第2章は，中国仲裁法と渉外仲裁合意の準拠法の関係について，中軽三聯国際貿易有限公司とTata International Metals（Asia）Co., Ltd.が，SHIACの仲裁判断の承認・執行に関わって，仲裁合意の有効性を争い，北京市第四中級人民法院で審理された事件を題材に，本件における実務上の争点，当該問題に関する中国関係機関の政策的考え方について明らかにしたものである。「仲裁法改正案（意見徴収稿）」の中で，仲裁合意の有効性を判断する準拠法の決定問題に関わる改正案も示された。仲裁合意の準拠法適用の順序は，これまで一律ではなく変遷がある。中国現行法及び司法解釈は，①当事者が約定した法（主契約準拠法の仲裁合意への適用を認めない）⇨ ②仲裁地法 ⇨ ③法廷地法の順番で適用され，同時に仲裁合意を可能な限り有効と認めるという原則を基本としている。

　第3章は，国際商事仲裁における暫定保全措置に関する論考である。中国は，仲裁法の改正に着手しているが，この改正の目玉の1つに暫定措置の採用がある。暫定措置については，国際商取引法委員会国際商事仲裁モデル法（UNCITRALモデル法）でも採用され，国際商業会議所（ICC）国際仲裁裁判所においてもその活用が増えている。日本も改正仲裁法案において暫定措置導入の検討がなされている。しかし，暫定措置は，国際的にもまだ新しい制度であり，UNCITRAL仲裁規則のように国際的に統一された規則があるという状況ではない。暫定措置という特別手続を採用するに際しては，正当で合理的な手続が行われることが必要であり，このためにいかなる制度構築がなされる必要があるのかを検討しなければならない。そこで，中国が仲裁法改正の中で，暫定措置に関していかなる規定をしようとしているのかに焦点を当て，（1）暫定措置の意義，要件，効果を明らかにし，（2）改正案における重要な論点として，①仲裁廷及び緊急仲裁人の権限（これに関しては，中国本土で初めて緊急仲裁人手続が適用された事件を検討する），②暫定措置の執行の問題を検討し，（3）改正案に対する実務上の課題を指摘し，検討した。

　第4章は，国際商事仲裁における並行的手続と訴訟差止命令に関する論考である。国際商事仲裁の実務において，国際民商事訴訟の並行的手続が

存在する。並行的手続が行われることは，国際商事仲裁制度の優位性・利便性を阻害し，紛争の解決を遅らせ，訴訟経済という側面からは，時間，コストの浪費にもつながる。それにもかかわらず，なぜ国際商事仲裁と国際民商事訴訟の並行的手続が存在するのか。並行的手続を許容することに問題はないのか。並行的手続を回避する手段はあるのか。国際取引から生じた紛争の解決法として，企業に仲裁を推奨する上で，こうした問題を検討する実務的意味がある。そこで，並行的手続と訴訟差止命令について，それぞれがどのような関係に立ち，各制度は実務上どのように機能しているのかを主に検討した。

　第5章は，国際仲裁における第三者資金提供に関して検討した。国際投資・商取引において紛争が生じたときに，当事者が仲裁による解決を選択することが増える中で，仲裁にかかる費用の増加という問題が生じている。この問題への対策として，第三者資金提供（Third-Party Funding）の利用が国際仲裁の特徴になりつつある。国際仲裁における第三者資金提供について，衡平という観点から実務の展開における問題について考える必要があるであろう。このことを考える上で，（1）第三者資金提供の概念を明らかにし，（2）香港及びシンガポールの動向，（3）第三者資金提供に関する主な論点，（4）第三者資金提供と衡平の問題について検討をした。

　第6章は，人権保護と国際仲裁に関する論考である。国際貿易や投資は，イノベーションを促進し，持続的高度成長をもたらすものであると広く認識されている。しかし，一方で，現在の国際投資は人権保護に悪影響を及ぼしているとの批判も少なくない。この点に関して，2011年に国連の人権理事会において「ビジネスと人権に関する指導原則」が全会一致で支持されて以降，企業には人権を尊重したグローバル事業展開をすることが一層強く要請されるようになってきている。2019年には，「ビジネスと人権仲裁に関するハーグ規則」（The Hague Rules on Business and Human Rights Arbitration）が発布され，国家が人々を人権侵害から保護・救済する義務を有効に果たすルールが形成された。企業が国連指導原則にますますコミットするようになるにつれて，人権を尊重する企業の責任が貿易・投資を行う上で不可欠の要件として挙げられるようになりつつある。そこで，

（1）ハーグ規則制定の機運として，企業の国際投資において人権問題がどのように扱われるようになってきたか，（2）ハーグ規則の特筆すべき特徴，（3）課題の存在，（4）今後の展望について検討をした。

第7章は，国際投資仲裁の透明性とアミカス・キュリエに関する論考である。上述の「ビジネスと人権仲裁に関するハーグ規則」は，ビジネスが人権に及ぼす影響に関連する紛争を仲裁により解決するための一連の手順を提供する。人権への影響を問題とする仲裁が行われようとするとき，アミカス・キュリエの仲裁への関与の重要性が増すものと考えられる。国連人権理事会第54回会議（2023年9月11日から10月6日）の議題3 "Right to development in international investment law, Study by the Expert Mechanism on the Right to Development" においてもアミカス・キュリエの役割は中心的に取り上げられた問題の1つである。そこで，（1）アミカス・キュリエの概念を概説し，（2）国際仲裁においてアミカス・キュリエが採用されるきっかけとなった事件を概観し，（3）今日におけるアミカス・キュリエが仲裁手続に関与することが認められる根拠を確認し，（4）アミカス・キュリエの実務上の機能及び効果，課題を指摘した。

第1章から第5章は，中国における最新の実務の動向から国際商事仲裁における論点について分析・検討したものである。2022年12月に同じく日本評論社から『中国における国際取引紛争解決法』を上梓した。表題に「中国」と入っているが，その内容は中国においてのみ議論され，適用されているものではなく，臨時仲裁（アドホック仲裁），第三者参加型の多数当事者仲裁，国際仲裁における上訴制度，国際商事調停，腐敗問題・環境保護問題と国際投資仲裁，外国判決・外国仲裁判断の承認・執行と相互主義，経済制裁の域外適用に関する問題など，広く国際商事仲裁・投資仲裁においても議論されている問題について検討をした。中国も国際仲裁における実務の動向，議論を十分に意識した改革をしようとしているので，国際仲裁を研究する上でも参考に供することができるものと考えている。国際商事仲裁・投資仲裁に関する今日的議論がどのように行われているのかという視点から，本書の姉妹書としてご高覧いただければ幸いである。

本書をまとめるにあたって，山内惟介先生の学恩が想起される。蘊奥を

極めた師範に師事できたことは非常に幸甚なことであった。篤志だけはあるが何も極められずにいる筆者をいつも暖かく見守っていただき，論考の発表の都度，丁寧かつ厳しいご指導をいただいている。本書の刊行については，日本評論社の代表取締役社長・柴田英輔氏の御援助をいただいた。ここに衷心から感謝の意を表する。

　　　2025年2月1日

梶田幸雄

追補：
　2024年11月4日，中国第14期全国人民代表大会常務委員会第12回会議において「仲裁法改正案」が示された。意見徴収稿が示されてから3年も費やして今回の改正案が提出されたことになる。意見聴取稿に比べて改正条文は極端に減らされ，ほぼ現行法に戻されているような印象である。現行法と意見徴収稿及び11月4日の改正案については，比較表を作成したので，その違いを参照いただきたい。又，第2次改正案については，本書の関連章で追補のかたちで若干のコメントをする。

目　次

第1章　中国仲裁法改正の動向と実務への影響　1
Ⅰ　はじめに　2
Ⅱ　仲裁法改正の経緯と意図　4
　1　改正の経緯　4
　2　改正の意図　6
　3　仲裁法改正の基本原則　9
Ⅲ　仲裁法改正の主要論点　11
　1　仲裁範囲　11
　2　仲裁機関の性質　14
　3　臨時仲裁　19
　4　国内外の仲裁判断に関する司法審査基準の統一　21
　　（1）仲裁判断の取消制度　22
　　（2）仲裁判断の執行拒否　25
　5　国際仲裁法との不一致の解消　26
Ⅳ　その他の重要な改正内容　27
　1　仲裁合意の有効性　27
　2　仲裁地の概念　28
　3　仲裁人と中国仲裁協会のルール改善　30
　　（1）仲裁人推薦名簿　30
　　（2）仲裁人の開示，回避，忌避制度　31
　4　仲裁手続規範の改善　31
　5　暫定措置　32
　6　仲裁当事者以外の者による執行異議申立　34
Ⅴ　まとめ　36
　表　仲裁法改正草案対比表及び司法部の改正草案説明　40

第2章　中国仲裁法と渉外仲裁合意の準拠法
　　　　　——中軽三聯国際貿易有限公司 v. Tata International Metals
　　　　　(Asia) Co., Ltd. 事件と最近の動向　103

Ⅰ　はじめに　104
Ⅱ　事件の概要　105
　1　事実関係　105
　2　当事者の主張　105
　　（1）中軽三聯公司の主張　105
　　（2）Tata Co. の主張　107
　3　北京法院の判決内容　111
Ⅲ　SHIAC による論評——仲裁合意の効力の準拠法について　114
Ⅳ　北京法院の裁定及び SHIAC の論評の分析と検討　119
　1　北京法院の判決について　119
　2　SHIAC の論評について　120
　3　検討——仲裁合意準拠法決定の基準の変遷　122
Ⅳ　まとめ
　　　——今後の予測と主契約準拠法の仲裁合意準拠法への
　　　　適用可能性　128
〈参考条文〉　131

第3章　中国国際商事仲裁における暫定措置　135

Ⅰ　はじめに　136
Ⅱ　暫定措置の概念　138
　1　暫定措置の意義　138
　2　暫定措置申立の受理可能性　140
　3　暫定措置発令の主体　141
　4　暫定措置発令の要件と内容　142
　5　暫定措置発令の効果　143
Ⅲ　暫定措置改正案における重要論点　143
　1　仲裁廷及び緊急仲裁人の権限　143

    2　緊急仲裁人の権限，暫定措置発令の実質的要件に関する実務の展開
      ——中国本土で初めて緊急仲裁人手続が適用された事件（GKML事件）　147
     （1）事件の概要　147
     （2）緊急仲裁人の検討内容　149
     （3）暫定措置発令要件の再検討　153
    3　暫定措置の執行　157
   Ⅳ　まとめ——仲裁法改正案に存在する課題　159
  〈参考資料〉　161

第4章　中国国際商事仲裁における並行的手続と訴訟差止命令　169

   Ⅰ　はじめに　170
   Ⅱ　並行的手続　171
    1　意義と法制の現状　171
    2　実務の動向——並行的手続の事例　175
     （1）恒光公司 v. 超級汽車公司事件　175
     （2）泰州浩普公司 v. Swiss Wicor Holding Company 事件　176
     （3）並行的手続事例の評価　177
    3　課題の存在　179
   Ⅲ　訴訟差止命令（Anti-suit Injunction）　180
    1　意義　180
    2　法制の現状と実務の動向　182
    3　訴訟差止命令発令の要件　185
    4　訴訟差止命令発令の制度化に関する議論　187
    5　実務上の課題の検討　190
   Ⅳ　まとめ　192

第5章　国際仲裁における第三者資金提供の論点　195

   Ⅰ　はじめに　196

Ⅱ　第三者資金提供の概念　198
　Ⅲ　第三者資金提供制度の概要　202
　　1　第三者資金提供利用の概況　202
　　2　香港，シンガポールの制度概要　202
　　　（1）香港　202
　　　（2）シンガポール　205
　Ⅳ　資金提供者，被提供者，提供方式と範囲　208
　　1　資金提供者　208
　　2　被資金提供者（紛争当事者，弁護士）　209
　　3　資金提供の方式と範囲　209
　Ⅴ　第三者資金提供と衡平の問題　211
　　1　仲裁における衡平の必要性　212
　　2　仲裁人の独立　214
　　3　情報開示　215
　　　（1）情報開示する当事者　215
　　　（2）情報開示の範囲　216
　Ⅵ　第三者資金提供の効果　218
　Ⅶ　まとめ　222

第6章　人権保護と国際仲裁
　　　――「ビジネスと人権仲裁に関するハーグ規則」の適用　225
　Ⅰ　はじめに　226
　Ⅱ　ハーグ規則制定に向けた動きと特徴　227
　　1　人権尊重の機運の高まり　227
　　2　ハーグ規則の重要な特徴　229
　　　（1）第三者の仲裁参加　230
　　　（2）武器の不平等への対処　230
　　　（3）公開審理（Transparency）　231
　　　（4）第三者の資金提供　231
　Ⅲ　課題の存在　232

Ⅳ　今後の展望　236
Ⅴ　まとめ　239

第7章　国際投資仲裁の透明性とアミカス・キュリエ　241
Ⅰ　はじめに　242
Ⅱ　アミカス・キュリエの概念　244
Ⅲ　アミカス・キュリエの契機となった事例　246
Ⅳ　透明性規則に基づく地位確立　248
Ⅴ　課題の存在　250
Ⅵ　まとめ　253

索引：事件リスト　255

第1章
中国仲裁法改正の動向と実務への影響

I　はじめに

　中国が仲裁法の改正に着手している。現行の仲裁法は1995年9月1日から施行されているものである。仲裁法施行から30年経ったが，この間に中国の対外開放は大きく進展した。とりわけ，習近平国家主席が"一帯一路"構想[1]を打ち出してからは，中国企業の海外事業展開も活発となった。これに伴って，国際商事・投資に関わる紛争も増加し，国際仲裁による紛争処理も増えている。国際投資仲裁に関しては，中国企業が投資先国政府を相手取って国際投資紛争解決センター（ICSID）に仲裁を申し立てたり，逆に中国政府が中国に投資した企業から ICSID 仲裁に申し立てられたりということが見られるようになってきた。このとき，中国は，自国の仲裁機関で通常の商事仲裁に加えて，投資仲裁，金融関係の仲裁，スポーツ仲裁など様々な類型の仲裁を受理し，"一帯一路"沿線国における国際仲裁を処理し，さらには世界における国際仲裁センターになりたいという願望をもつようになった。すでにある程度まで中国の仲裁機関，特に中国国際経済貿易仲裁委員会（CIETAC）は国際的にも評価される機関になってきていると言えるかも知れない。ロンドン大学クイーン・メアリー校（QMUL：School of International Arbitration, Queen Mary University of

---

1）中国は，2002年11月の中国共産党第16回大会で「走出去」という対外投資戦略を打ち出した。そして，2015年3月に「シルクロード経済ベルトと21世紀海上シルクロードの共同建設推進のビジョンと行動」（いわゆる"一帯一路"構想）を発布した。"一帯一路"において，「一帯」（シルクロード経済ベルト）は，①中国から中央アジア，ロシアを経て欧州（バルト海）まで，②中国から中央アジア，西アジアを経てペルシャ湾，地中海まで，③中国から東南アジア，南アジア，インド洋までの各のルートの発展をターゲットとする。「一路」（21世紀海上シルクロード）は，①中国沿岸港から南中国海を経てインド洋，さらには欧州まで，②中国沿岸港から南中国海を経て南太平洋までの各ルートの発展をターゲットとする。この構想を推進する上で，国際取引関係では，貿易・投資について国際法を順守することのほかに，"一帯一路"沿線国との二国間条約の締結が欠かせない。とりわけ投資保護協定の締結と，投資に関して紛争が生じた場合の国際投資仲裁制度の適用が重要となる。また，アジア・インフラ投資銀行及びシルクロード基金など金融機関に関して，関係各国と協議しながら国際金融法整備をすることも必要となる。

London）国際仲裁スクールが行なった調査「2021 International Arbitration Survey: Adapting arbitration to a changing world」[2]によると，世界で最も好まれる上位5仲裁機関として国際商業会議所仲裁裁判所（ICC）（57％），シンガポール国際仲裁センター（SIAC）（49％），香港国際仲裁センター（HKIAC）（44％），ロンドン国際仲裁裁判所（LCIA）（39％），そしてCIETAC（17％）が挙げられている。仲裁地としては，北京が12％で第7位，上海が8％で第8位に位置付けられた。このとき，国際仲裁センターとして認められるための要件とは何かを考えると，次の要件が指摘できるであろう。第一に，（1）仲裁機関が多くの事件を受理することができることである。このためには，受理する仲裁範囲が広範であるということが必要である。第二に，（2）仲裁地として選択されることである。この場合，必ずしも中国の仲裁機関で仲裁を行うということではなく，中国に設立された外国仲裁機関が事件を受理すること，また，外国仲裁機関による臨時仲裁廷が中国で行われるということもある[3]。したがって，外国仲裁機関を中国に誘致するということも中国が国際仲裁センターとなるための要件として考慮されるであろう。中国における外国仲裁機関として，すでにHKIAC，ICC，及びSIACが上海自由貿易試験区に代表事務所を置いている[4]。

　そうであるときに現行仲裁法の規定では，このような実務に対応できない。例えば，国際商事仲裁においてしばしば利用される臨時仲裁に関しては，国務院の通達や自由貿易試験区など一部地区で当該地区の条例により，試験的に外国仲裁機関による臨時仲裁が認められているに過ぎない。この

2）School of International Arbitration, Queen Mary University of London, 2021 International Arbitration Survey: Adapting arbitration to a changing world, LON0320037-QMUL-International-Arbitration-Survey-2021_19_WEB.pdf
3）臨時仲裁については，拙著『中国における国際商取引紛争解決法』（日本評論社，2022年）第1章「臨時仲裁の課題――中国自由貿易区における臨時仲裁」（2-12頁）を参照いただきたい。
4）ただし，これらの仲裁機関は，いずれも当該仲裁機関の利用を促進するためのものであり，上海自由貿易試験区において臨時仲裁を行おうという趣旨のものではない。

ような個別対応では限度がある。そこで，仲裁法を改正することで国際仲裁センターとしての地位を確立しようとする考えが俎上にのぼり，仲裁法改正に着手し，改正草案が全人代で報告され，パブリックオピニオンを聴取する段階になった。

そこで，本章では，第一に，（1）仲裁法改正の経緯と意図，改正の基本原則を確認し，第二に，（2）仲裁法改正の主な論点として，①仲裁範囲，②仲裁機関の性質，③臨時仲裁，④国内外仲裁判断に関する司法審査基準の統一，⑤国際仲裁法との不一致の解消，及び（3）その他の主要な改正内容として，①仲裁合意の有効性，②仲裁地の概念，③仲裁人に関する問題，④仲裁手続の改善，⑤暫定措置，⑥仲裁当事者以外の者による執行異議申立について，改正内容と課題，実務への影響，改正によってもなお残る問題について検討をしたいと考える。

中国の仲裁法改正について検討することは，日本でも2023年2月28日に「仲裁法の一部を改正する法律案」が第221回国会に提出され，4月21日に可決，成立したところ，比較法的意味もあると考える。また，日本の企業実務家に対して，中国における紛争解決法として有力な商事仲裁の利用可能性及び解決のための予測可能性が高まるか否かについての検討材料を提供することもできると考える。

Ⅱ　仲裁法改正の経緯と意図

1　改正の経緯

現行の仲裁法は，第8期全国人民代表大会（以下，「全人代」という）常務委員会第9回会議において1994年8月31日に採択され，1995年9月1日から施行されている。今日，中国の経済発展と対外開放に伴い，仲裁法の規定が中国及び国際的な仲裁慣行と一致しないという問題が顕著になっており，仲裁法改正の要請が高まってきた[5]。仲裁慣行と一致しないという点についての詳細な論点は後述（Ⅲ）するが，意見徴収稿（以下、本稿では「改正案」という）公表後の2022年6月に開催された全国政治協商会議

主催の「仲裁法改正座談会」においては、仲裁法改正の意図について以下の5つの問題点指摘がなされている[6]。第一に、(1)仲裁範囲が比較的狭く、今日の国際経済及びビジネスモデルから生じる紛争、例えば国際投資やスポーツ仲裁に対応できないことである。第二に、(2)仲裁機関の性質と位置付け、及びそのガバナンス構造が明確に定義されておらず、仲裁機関と業界全体の改革と発展にそぐわないことである。第三に、(3)仲裁法の施行以来の豊富な仲裁実務経験と司法解釈[7]をまとめ、法規範に格上げする必要があることである。第四に、(4)国内外の仲裁判断に関する不統一な司法審査基準、及び仲裁判断の取消しと執行拒否との間の対立を解決する必要があることである。第五に、(5)中国の現行仲裁法は国際仲裁法と十分に一致していないことである。

このような問題意識は以前から存在していたことである。そこで、2018年9月7日に第13期全人代常務委員会が公表した立法計画において仲裁法改正がすでに俎上にあがっている。その後、司法部は、2019年3月に第1回全国仲裁業務会議を開催した。そして、同年4月に中国共産党中央委員会弁公庁及び国務院弁公庁が「仲裁制度を整備し仲裁の信頼性を向上させることに関する若干の意見」[8]を発布した後、司法部が正式に仲裁法改正に着手した[9]。同年5月に仲裁法改正に関して全国的に意見の聴取が始め

---

5) http://www.moj.gov.cn/pub/sfbgw/lfyjzj/lflfyjzj/202107/t20210730_432967.html (2023年1月30日最終閲覧)。
6)「加快仲裁修法完善仲裁制度——全国政協"仲裁法的修訂"双周協商座談会総述」人民政協報、2022年6月7日。
7) 司法解釈とは、法により最高人民法院に付与された職権であり、最高人民法院が法の執行過程において法律問題を具体的にいかに適用すればよいかということについて司法効力のある解釈をすることをいう。この根拠は、1955年6月の全国人民代表大会常務委員会の「法律解釈問題に関する決議」による。1954年9月に公布され、1983年9月に改正された中華人民共和国人民法院組織法第33条は、「最高人民法院は審判過程において具体的にいかに法律、法令を適用するかについて解釈をする。」と規定している。周道鸞「新中国司法解釈工作的回顧与完善司法解釈工作的思考」最高人民法院研究室編『中華人民共和国最高人民法院司法解釈全集(1949.10-1993.6)』(人民法院出版社、1994年)1頁。
8) 関于完善仲裁制度提高仲裁公信力的若干意見(http://www.gov.cn/zhengce/2019-04/16/content_5383424.htm、2023年1月30日最終閲覧)。

られた。2020年3月には，外国関連の仲裁問題に関する特別研究プロジェクトが始動した。2020年9月，仲裁法に関する理論及び実務界の専門家によるワーキンググループが設置され，仲裁法第1次改正案が起草された。2020年10月にこの第1次改正案が，関係各部（省庁），各省・市・自治区の司法部門（局）及び仲裁機関に送付された。同時に全人代常務委員会法制工作委員会，最高人民法院，商務部，裁判官，商工会議所や民間企業の代表者などとの意見交換が行われた。そして，2021年7月30日に司法部により「仲裁法改正案（意見徴収稿）」（以下「改正案」という）が示され，パブリックコメントの聴取が始まったところである[10]。現行仲裁法は全8章80条からなるが，改正案は全8章99条からなり，大幅な加筆修正が行われようとしている。

2　改正の意図

中国全国の法院が受理した一審の渉外民商事事件が2021年に2万7,300件であるところ[11]，CIETACが受理した事件数は636件しかなく，仲裁の利用は著しく少ない[12]。国際的には中国の経済成長にとって欠かせない国際貿易の伸長，外国企業の投資誘致，及びこれに伴う紛争発生への対応を勘案したとき，中国の仲裁制度をより国際基準に適った制度にすることが不可欠であるということになる。また，中国企業の海外進出の増加，とりわけ，"一帯一路"構想の実施により，近年では中国企業が申立人とな

9）http://www.gov.cn/zhengce/2019-04/16/content_5383424.htm（last visited January 30, 2023）．

10）https://npcobserver.com/wp-content/uploads/2020/11/Arbitration-Law-2021-Draft-Revision.pdf（last visited December 31, 2024）．

11）2022年10月28日の第13期全国人民代表大会常務委員会第37回会議における周強・最高人民法院院長の「最高人民法院関于人民法院渉外審判工作情況的報告」による（http://gongbao.court.gov.cn/Details/27948895a20b4e054ee58650875205.html　2024年12月31日最終閲覧）．

12）http://www.cietac.org/index.php?m=Page&a=index&id=24（2023年2月9日最終閲覧）．

り，又は中国政府が被申立人となる投資仲裁事件が発生している[13)]。中国は，現時点ですでに151ヵ国，32の国際組織が中国と計200件余りの"一帯一路"共同建設協力文書に調印している。世界銀行の2019年の研究報告によると，"一帯一路"共同建設の枠組みの交通インフラプロジェクトが全て実施された場合には，2030年に世界に年間1兆6,000億ドルの収益をもたらすことが期待され，これは世界全体の経済規模の1.3％を占めるという[14)]。そうであると国際投資紛争もさらに増えるであろうことが予想される。そこで，仲裁法の改正により，中国の仲裁機関が投資仲裁を受理する法的根拠を備えることも企図したいという考えもある。

中国は，2002年11月の共産党第16期全国代表大会で中国企業の海外投資を積極的にするという対外経済戦略（一般に「走出去」といわれる）[15)]を打ち出した。この対外経済戦略は，（1）世界経済における中国の影響力拡大，（2）中国経済の長期・持続的成長，（3）国際分業の中での主要な地位の確保を達成することをもって，中国式のグローバリゼーション[16)]を構築しようとする意図をもったものである。

これを具体的に示すものが，2015年3月の「シルクロード経済ベルトと21世紀海上シルクロードの共同建設推進のビジョンと行動」（いわゆる"一帯一路"構想）の発布である。これを受けて，最高人民法院は，2015年7月に「人民法院が"一帯一路"建設に司法サービス及び保障を提供することに関する若干の意見」を発布した。最高人民法院は，多様な紛争解決制度を支持し，当事者の意思を尊重し，裁判・仲裁の国際信用力を高めるこ

---

13) 中国関連の国際投資仲裁の動向については，梶田幸雄「中国"一帯一路"構想推進と国際投資仲裁」（世界経済評論，2018年7・8月号，56-62頁）がある。
14) 人民網日本語版 2023年01月12日（http://j.people.com.cn/n3/2023/0112/c94474-10195154.html, 2023年2月9日最終閲覧）。
15) 中国の対外経済戦略について詳しくは，梶田幸雄・江原規由・露口洋介・江利紅『中国対外経済戦略のリアリティー』（麗澤大学出版会，2017年）を参照いただきたい。
16) 中国式グローバリゼーションについては，梶田幸雄「新型コロナウイルス後の中国のグローバルガバナンス戦略」『グローバルガバナンスにおける中国の戦略とその影響〜2020年の中国経済政策及び今後の展望』（国際貿易投資研究所，ITI調査シリーズ，No.101, 2021年2月，1-20頁）を参照いただきたい。

とを目指し，積極的に国際規則の制定に関わり，中国の司法における国際発信力を高めるとしている。例えば，2007年10月の共産党第17期全国代表大会において，外資を積極的に誘致するために自由貿易区建設が国家戦略として提起され，2022年4月末日までに全国に21の自由貿易試験区及び海南自由貿易港が設置されるに至っている[17]。中国は，これまで国内における臨時仲裁には否定的であり，2016年12月30日に最高人民法院が「自由貿易試験区の建設のために司法の保障を提供することに関する意見」（法発〔2016〕34号）を発布するまでは，臨時仲裁は認められなかった。ところが，今，中国各地に設置されている自由貿易試験区において，臨時仲裁が認められるようになっている。

　自由貿易試験区設置は，"一帯一路"構想を補完するものであり，自由貿易試験区において外資導入を促進しようと臨時仲裁が行われているのである。このほかに，中国海商法協会は，2022年3月18日に国連国際商取引法委員会の国際商事仲裁モデル法（UNCITRAL Model Law on International Commercial Arbitration，以下，「UNCITRAL モデル法」という）と臨時仲裁に適用される仲裁規則，及びシンガポールとロンドン海事仲裁協会の臨時仲裁規則などを参考にした「中国海商法協会臨時仲裁規則」及び「中国海事仲裁委員会臨時仲裁規則」を発布し，同日から施行することを発表している[18]。

　このような実務上の動向があるところ，仲裁法の改正が喫緊の課題となってきた。では，上述したような仲裁法改正の意図があるところ，どのような方針で改正作業をするのか。この点について以下で考察したい。これには，全国政治協商会議主催の「仲裁法改正座談会」における5つの論点の指摘，すなわち，（1）仲裁範囲の拡大，（2）仲裁機関の性質，（3）仲裁実務経験と司法解釈を仲裁法に取り込むこと，（4）国内外の仲裁判断に関する不統一な司法審査基準の統一，（5）国際仲裁法との整合性の問

17）人民日報海外版　http://www.gov.cn/xinwen/2022-04/20/content_5686196.htm（2023年1月14日最終閲覧）。
18）https://www.ccpit.org/a/20220318/20220318jjas.html（last visited May, 28. 2022）.

題を中心に改正の趣旨，及び改正計画を検討するのが適当と考える。なお，（3）は，（1）〜（5）のそれぞれの中において存在する問題である。仲裁実務経験ということでは，上述した最高人民法院の「意見」や仲裁判断の取消しの申立て，承認・執行申立又は承認・執行拒否の申立てがあった場合に最高人民法院が下級人民法院からの上申に対して回答（事前報告制度)[19]したりする中で様々な法的問題に関する適用基準が示されているものなどを仲裁法で条文化することが検討されている。そこで，この具体的な問題については，各論点について検討する中で適宜取り上げる。各論点について個別に検討する前に改正の基本的原則が仲裁法改正案において総則の章として設けられているので，これを先に確認しておく。

3 仲裁法改正の基本原則

司法部による「仲裁法（改正）意見徴収稿に関する説明」[20]（以下，「改正案説明」という）において，改正に関する基本的な考え方について，正しい政治的方向を遵守し，実務上のニーズと組み合わせて，中国の国情に基づいて，有用な国際的仲裁経験を参考にして，現行の仲裁法の基本的な立法スタイルを維持することを前提としつつ，実務経験に基づいた改革を行い，中国の特徴と国際基準に沿った仲裁法制度にするとしている。正しい政治的方向と中国の国情とは，習近平国家主席の2022年10月の第20回中国

---

19) 最高人民法院は地方人民法院が中国の渉外仲裁判断の執行拒否をする場合の事前報告制度を定めている。この報告制度は，次の通知を根拠とするものである。この通知とは，最高人民法院の「人民法院の渉外仲裁及び外国仲裁事項に関わる問題の処理に関する通知」（1995年8月28日，法発［1995］18号）である。この通知の第2項において，次のとおり規定されている。「およそ一方の当事者が法院に我が国の渉外仲裁機関の判断の執行を申し立てる場合，……法院が我が国の渉外仲裁機関の判断が民事訴訟法第260条の事由の一つがあると認定するときには，……判断不執行を裁定する前に，必ず本管轄区の高級人民法院に報告し，審査を得なければならない。もし高級人民法院が不執行……に同意する場合には，その審査意見を最高人民法院に報告しなければならない。最高人民法院の回答の後，不執行の裁定……をすることができる。」
20) 关于《中华人民共和国仲裁法（修订）（征求意见稿）》的说明，https://m.thepaper.cn/newsDetail_forward_29326972（2024年12月31日最終閲覧）。

共産党大会における発言によれば,「中国の特色ある社会主義の道」を歩み,「中華民族の復興」を図ることである[21]。そして, 製造強国となることを目指し, とりわけ対外政策に関しては, 規制, 管理, 基準などの制度的緩和を拡大し, 貿易強国の建設を加速し, "一帯一路"の発展を推進し, 多元的で安定した国際経済構造と経済・貿易関係を維持する。これにより中華文明の伝播力と影響力を強化し, 中華文化の立場を堅守することであるとしている[22]。

　仲裁法改正においても対外開放, "一帯一路"建設, 中華文化の伝播力の強化に貢献することが狙いとされるわけであるが, 改正案の総則部分でこれに関する整備が行われようとしている。改正の基本原則として, 以下の4点が指摘できる。

　第一に,（1）立法目的として第1条に「国際経済交流を促進する」という文言が加筆されたことである。改正案説明によれば, これは国際経済及び貿易紛争を仲裁し, 国際経済秩序を維持するという立場を反映し, 対外開放の新しい要件に適応しようとすることである。第二に,（2）中国の仲裁機関が国際当事者に関連する紛争を受理できるようにするための法的障害を回避し, 中国の仲裁の国際的な信頼性と競争力を高めることである。第三に,（3）現行法第4条第1項の当事者の自由意思による仲裁付託に関して,「信義則に基づき仲裁が行われること」が加筆されたこと, また, 改正案第10条で「人民法院は法により仲裁を支持し, 監督する」ことが加筆されたことである。第四に,（4）現行法第7条「仲裁は, 事実に基づき, 法律の規定に適合し, 公平かつ合理的に紛争を解決しなければならない」を改正案で「商取引慣行を参照」することが加筆されたことである。

　基本原則に関する改正の意図, 具体的な内容については, 以下の仲裁法改正の主要論点の中で言及することとし, 以下, 前述した全国政治協商会

---

21) http://www.news.cn/politics/cpc20/2022-10/25/c_1129079429.htm （last visited January 30, 2023）.
22) https://www.gov.cn/xinwen/2022-10/25/content_5721685.htm

議主催の「仲裁法改正座談会」における5点の指摘，(1) 仲裁範囲の拡大，(2) 仲裁機関の性質，(3) 仲裁実務経験と司法解釈の立法化，(4) 国内外の仲裁判断の司法審査基準統一，(5) 国際仲裁法との整合性の各論点，また，(6) その他の重要な改正事項について叙述する。ただし，(3) 仲裁実務経験と司法解釈の立法化は，前述したとおり，それぞれの論点に関して司法実務上の解釈変更が行われたり，最高人民法院の司法解釈が発布されたりしているので，単独で叙述するものではなく，各論点の中で関連する事項を取り上げる。なお，筆者の知る限りでは，最高人民法院により30件余の仲裁関係の司法解釈，通知[23]，司法実務で下級人民法院からの上申に対する回答などがある。

Ⅲ 仲裁法改正の主要論点

1 仲裁範囲

　仲裁範囲とは，一般に仲裁によっていかなる紛争を解決できるかという，紛争の仲裁可能性の範囲をいう[24]。この仲裁範囲について検討する意味は，紛争当事者にとって，紛争の解決を仲裁に付託する場合，当該紛争が仲裁に付託することのできる範囲の紛争であるか否かを判断しなければならないからである。当事者が紛争の解決を仲裁機関に付託しようとしても，紛争内容が仲裁機関の仲裁範囲でなければ，当該仲裁機関は紛争解決の申立を受理しない[25]。

　各仲裁機関の仲裁規則には，当該仲裁機関が受理し，仲裁によって解決できる紛争の範囲が定められている。当事者は，仲裁合意により自らの正当な権利と利益を保護するため，仲裁により紛争を解決しようとする範囲

---

23) 最高人民法院が発布する司法解釈と同様の性質を有する権威性文書である。
24) 劉景一，喬世明『仲裁法理論与適用』人民法院出版社，1997年，41頁。仲裁範囲は，仲裁対象とか，仲裁の適用範囲などともいわれる。
25) 宋連斌『国際商事仲裁管轄権研究』法律出版社，2000年，117頁。

を定める。この際に仲裁機関の受理範囲は，紛争解決メカニズムとして仲裁を機能させる上で重要な問題である。

　現行仲裁法は，第2条で「契約紛争及びその他の財産権益に関わる紛争」について仲裁できるとし，第3条で（1）婚姻，養子縁組，監護，扶養及び相続に関わる紛争，（2）法により行政機関が処理すべき行政紛争については仲裁することができないと規定している。現実問題として中国で国際仲裁業務を担う代表的な機関としてCIETACがあるが[26]，CIETACは，仲裁範囲に関してCIETAC仲裁規則（2023年9月2日改正，2024年1月1日施行）第3条第1項で「中国国際経済貿易仲裁委員会は，仲裁の方法で，独立して，公正に契約性又は非契約性の経済貿易紛争を受理する。」と規定している。ここで対象となる紛争について，具体的に第2項で規定している。すなわち，①国際又は渉外の紛争，②香港特別行政区，マカオ特別行政区又は台湾地区に関わる紛争，③外国投資企業間及び外国投資企業と中国のその他の法人，自然人及び／又は経済組織間の紛争，④中国法人，自然人及び／又は経済組織が外国，国際組織又は香港特別行政区，マカオ特別行政区又は台湾地区の資金，技術又はサービスを利用して，プロジェクト融資，入札募集・入札，建築工事などの活動を行う際に生じた紛争，⑤中華人民共和国の法律，行政法規の特別の規定，又は特別授権に基づき，仲裁委員会が受理する紛争，⑥当事者の協議により仲裁委員会が仲裁するその他の国内紛争である。

　なお，上記規定において「経済貿易」とは，国外において購入，販売する商品の契約又は委託する売買契約から生じるもの，商品の輸送，保険，保管，発送から生じるもの，及びその他の対外貿易業務をいう。また，貿易以外の国際取引関係として合弁企業など外資系企業の設立，技術供与契約，外国政府借款プロジェクトなどが含まれる。

　国際仲裁における中国のプレゼンスを高めたいところ，現行の規定では

---

26) CIETACの2022年の仲裁受理件数は4,086件あり，うち渉外事件の受理件数は642件と世界で最も受理件数の多い仲裁機関の1つである（http://www.cietac.org/index.php?m=Page&a=index&id=24（2023年1月26日最終閲覧）。

仲裁範囲が狭いというのが改正案説明で指摘されていることである。中国人民政治協商会議の全国委員会委員であり，中国社会科学院のWang Zihao氏は，国際投資，知的財産，独占禁止，スポーツやその他の新しい種類の紛争についても仲裁範囲に含め，仲裁範囲を拡大することが，国際仲裁発展の一般的な傾向であるという[27]。そこで，中国の仲裁機関が国際当事者に関連する紛争を受理できるようにするための法的障害を撤廃し，中国の仲裁の国際的な信頼性と競争力を高めることが求められる。この点については，仲裁可能性として現行法第2条「平等な主体としての公民，法人その他組織の間に発生した契約紛争及びその他の財産権益紛争」の「平等な主体の公民」を改正案では「自然人」に改め，仲裁することができない場合として，現行法第3条に対応する改正案第2条に第3項として「その他の法律に特約の規定がある場合には，その規定による」と加筆し，仲裁可能性の範囲の解釈余地を広げた。さらに，CIETACは，国際投資仲裁を受理すべく，すでに「国際投資紛争仲裁規則（試行）」を2017年10月1日から施行している[28]。北京仲裁委員会も国際投資仲裁規則を2019年7月4日に採択し，2019年10月1日から施行している[29]。また，CIETACは，金融紛争仲裁規則も制定している[30]。深圳国際仲裁院は，

---

27) 前掲注3）に同じ。なお，2022年12月12日に「中国体育仲裁委員会組織規則」（https://www.gov.cn/gongbao/2023/issue_10466/202305/content_6874708.html，2024年2月13日最終閲覧）及び「体育仲裁規則」（https://www.gov.cn/gongbao/2023/issue_10466/202305/content_6874709.html，2024年2月13日最終閲覧）が採択され，2023年1月1日から施行されている。中国スポーツ仲裁委員会（中国体育仲裁委員会）によると，2023年11月末時点で「体育法」と「体育仲裁規則」に基づいてすでに3件の事件が受理・審理されたという（http://www.news.cn/2023-11/28/c_1129996518.htm，2024年2月13日最終閲覧）。
28) 国際投資争端仲裁規則（試行），http://www.cietac.org/Uploads/201709/59c8d60367bb5.pdf．
29) 国際投資争端仲裁規則，http://www.bjac.org.cn/page/data_dl/touzi_cn.pdf．CIETACの国際投資仲裁規則に関する論文に住田尚之「CIETACにおける初めての国際投資紛争仲裁規則の制定」（国際商事法務，Vol.45（2017）1689-1694頁）がある。
30) 中国国際経済貿易仲裁委員会金融争議仲裁規則（2015版）（2014年11月4日中国国際貿易促進委員会／中国国際商会修訂并批准，2015年1月1日起施行）http://www.cietac.org/index.php?m=Page&a=index&id=66，（2023年1月22日最終閲覧）。

金融借款紛争仲裁規則を定めている[31]。実務で先行していることを仲裁法に取り入れ，仲裁範囲の拡大を確実にしようとするものであると評価できる。

2　仲裁機関の性質

　仲裁機関の性質とは，全人代の説明によれば，仲裁機関は「営利法人」であるのか，又は「非営利法人」であるのかを問うことである。そして，仲裁機関は，「非営利法人」として位置付けられる。そこで，非営利法人であることを明確にし，公正・衡平に公的サービスを提供することを明確にし，仲裁の信頼性を向上させたいというのが改正の重要な問題の１つとして挙げられている。

　現状では国内仲裁を行う仲裁機関は，仲裁法第10条第３項により，省・自治区・直轄市の司法行政機関に登記して，設立しなければならないとされている。また，渉外仲裁を行う仲裁機関は，仲裁法第66条により，中国国際商会（商業会議所）が設立した機関でなければならない。

　以上の規定では，仲裁機関の法的性質が「非営利法人」であることが明確ではないとして，曹義孫氏（中国人民政治諮問会議全国委員会委員，中国政法大学教授）は，仲裁法の改正は民法典の法人の規定（第３章第３節第87条〜第95条に非営利法人に関する規定がある）に基づくべきであり，民法の既存の規定に厳格に従い，非営利法人，社会サービス機関としての仲裁機関の機能を明確にするべきであると提案した[32]。このような提案をする理由は，当事者が紛争解決手段として訴訟ではなく仲裁を選択するのは，仲裁における当事者の自由意思が尊重されるだけでなく，仲裁の公正性，

31）深圳国際仲裁院金融借款争議仲裁規則，https://online.scia.com.cn/Common/SciaFinanceRule2022，（2023年１月22日最終閲覧）。また，上海銀行紛争調停センターが，自由貿易試験区において初めて臨時仲裁を行ったと発表している（http://www.dhl.com.cn/CN/tansuocontent/0008/013791/7.aspx?MID=0902（last visited Mar. 23.2021)）。

32）前掲注３）に同じ。

信頼性にあると考え，これが仲裁の生命線であるという考えによる。ところが，関連研究機関へのアンケート調査によると，仲裁を選択しないとした回答者の32.09％が中国の仲裁機関の独立性と信頼性に対する懸念を挙げている[33]。そうであるから，非営利法人であることを明確にする必要があるという主張になるわけである。

では，いかに非営利法人としての仲裁機関に関する制度の充実を図るかということが問題となる。この点について，第一に，（1）改正案説明に従って，仲裁機関の設立とその登録管理システムをさらに調整し，規制するために，①自治県，県級市等が仲裁機関の設置を強く求め，国家戦略上特別なニーズがあると認められる地域が増加していることに鑑み（これには"一帯一路"の起点となるような市，例えば甘粛省蘭州市などの存在がある），改正案では，その他仲裁機関の設立が必要と認められる場合には，国務院司法行政部門の承認により設立を認めるということが加筆され（改正案第11条第3項），第二に，（2）仲裁機関の登録制度を統一することとし，中国国際商会が設立した仲裁機関で，現行法では登録が義務付けられていないものについても，法人格を明確にするために登録を求めることとされた（改正案第12条）。さらに，仲裁機関の非営利法人としての法的性質が明確に条文で規定された（改正案第13条）。また，ガバナンス体制の整備及び仲裁機関の情報公開の仕組みに関する規定も新たに加筆された（改正案第16条及び第17条）。ガバナンスについては，仲裁機関は表決権，執行権，監督権を分離し，有効な相互監視，対等な職責という原則による定款を制定しなければならないとしている（改正案第16条第1項）。仲裁機関の表決機関が仲裁委員会である場合には，主任1名，副主任2～4名，委員7～11名で構成し，この構成員は法律，経済貿易の専門家，及び業務経験のある者であり，このうち法律，経済貿易の専門家が3分の2以上いなければならず（改正案第16条第2項），任期は5年である（同第16条第5項）。仲裁人の兼務も禁止され，公務員が仲裁機関の執行部門の主要責任者になることも

33）前掲注3）に同じ。

禁じられる（同第16条第3項）。仲裁機関の情報公開に関しては，改正案第17条で定款，登記事項，受理費，年度報告書，財務状況などを公開しなければならないとされる。なお，渉外仲裁における仲裁人の選任については，第7章「渉外仲裁の特別規定」第89条で国内外の渉外法律，仲裁，経済・貿易，科学技術などの専門知識を有する者から任命することができるとしており，国内仲裁よりもさらに柔軟な選任ができるようにしようとしている。

　さて，このときに同時に問題となるのは，外国仲裁機関の位置付けである。外国仲裁機関が国内仲裁事件を受理することは認められるのか。この点について仲裁法改正案では，以下のとおりの規定を準備している。

　第一に，（1）外国仲裁機関が中国国内で国内・渉外仲裁業務を行う場合の障害であった仲裁法第10条第3項の登記要件（国内仲裁），第66条の中国国際商会による設立機関要件（渉外仲裁）が，改正案では，上述したとおり国務院司法部（省）の認可事項となっている点である。国務院司法部の認可事項となったことで，中国の行政区画，地方保護主義（地方政府が地元の国内仲裁機関を優遇しようとするために，外国仲裁機関の設立を認可しない）を意識せずに外国仲裁機関は中国国内に支局を開設できるということになると考える。改正案第12条第3項は「外国仲裁機関は，中華人民共和国内で業務機関を設立し，渉外仲裁業務を行う場合には，省・自治区・直轄市の司法行政部門に登記し，国務院司法行政部門に届け出る」としている。中国社会科学院国際法研究所，北京市法学会立法研究会及び中国仲裁法学研究会が2020年6月に実施した「仲裁専門家に対するアンケート調査」によると，外国仲裁機関の支部を中国国内に設けることについて，賛成する専門家が72.55％，条件は成熟していないとする専門家が27.45％であった[34]。外国仲裁機関が中国に支局を設置する機運が高まってきているということである。

---

34) 毛暁飛「法律実証研究視角下的仲裁法修訂：共識与差異」国際法研究，2021年第6期，116頁。「仲裁専門家に対するアンケート調査」（仲裁専家意見調査問巻）は，国内の専門家から102通の有効回答，国際仲裁の専門家から6通の有効回答があった。

第二に，(2) 仲裁合意に仲裁付託する仲裁委員会の名称を記載しなければならないという規定（第16条第2項第3号）について，改正案では，「仲裁委員会」という表現そのものがなくなっている（改正案第21条）。最高人民法院は，以前から仲裁機関の名称が仲裁合意書に誤って記載されていても，独自の明確な仲裁機関を推定できる限りは，仲裁合意を有効と認めるという見解であったが[35]，「仲裁委員会」を削除することにより，仲裁合意の意思があれば十分であるとしたものである。

　第三に，(3) 第66条第1項の渉外仲裁委員会は，中国国際商会が組織して設立するという規定について，改正案で第7章に「渉外仲裁の特別規定」に関する特段の章立て（改正案第88条～第93条）があるのは現行法と変わらないが，「渉外仲裁委員会」という用語がなくなっている。渉外的要素のある事件は，渉外仲裁人が仲裁業務を行い（改正案第89条），渉外仲裁合意の効力は，当事者が約定した仲裁の準拠法又は約定がない場合は仲裁地法を適用し，このいずれもない場合には人民法院が仲裁合意の効力を認定するとし（改正案第90条），当事者が仲裁機関を約定するか，又は直接に仲裁廷の設置を約定できる（改正案第91条）としている。これは，現行仲裁法第18条が，仲裁委員会に関する約定がないか又は約定が不明確な仲裁合意は無効とすると規定しており，これにより，中国は臨時仲裁を認めないという姿勢を示し，この点において中国内国法とニューヨーク条約の衝突があったところ[36]，臨時仲裁を認めるということも意味する改正で

---

35)「仲裁委員会」という用語は広義に解釈されるべきであり，外国仲裁機関が中国本土での仲裁に対する法的障害はないと主張して，そのような仲裁合意の有効性を支持するものである（趙秀文「論ICC国際仲裁院在我国的承認与執行」http://ielaw.uibe.edu.cn/images/uploads/soft/10_080802103452.pdf）。

36) 臨時仲裁が認められた事案もある。海事仲裁については，仲裁合意において臨時仲裁を規定した条項を有効とし，ロンドンで行われた臨時仲裁を中国の社会公共利益に反するものではないとした事案がある。また，最高人民法院の「香港仲裁判断の内地における執行の関係問題に関する通知」は，当事者が中国の裁判所に香港特別行政区で行われた臨時仲裁，ICC国際仲裁裁判所など国外仲裁機関の行った仲裁判断の執行を請求する場合には，中国の裁判所は「内地と香港特別行政区の仲裁判断の相互執行に関する調整」の規定により審査すると定めている。

ある。将来的には，国内仲裁，渉外仲裁，外国仲裁を平等に扱うという姿勢が示されつつあるのではないかと考える[37]。

実は，上記3点の関連で中国に設立された外国仲裁機関に中国国内における仲裁業務を許可するか否かという問題については，実務の方が先行している。すでに外国仲裁機関が中国国内（本土）で行った仲裁判断の承認・執行事例がある。中国の法院が，外国仲裁機関が中国本土で行った仲裁判断を中国の仲裁判断とみなした初めてのケースとして，国際商業会議所（ICC）国際仲裁裁判所が広州市で臨時仲裁を行い，仲裁判断を示し，この仲裁判断が中国の法院によって有効と認定された「ブレントウッド（米国法人）と広東閣安龍機械設備製造有限公司の事件」（以下，「ブレントウッド事件」という）がある[38]。2020年8月，広州中級人民法院は，ICC

---

[37] 最高人民法院は，2016年12月30日に「自由貿易試験区建設のために司法保障を提供することに関する意見」を発布した。この第9条に以下の3つの着目される内容がある。

第一に，（1）渉外的要素の概念を拡大し，自由貿易試験区内に設立・登記された外商投資企業にも渉外的要素，すなわち外国の領域に関わる要素があるということを認めるとするものである。これまで中国は，中国国内で登記された企業は，外商投資企業であっても国内企業であり，渉外性はないと判断されていた。このために商事紛争処理は，原則として中国国内の国内仲裁機関によるしかなかった。このことは，外商投資企業にとっては不利であると考えられていた。

第二に，（2）自由貿易試験区内に設立・登記された外商投資企業間の商事紛争について国外仲裁を認めることである。上述の（1）との関連で，外商投資企業間の紛争であれば，当事者の意思で中国国内の渉外仲裁機関ではなく，国外の国際商事仲裁機関における仲裁が許容されることになった。

第三に，（3）自由貿易試験区内に設立・登記された企業同士が中国国内の仲裁地，仲裁規則，仲裁人を特段に定めて紛争を解決する仲裁合意をした場合には，人民法院はこれを有効な仲裁合意とする。これは，中国法において臨時仲裁（アドホック仲裁）がこれまで認められていなかったところ，自由貿易試験区内企業間の商事紛争に限って中国が臨時仲裁を認めるということである。

[38] Jian Zhang, "Good News or Bad News? Arbitral Awards Rendered in China by Foreign Arbitral Institutions Being Regarded as Chinese Awards", https://www.chinajusticeobserver.com/a/good-news-or-bad-news-arbitral-awards-rendered-in-china-by-foreign-arbitral-institutions-being-regarded-as-chinese-awards （last visited November 30, 2020）。また，外国仲裁機関の中国への設立状況については，梶田幸雄『中国における国際取引紛争解決法』（日本評論社，2022年，108頁）参照。

国際仲裁裁判所による当該事件に対する仲裁判断を中国国内の仲裁判断と同様のものと認め，民事訴訟法に従って執行されるものとするという判決を言い渡した。これまでは，中国の法院は，外国仲裁機関が中国国内で仲裁を行うことを約定した合意を無効とするか，又は外国の仲裁判断とみなしていた。今，中国は，外国の仲裁機関が中国に事務所を設置し，中国で仲裁することを歓迎しており，ブレントウッド事件はこの趨勢に道を切り開いたものと評価できるだろう[39]。

3　臨時仲裁

さらに，上記に関連して臨時仲裁がどこまで認められるかという問題もある。この点については，臨時仲裁制度が導入され，その運用が始まっている中国自由貿易試験区の動向が参考になる[40]。

中国は，これまで国内における臨時仲裁には否定的であり，2016年12月30日に最高人民法院が「自由貿易試験区の建設のために司法の保障を提供することに関する意見」（法発〔2016〕34号）を発布するまでは，臨時仲裁は認められなかった。

ところが，今，中国各地に設置されている自由貿易試験区において，臨

---

39) ICC 国際仲裁裁判所は，中国の仲裁機関ではない。この訴訟に関係する「最終的な仲裁判断」は，外国の仲裁機関によって行われたものであり，国内の仲裁判断でも外国の仲裁判断でもない。中国はニューヨーク条約に加盟した際に留保声明をしており，中国は他の締約国の領土内の外国仲裁機関によって行われた仲裁判断のみを承認・執行する。相互主義の原則に基づいており，外国仲裁機関が中国国内で行った仲裁判断の条約への適用は排除されるということになる。中国は，ニューヨーク条約の加盟に際して，「互恵留保」により，同条約の締約国（中国以外）の領域内においてなされた仲裁判断を承認・執行するとしており，それ以外の非国内仲裁判断（non-domestic award）は，ニューヨーク条約に基づけば中国で承認・執行することはできないとしているからである。仲裁法第16条（仲裁合意の方式）の仲裁委員会には，国外の仲裁機関は含まれず，したがって，国外の仲裁機関が行う仲裁は無効であり，このことから国外の仲裁機関は中国国内で仲裁業務を行うことは，仲裁法及び民事訴訟法の規定により認められないということになる。前掲注35）拙著，93-97頁。
40) 臨時仲裁について詳しくは，前掲注35）拙著，2-12頁を参照いただきたい。

時仲裁が認められるようになっている[41]。自由貿易試験区設置は,"一帯一路"構想を補完するものであり,自由貿易試験区おける臨時仲裁は,外国企業の信頼を得て,外資導入を促進しようとするものである。2007年10月の共産党第17期全国代表大会において,外資を積極的に誘致するために自由貿易区建設が国家戦略として提起された。2013年3月には,中国国務院が「中国（上海）自由貿易試験区」の設置方針を決定し,同年8月22日に正式に中国に自由貿易試験区を設置するという決定をした。2013年11月の共産党第18期中央委員会第3回全体会議では,経済のグローバル化を推進するため,投資条件を緩和し,自由貿易区の建設を加速しなければならないという決定がされている。2019年10月に開催された共産党第19期中央委員会第4回全体会議では,自由貿易試験区にさらに自主権を付与し,自由貿易港を建設するという決定が行われた。

そうであるので,改正案第7章「渉外仲裁の特別規定」第91条「（1）渉外的要素のある商事紛争の当事者は,約定した仲裁機関で仲裁をするか,又は直接に臨時仲裁廷における仲裁を約定することができる。（2）臨時仲裁廷の仲裁手続は,被申立人が仲裁申立を受領した日から開始される。（3）当事者が仲裁地の約定をしていないか,又は約定が不明確な場合には,仲裁廷は事件の状況に応じて仲裁地を決定する。」という規定を設けた。また,第92条で臨時仲裁において仲裁廷が速やかに構成できない場合には,当事者の合意する仲裁機関に仲裁廷の構成を委任することができるとし,当事者による合意が達成できないときには,仲裁地,当事者の所在地又は紛争に最も密接な関係のある地の中級人民法院が臨時仲裁に協力する仲裁機関を指定するとし,この人民法院の指定は終局的なものであるとしている。この規定は,臨時仲裁を認め,規範化するものである。ただし,渉外的要素[42]のある商事紛争に限定しているという問題がなお残っている。こ

---

41) 自由貿易試験区で試験的に始まった臨時仲裁制度の課題に関して,前掲注34) 参照。
42) 渉外的要素とは,第一に当事者の一方又は双方が外国人,無国籍人,外国企業又は組織であること,第二に当事者間の民事法律関係の成立,変更又は終止によって法的事実が外国で発生したこと,第三に目的物が外国にあることをいう（郭寿康＝趙秀文編『国際経済貿易仲裁法』中国法制出版社,1999年,264頁,399頁）。

の点についても徐々に範囲を広げていくことが必要であろう。この渉外的要素という問題に関連して，次に問題となるのが，現行仲裁法では国内外の仲裁判断に関する司法審査基準が異なるという点である。次にこの点の改正案を検討する。

4 国内外の仲裁判断に関する司法審査基準の統一

司法審査について統一的定義はないが，中国は，司法審査とは仲裁と法院の関係を規律する概念であり，（1）仲裁を支援[43]しようとすることと，（2）仲裁を審査し，抑制するということを共に司法審査としている。仲裁法改正案で司法審査基準の統一と言っているのは，支援に関することではなく，仲裁の誤りを矯正する判断基準をどうするかということである。

現行仲裁法は，仲裁を国内仲裁と渉外仲裁の2つに分類している。第7章で渉外仲裁に関する特段の章を設けているという特徴がある。また，中国は「外国仲裁判断の承認及び執行に関する国際条約」（以下，「ニューヨーク条約」という）に加盟しており，締約国間における外国仲裁判断の承認・執行について規定している[44]。そこで，中国には，仲裁判断について，大分類として（1）中国国内における仲裁判断と，（2）外国仲裁判断（非国内仲裁）の2つがあり，前者は，（1）-①国内仲裁判断と（1）-②渉外仲裁判断に小分類される。

国内仲裁判断（（1）-①）とは，中国国内における取引に関する紛争を国内仲裁機関が審理をし，示した判断のことをいう。中国国内の外資系企業間の取引であっても，目的物も中国国内にあるような取引であれば，国内取引であり，この取引から生じた紛争を外国の仲裁機関に仲裁付託する

---

43) 仲裁を支援するということについては，（1）当事者間の有効な仲裁合意の存在による妨訴抗弁の認容，（2）仲裁申立に基づく財産保全措置，（3）仲裁判断の承認・執行，（4）法院に対する仲裁判断取消の申立ての棄却などがある。
44) 最高人民法院「我国が加入した外国仲裁判断の承認及び執行に関する条約を執行することに関する通知」（1987年4月1日）中華人民共和国最高人民法院公報，1987年，第2号。

ことは認められないというのが従来の考え方である。

　渉外仲裁判断（(1)-②）とは、最高人民法院が2015年2月4日に施行した「民事訴訟法の適用に関する解釈」[45]（以下、「民訴法適用解釈」という）第522条により、民事関係に、①当事者の一方又は双方が外国公民、外国法人若しくはその他の組織、無国籍人であるとき、②当事者の一方又は双方の常居所が中華人民共和国の領域外にあるとき、③目的物が中華人民共和国の領域外にあるとき、④民事関係の発生、変更又は消滅という法律事実が中華人民共和国の領域外で生じたとき、⑤渉外民事関係のその他の事情があると認定できるとき、の事由のいずれか一がある事件について示された仲裁判断のことをいう。ニューヨーク条約の適用があるのは、この仲裁判断についてである[46]。

　外国仲裁判断（非国内仲裁）は、上記の渉外事件と同様の事由があり、当事者が紛争解決につき外国仲裁機関に仲裁付託する合意をし、外国仲裁機関が示した仲裁判断をいう。

　この違いが具体的には、（1）仲裁判断の取消し、（2）仲裁判断の承認・執行という場面に影響を及ぼす。それぞれにどのような問題があるか、以下で検討する。

（1）仲裁判断の取消制度

　仲裁判断の取消しとは、有効に成立した仲裁判断を当事者の申立てにより、裁判所が審理し、仲裁判断に取消事由があると認める場合に、これを取り消すという行為である。仲裁判断取消の手続を規定するのは、当事者

---

45) 最高人民法院「関于適用〈中華人民共和国民事訴訟法〉的解釈」2014年12月18日最高人民法院審判委員会第1636次会議において採択・公布、2015年2月4日施行、https://www.spp.gov.cn/spp/flfg/sfjs/201502/t20150205_90222.shtml（2021年11月30日最終閲覧）。
　　この解釈は、2022年3月22日に改正され、2022年4月10日から改正解釈が施行されているが、522条はそのままである（解釈の決定については、最高人民法院「関于修改《最高人民法院関于適用〈中華人民共和国民事訴訟法〉的解釈》的決定」（https://www.court.gov.cn/zixun-xiangqing-353731.html、2023年2月6日最終閲覧）を参照。
46) 詳しくは、前掲注35) 拙著、68-90頁。

の適法な権益を保護し，仲裁業務における誤りを減少させることにある。

仲裁法は，法院における仲裁判断取消の手続を定めている[47]。国内仲裁については，第5章第58条で，①仲裁合意の不存在，②判断事項の仲裁範囲の踰越，又は仲裁権限の不存在，③仲裁廷の構成，又は仲裁手続の違法性，④証拠の偽造，⑤証拠の隠蔽，⑥仲裁人の賄賂収受など不正行為，を仲裁判断取消の要件としている。渉外仲裁については，仲裁法第70条で，当事者が証拠を提出し，渉外仲裁判断に民事訴訟法に定める状況のいずれかがあることを証明したときは，法院が合議廷を構成し，審査を行い，その事実を確認したときは，取消しの裁定をするとしている。民事訴訟法に規定される取消事由は，ニューヨーク条約，各国の仲裁法でも一般に認められ，採用されている事由であり[48]，仲裁判断の執行拒否事由と同様である。

両者の違いは，国内仲裁の取消判断については，証拠の偽造と隠蔽という2つの実質的な審査理由があることであり，外国仲裁判断の取消しには公序（中国語で「社会公共利益」と表現されている）の侵害があることである。

仲裁法改正案第77条は，国内及び外国に関連する仲裁判断の取消手続を一律に規定している。取消理由は，①仲裁合意の不存在又は無効，②仲裁範囲の踰越，③仲裁手続の瑕疵，④仲裁廷の構成又は仲裁手続の違法性，⑤仲裁判断が悪意ある共謀，証拠の偽造などの不正行為により得られたものであること，⑥仲裁人が私利私欲により判断を示したこと，を挙げている（第1項第1〜6号）。また，⑦人民法院は，仲裁判断が公序に反すると認められる場合には，取消しの裁定をする（第4項）。

この規定における大きな懸念事項として，第4項の公序の解釈が国内と国際とでは異なるのではないかという指摘をしたい。仲裁判断の執行が公序に反さないか否かの判断基準を国内仲裁と渉外仲裁で統一するという場

---

47) 国内仲裁判断と渉外仲裁判断の取消事由は異なる。国内仲裁判断の取消事由については仲裁法第58条の規定による。
48) 趙健「関于裁決撤銷程序的幾个問題」『仲裁与法律通訊』（1998年2月，第1期）32頁。

合に，この公序が国際公序ではなく，国内公序になるということがあるとすれば，新たに大きな問題となる。

　公序は，外国仲裁判断の承認・執行拒否の一事由であるが，その適用基準には争いがある。また，「公序は，人民法院が仲裁判断の執行拒否をする場合の逃げ道を与える。」[49]という指摘もある。人民法院が判断を審査する場合，判断が公序に反しているか否かを決定するときに，判断自身から出発して，明確に国又は社会の重大な利益に反していない場合は判断を執行すべきであり，当事者の個別の利益又は地方利益を審査の基準にして，判断の執行を拒んではならないというのが原則である。しかし，中国の法律は「公序」について解釈をしておらず，さらに国内判断及び渉外仲裁の審査時に明確な指摘をしていない。このために公序の抗弁が成立するか否かを考える審査基準が一致しているか否か，ここから地方法院が渉外仲裁判断の執行を審査するのに採用する基準との不一致が生じ，判断の執行が阻まれているという事実がある[50]。渉外民事関係法律適用法第5条は「外国法の適用が中華人民共和国の公序を損なう場合には，中華人民共和国法を適用する。」と規定している。最高人民法院は，外国仲裁判断の承認・執行に関して，これを拒否することには慎重であり，公序の概念も国内の公序とは異なり，中国国内で外国仲裁判断の適用をした場合に中国の公序と反する場合に公序違反を理由とした承認・執行拒否をしようとしている。仲裁法改正案で，国内外の規定を統一したとしても，この公序の解釈に関しては，国内外で異なる解釈をすることが求められるだろう[51]。

　なお，取消しの審査期間については，現行仲裁法は第59条で6ヵ月とし

---

49) Andrew Kui-Nung Cheung, Enforcement of Foreign Arbitral Awards in the People's Republic of China, The American Journal of Comparative Law, Vol.34, Spring 1986, No.2.
50) 中国の国際（渉外）商事仲裁における公序（社会公共の利益）に関する問題について，詳しくは，梶田幸雄「中国における外国仲裁判断の承認・執行拒否事由としての公序」（法学新報，第123巻第5・6号，平成28年11月，117-145頁）を参照いただきたい。
51) 中国の公序問題について事例を含めて詳しくは，前掲注38）拙著，198-232頁を参照いただきたい。

ているところ，改正案では第79条で3ヵ月に短縮されている。UNCITRAL モデル法に倣う改正だが，この改正目的は，仲裁判断の有効性の確実性を向上させ，それによって仲裁判断の信頼性を高め，仲裁判断が取り消される可能性を減らすことにあると考える。

（2）仲裁判断の執行拒否

仲裁判断の執行が問題となるのは，仲裁廷が，紛争当事者に対して仲裁判断を示しても，一方当事者がこの仲裁判断を任意に履行しない場合，給付請求権を有するもう一方の当事者が，人民法院に仲裁判断の執行申立をし，執行認容判決を得なければ，広義の仲裁手続は完結することにはならないからである。同時に，この場合に給付義務を負う一方の当事者による執行拒否の訴えがなされることもある。

仲裁判断の執行について，現行仲裁法は国内仲裁判断については，第63条で民事訴訟法（2021年改正）第244条第2項所定の事由のいずれかに該当する場合には，人民法院が執行をしない裁定をすることができるとしている。渉外仲裁判断については，取消しと同様に民事訴訟法に定める状況のいずれかがあることを証明したときは，不執行の裁定をする。

これに対して，改正案第6章第82条〜第87条の規定では，当事者が執行手続段階において，執行拒否の審査を申し立てることができるとする規定を削除し，同時に執行法院に仲裁判断が公序に反することがないか否かの審査権を付与している（改正案第82条）。国内仲裁と渉外仲裁の審査基準も統一した（改正案第83条）。また，紛争当事者以外の第三者に対して，執行手続の過程で異議を申し立てることができるようにし（改正案第84条），権利侵害の訴えを提起する権利を与えている（改正案第85条）。さらに，民事訴訟法及び関係司法解釈の規定を取り入れ，外国仲裁判断の承認・執行に関する規定を加筆し，人民法院は，中国が締結しているか，又は加盟している国際条約，若しくは相互主義の原則により処理するとしている（改正案第87条）。

外国仲裁機関が中国本土で仲裁を行う方法，手続は，当事者及び外国仲裁機関に対する利便性を与え，国際的基準に沿ったものになりつつあると

評価できるだろう。ただ，取消しと同様に仲裁判断の執行が公序に反さないか否かの判断基準を国内仲裁と渉外仲裁で統一するという場合に，この公序が国際公序ではなく，国内公序になるということがあるとすれば，上述の取消しと同様に新たに大きな問題となろう。

　以上の仲裁判断の取消しと承認・執行拒否に関しては，様々な意見がありそうである。改正案の目的は，取消手続と執行拒否手続の重複及び矛盾を回避しようとすることに主眼がある。仲裁判断の執行に有益であり，当事者が承認・執行拒否制度を濫用して手続を遅らせることを防ぐ上で有効であると言える。しかし，一方では，ニューヨーク条約などで取消しと承認・執行拒否についてそれぞれ規定していることとの調整をどうするかということが実務上生じるのではないかとも考える。中国が国際仲裁センターになろうとするのであれば，とりわけ，公序について検討した場合には，国内公序と国際公序の違いを認識して，客観的な判断をすることが不可欠であろう。

5　国際仲裁法との不一致の解消

　国際基準という点に関しては，UNCITRALモデル法や代表的な国際商事仲裁機関，例えばICCの規定に倣うようにするとしている。UNCITRALモデル法に倣うということについて，中国政法大学仲裁研究院が発表した仲裁法改正に関するアンケート調査の結果[52]によると，回答者の59.84％が渉外仲裁と国内仲裁を区別して規定すべきであるとしているが，51.41％がUNCITRALモデル法に倣う必要があるとしている。そして，最も倣うべき内容としては，すでに上述した臨時仲裁を認めることや暫定措置を取り入れることが挙げられている。また，単に国際基準に倣うというだけでなく，インターネットを活用した仲裁を行うなど，仲裁

---

52)《仲裁法（修訂）征求意見稿》十大亮点評析，
　　http://www.dhl.com.cn/CN/tansuocontent/0008/022286/7.aspx（2022年11月15日最終閲覧）。

の利便性を高めようとする試みも行おうとしている。その他の重要な改正点について，以下のⅣで叙述する。

Ⅳ　その他の重要な改正内容

1　仲裁合意の有効性

　仲裁合意は，各当事者が自ら各当事者間で生じた紛争を仲裁機関に申し立て，かつその仲裁規則により仲裁による解決を図ることを表明する意思表示である。

　現行仲裁法第16条後段は，仲裁合意の内容には，(1) 仲裁申立の意思表示，(2) 仲裁事項，(3) 選定した仲裁委員会について記載しなければならないと記載事項に関する要件を規定している。

　しかし，それにもかかわらず実際には瑕疵ある仲裁合意，又は不明確な仲裁合意が存在している。特に問題となるのが，存在しない仲裁機関を選択しているか，若しくは仲裁機関の名称が不正確である場合，又は仲裁機関が選択されていないということが少なからずあることである。現行仲裁法第18条は，「仲裁合意中に仲裁事項若しくは仲裁委員会の選定に関する約束がない場合，又は不明確な場合は，当事者が合意を補充することができる。補充合意が達成されないときには，仲裁合意は無効とする。」と規定している。仲裁法改正案の起草においても上述の仲裁機関の性質との関連でこの点に焦点が当てられている。今日では裁判外紛争処理が増え，仲裁制度が発展していることは世界的な傾向である。中国も国際仲裁センターになろうとする政策的判断から，当事者が仲裁による紛争解決を図ろうとする意思を尊重して，仲裁付託をできるだけ認めようとする方向にある。

　そこで，仲裁法改正案では，第35条第3項において「仲裁合意の仲裁機関の約定が不明確である場合において，適用する仲裁規則の約定があり，仲裁機関を確定することができるときには，当該仲裁機関が受理する。仲裁規則の約定もない場合には，当事者が補充合意をすることができる。補充合意もないときには，最初に申立てがなされた仲裁機関が受理する。」

とし，さらに第4項で「仲裁合意に仲裁機関の約定がなく，当事者が補充合意に達することができない場合には，当事者の共通住所地の仲裁機関に申し立てをすることができる。当事者に共通住所地がない場合には，当事者の住所地以外の最初に申立てがなされた第三の地の仲裁機関が申立てを受理するものとする。」と規定している。

このように仲裁法改正案は，仲裁合意書に仲裁機関を明示する義務を撤廃した。これにより，これまでは仲裁判断の承認・執行手続において，瑕疵ある仲裁合意として無効とされていたことがなくなる。ただし，それでも仲裁機関の名称，適用する仲裁規則，仲裁地を明確・正確に記載することは，疑義をなくすために重要なポイントであると考える。

2 仲裁地の概念

「仲裁地」は，仲裁手続法の適用，仲裁判断の国籍，仲裁の司法審査法院の決定，暫定措置制度の実施等に関連しており，非常に重要な問題である。特に仲裁判断の国籍が仲裁地により決定される点は重要である。仲裁の利用が増え，各国の仲裁機関が国際商事仲裁を扱うことが増え，この仲裁機関が自国・地域外の外国・地域で仲裁業務（臨時仲裁）を行うことが増えるにつれ，仲裁判断の国籍が仲裁機関ではなく仲裁地へと変わってきている。こうした趨勢の中で，中国がこれまで仲裁機関所在地を仲裁判断の国籍とするとしてきたことは，仲裁可能性を狭めるものである。中国が仲裁判断の国籍を問うのは，前述したとおり中国は仲裁判断を国内，渉外，外国仲裁判断に分類し，それぞれの承認・執行拒否要件を定めていることから重要な問題であるからである。実務においてはすでに仲裁判断の国籍を仲裁地によるような変更が行われてきている。2021年12月に最高人民法院が発布した「全国法院渉外商事海事審判工作座談会会議紀要」第100条は，「我が国内地を仲裁地とした仲裁判断は，我が国内地の渉外仲裁判断とすべきであり，当事者が仲裁地の中級人民法院に仲裁判断の取消しを申し立てる場合には，人民法院は仲裁法第70条の規定に基づき審査をしなければならず，当事者が執行を申し立てる場合には，民事訴訟法第281条の

規定に基づき審査をしなければならない。」と規定している[53]。
　そこで，仲裁法改正案第27条は，「（1）当事者は，仲裁合意において仲裁地を約定することができる。当事者が仲裁地について約定をしていないか又は不明確な場合には，事案を管理する仲裁機関所在地を仲裁地とする。（2）仲裁判断は，仲裁地で示されたものとする。（3）仲裁地の確定は，当事者又は仲裁廷が事案の状況に基づき仲裁地と異なる適切な場所を約定又は選択し，合議及び開廷などの仲裁業務を行うことに影響を与えない。」と規定し，同第28条第4項は「当事者は，仲裁合意の効力又は管轄権の決定に異議がある場合には，……仲裁地の中級人民法院に審査を申し立てることができる。」としている。また，横琴自由貿易試験区臨時仲裁規則[54]第6条第3号も「仲裁地は，仲裁判断が示された地と認定される」としている。
　なお，その他の仲裁地に関わる規定として，改正案第46条「当事者が仲裁手続開始後に保全措置を申し立てる場合には，保全財産所在地，証拠所在地，履行地，被申立人所在地又は仲裁地の人民法院に申し立てるか，又は，仲裁廷に申し立てることができる。」，同第77条は当事者が取消しを請求する場合には，仲裁地の中級人民法院に申し立てることができるとし，同第87条で仲裁地の中級人民法院は，渉外仲裁の一部執行問題について管轄する権利を有すること，同第92条で仲裁地の中級人民法院は，臨時仲裁において指定された仲裁機関の協力について管轄権を有すること，同第93条で仲裁廷は，臨時仲裁の仲裁判断書を仲裁地の中級人民法院に届け出なければならないことを規定している。
　仲裁判断の国籍を仲裁地基準に改めるとする改正は，中国の法律と国際的な主流の法律との間のギャップを埋め，中国における仲裁利用可能性を高めることになるであろう。

53）　全国法院渉外商事海事審判工作座談会会議紀要，https://cicc.court.gov.cn/html/1/218/62/409/2172.html（2023年2月9日最終閲覧）。
54）　詳しくは，前掲注38）拙著，7-8頁を参照いただきたい。

3　仲裁人と中国仲裁協会のルール改善

（1）仲裁人推薦名簿

　仲裁人は，当事者が選任し，仲裁廷を構成し，審理をし，判断を示す。そうであるので，どのような仲裁人を選任することができるかは，当事者が公正な仲裁審理を得る上で重要な問題の1つである。

　仲裁人の公正さを確保するために，（1）仲裁人の行為規範を規定する制度と（2）仲裁人の忌避制度の2つがある。

　第一に，仲裁人の行為規範に関しては，国際商事仲裁事案を独立，公正，迅速に審理し，判断するために[55]，各仲裁機関がこれを定めている。CIETACは，「仲裁人守則」（1993年4月6日採択。2021年4月27日改正，2021年5月1日施行）を規定している。具体的には，仲裁人に対して，（1）事実に基づき法と契約の規定により審理し，（2）双方当事者に対して平等であり，（3）公平独立して仲裁手続を行い，（4）勤勉に職責を遂行し，（5）秘密を保持することなどを要求している。

　CIETACは，仲裁人が，法律，経済貿易，科学技術等の分野に関して専門知識及び実務経験を有する国内外の人材であることを重要視し，仲裁人候補者リストを設けている[56]。この点については，仲裁法第13条第2項第5号（この点は改正案第18条においても同様である）においても同様である。

　ただし，仲裁人の選任については，以前はCIETACなど各仲裁機関は，当該仲裁機関が定めた仲裁人候補者リストの中から仲裁人を選任しなければならないとしていたが，今日ではこのリストは推奨リストになっている。そこで，仲裁法改正案においては，推薦名簿であることを周知するため，各仲裁機関は専門分野ごとに仲裁人推薦名簿を設けるものとすると明記している（改正法第18条第3項）。

55）陳敏「仲裁員的行為規範」仲裁与法律通訊，1994年6月，第3期，28頁，31-35頁。
56）仲裁人の推薦名簿は，CIETACのホームページ（http://www.cietac.org/index.php?m=Page&a=index&id=27, 2023年1月30日最終閲覧）で見ることができる。

(2) 仲裁人の開示，回避，忌避制度

仲裁人の開示・回避・忌避制度とは，選定された仲裁人が事案について公正な判断をするのに影響を及ぼす可能性のある事情がある場合には，仲裁人自らこれを開示し，仲裁からの退出を申し出る（回避）か，又は当事者の申立により仲裁から退出する（忌避）ことをいう[57]。この制度も仲裁人の独立，公正さを確保するために設けられた制度である。

現行仲裁法第34条は，仲裁人本人が，事案の当事者と代理人か近親者であるか，事案と利害関係があるか，又は当事者や代理人から接待や金品を受けたといった関係があり，事案の公正な審理に影響があると認める場合には，この事実を開示し，自ら回避を申し立てなければならないと定めている。これは，仲裁人の回避制度の基礎となるものである。

仲裁法改正案では，UNCITRAL仲裁規則第11条〜第13条の仲裁人の開示と忌避に倣い，中国の制度をさらに充実させようとしている。仲裁人が独立した公正仲裁を確保し，それを当事者に提供するために，疑わしい事実がある場合には，これを書面で開示しなければならないとした（改正案第52条第2項）。また，仲裁人の独立性，公正性に疑義があり，忌避を申し立てた場合に，これを認めるか否かは仲裁機関が判断することになっているだけであるが（現行仲裁法第36条），改正案では忌避を認めるか否かの判断理由を決定に際して明示しなければならないとし（改正案第55条），制度の厳格化を図ろうとしている。

4 仲裁手続規範の改善

仲裁法改正案では，仲裁手続（第4章）の一般規定（第2節）として，5点の原則が新たに規定された。第一に，(1) 仲裁は当事者を平等に扱い，当事者に十分に意見陳述の権利を与えなければならない（改正案第29条）と規定したことである。これは仲裁の適正手続について規定したものであ

---

57) 全国人民代表大会常務委員会法制工作委員会民法室，中国国際経済貿易仲裁委員会秘書局編『中華人民共和国仲裁法全書』（法律出版社，1995年）45頁。

ると説明される。第二に，(2) 当事者は仲裁手続又は適用する仲裁規則を約定することができる（改正案第30条第1項）と明確にしたことである。これは手続の自主性を定めたものであると説明されている。第三に，(3) 仲裁手続は，オンライン方式で行うことができる（改正案第30条第3項）ことを規定したことである。柔軟な審問を可能にし，インターネットを通じて速やかに各種書類や証拠など情報の送達を可能にし，インターネット仲裁を規律する総則的規定にしようとするものである[58]。第四に，(4) 当事者は仲裁手続において調停方式で紛争を解決することができる（改正案第32条）と規定したことである。以前から調停前置主義が適用されていたが，これを明文化し，仲裁と調停の融合を図るものである。さらに調停の権威を高めるために，当事者間で仲裁廷が構成される前に調停により合意に達した場合には，仲裁廷を構成し，合意結果に基づいて仲裁廷が調停書又は判断書を作成することができるとした（改正案第69条第1項, 第70条）。第五に，(5) 一方の当事者が仲裁手続又は仲裁合意が規定する内容が遵守されていないことを知るか又は知るべきでありながら，仲裁手続に参加し，手続を進め，書面による異議を申し立てていない場合には，異議申し立ての権利を放棄したものとする（改正案第33条）と規定したことである。実務上，仲裁手続が終了し，仲裁判断が示された後に，このような異議申立が法院になされることがあったところ，このような行為を認めずに仲裁の利用可能性をより強化しようとする規定である。

5　暫定措置

　暫定措置とは，一般に仲裁の被申立人が売却及び譲渡などの手段で自己の財産を逃避させ，又は自己に不利となる証拠を隠滅するなどの行為により，申立人が仲裁審理で必要とする証拠を保存し，又は，被申立人に執行

---

[58] 2017年9月には，中国互聯網（インターネット）仲裁連盟が「中国インターネット仲裁連盟臨時仲裁及び機関仲裁の結合規則」を発布した。これは，臨時仲裁制度の中国における導入の基礎ともなる。

しようとする財産の減少・減失を保護することを仲裁手続前，又は手続の過程で，仲裁廷又は裁判所に請求し，これを仲裁廷又は裁判所が認容し，講じられる措置のことをいう。

暫定措置について，UNCITRALモデル法は，第26条第2項で暫定措置について，（1）紛争が解決する前の間の現状維持又は原状回復，（2）現在又は急迫の損害若しくは仲裁手続を害する行為の防止，又はかかる事態を生じさせる恐れのある行為を差し控えるための措置，（3）将来の仲裁判断を実現するための資産を保全する措置，（4）紛争解決に関連しかつ重要である可能性のある証拠を保全する措置の4つを例示している。当事者間で紛争が生じた場合，一方の当事者が財産を逃避させるなどの行為をすることがあり，もう一方の当事者にとって損害が大きくなることがあり得る。このために財産保全，証拠保全など損害の発生を回避するために措置を講じる必要があり，これが暫定措置といわれるものである。

この点について現在の法的枠組みの下では，一方の当事者が他方の当事者に対する暫定措置を要求する場合には，仲裁機関に対して請求し，これを受けて仲裁機関が法院に移送し，法院が最終的に決定するという手続になっている。すなわち，暫定措置をとる権限は仲裁廷ではなく法院にある。この制度は，仲裁の効率的な紛争解決機能を制限し，仲裁地としての中国の魅力を弱める。

民事訴訟法（2021年改正）第103条は行為保全について，「人民法院は当事者の一方の行為又はその他の原因により判決の執行を困難にするか，又は当事者にその他損害をもたらす事案について，もう一方の当事者の申立てにより，その財産を保全し，一定の行為を譴責又は禁止する。」と規定しているが，この条文が仲裁に適用されるかどうかは明らかではない。そこで，仲裁法改正案は，暫定措置に関する規定を新たに設け（第3節第43条〜第49条），仲裁廷に暫定措置をとる権限を与えた（第43条第1項）。また，暫定措置の内容については，財産保全，証拠保全，行為保全及び仲裁廷が認めるその他一時的暫定措置とした（第43条第2項）。

また，暫定措置に関連して，緊急仲裁人に関する規定が設けられた。仲裁廷が構成される前に当事者が暫定措置を講じる必要がある場合には，緊

急仲裁人を指名し、暫定措置を申し立てることができるとした（第49条第2項）。

　この制度は、中国における仲裁の利用可能性を増すことになると考えられる。ただし、実際に仲裁法改正案では、緊急仲裁人の性質や権限に関する具体的な規定はなされておらず、判然としないことが多い。また、中国がこのような規定を設けたところ、では外国の仲裁機関が外国において暫定措置を講じる決定をし、この執行を中国の法院に求めた場合に、仲裁法第49条の規定が適用されるのかについては規定が存在しない。今後の運用を待たなければわからないということであろうか。改正案は、原則のみを定めているので、緊急仲裁人の手続要件や実質的な審査基準については規定しておらず、各仲裁機関が仲裁規則において具体化する必要がある。

6　仲裁当事者以外の者による執行異議申立

　最後に大きな改正案として指摘できるのが、仲裁当事者以外の者による執行異議申立制度の導入である。

　これに関しては、最高人民法院が2018年2月22日に「人民法院の仲裁判断執行事件の若干の問題の処理に関する規定」[59]を発布しており、その第9条[60]及び第18条[61]で当事者が仲裁判断又は仲裁調停書の不執行を人民法院に申請することを許容し、不執行を認容する場合について規定してい

---

59) 最高人民法院関于人民法院弁理仲裁裁決執行案件若干問題的規定, https://www.court.gov.cn/zixun-xiangqing-81932.html（2023年4月19日最終閲覧）。
60) 第9条　当事者以外の者は、人民法院に仲裁判断又は仲裁調停書の不執行を申し立てる場合、申立書及びその他の請求が成立することを証明する証拠を提出し、かつ、以下の条件に適合しなければならない。
　（1）仲裁事件の当事者が悪意又は虚偽の仲裁を申し立て、適法な権利利益が損なわれたことを証明する証拠があること
　（2）当事者以外の者が主張する適法な権利利益に関わる執行目的物の執行がまだ終了していないこと
　（3）人民法院が当該目的物の執行措置を知ったか又は知るべき日から30日以内に提出すること

る。この規定の趣旨は，仲裁事件の当事者が悪意又は虚偽により仲裁を申し立てし，その正当な権利及び利益を有する者を害することがあるからである。ただし，この最高人民法院の規定の適用範囲は執行手続に限定されており，仲裁事件の当事者以外の者の正当な権利と利益を根本的に保護することはできない。仲裁判断が示されることにより，はじめて対応手続が開始される。また，執行規定で当事者以外の者が仲裁判断の不執行を申請することができる事由は，当事者によるが悪意のある仲裁及び虚偽の仲裁に限定されるが，権利と利益が侵害された当事者以外の者に対しては，他の理由で損失を被った場合の救済策はない。そこで，仲裁法改正案は，現行制度の欠陥を補う新たな不法行為訴訟という救済措置を定めようとしている。

仲裁法改正案第84条は，「仲裁判断の執行の過程において，当事者以外の者が執行目的物について書面による異議を提出した場合には，人民法院はこれを受領した日から15日内に審査をし，理由があると認めるときには，当該目的物に対する執行を停止する決定」をしなければならないと規定している。また，第85条第1項は，「当事者以外の者が，証拠をもって判断の一部又は全てに誤りがあり，民事権益が損なわれたことを証拠をもって証明した場合には，法律に従って当事者に対して訴訟を提起することができる。」とし，第2項で「当事者以外の者が提訴し，かつ担保を提供した場合には，当該判断の執行を停止する。判断執行の再開又は中止は，人民法院が訴訟の結果に応じて決定する。」という規定も置いている。

---

61) 第18条 当事者以外の者がこの規定の第9条に基づき仲裁判断又は仲裁調停書の不執行を申し立てる場合において，以下の条件に適合するときには，人民法院はこれを支持しなければならない。
　（1）当事者以外の者が権利利益の主体であること。
　（2）当事者以外の者が主張する権利又は利益が適法，真実であること。
　（3）仲裁事件の当事者間に虚偽の法律関係が存在し，事件を捏造した事実があること。
　（4）仲裁判断の主文又は仲裁調停書の処理が当事者の民事権利義務の結果の一部又は全てについて誤りがあること。
　であり，当事者以外の者の適法な権利利益を損なうこと。

この改正は，現在の仲裁執行に関する司法解釈のギャップを埋めるものである。仲裁手続の正当性を保証し，仲裁救済制度の機能を有するものであり，司法監督の効率を向上させることにもなると評価できる。

　しかし，この新制度の適否については，なお一層の明確化・改善が必要である。仲裁法改正案は，この制度をどのように実現するかについて明確な答えが示されていない。例えば，本条で規定されている「判断内容の一部又は全部が間違っている」とは，どのような状況を指しているのか。当事者以外の者は，どのように申立てをするのか。今後，具体的に規定を補足する必要がある。

V　まとめ

　中国は，1995年9月1日に仲裁法を施行してから30年経つ今日，習近平国家主席が打ち出した"一帯一路"構想を推進する一環として，中国を世界の又は少なくとも"一帯一路"沿線国における国際仲裁センターにしようとし，外国の仲裁機関が中国に支局を設置する動きも加速されてきている。

　こうした中で仲裁法の改正が必要不可欠になってきたと言える。大きな改正事項として，本論で叙述してきた問題として，（1）仲裁範囲の拡大，（2）仲裁機関の性質，（3）仲裁実務経験と司法解釈の立法化，（4）国内外の仲裁判断の司法審査基準統一，（5）国際仲裁法との整合性，（6）その他の重要な改正事項として，仲裁合意の有効性，仲裁地・渉外仲裁の概念，仲裁人の資質，暫定措置，仲裁当事者以外の者による執行異議申立などの加筆・修正が挙げられる。一部の改正は，すでに実務において最高人民法院の司法解釈や意見により仲裁法の解釈に変更が加えられたものを改正案に反映し，仲裁法で明文化しようとするものも少なくない。さらにUNCITRALモデル法を取り入れる改正もある。

　総じて改正案は，国際的視点に立ち，実務家らの仲裁法改正の期待に応え，中国における仲裁利用可能性を高める内容になっていると評価できるだろう。当事者の自主性を尊重し，仲裁廷の裁量権を認め，仲裁における

司法の介入（審査）を減らすという方向性が見られる。

　さて、仲裁法改正が俎上にのぼったのは、2018年9月の第13期全人代常務委員会であり、2019年3月に司法部が第1回全国仲裁業務会議を開催し、以後、ワーキンググループによる検討がなされ、2021年7月に司法部により「仲裁法改正案（意見徴収稿）」が示され、パブリックコメントの聴取が始まった。ところが、現時点（2024年9月）になっても、正式な仲裁法改正案が制定されるに至っていない。これはなぜであろうか。通常、中国の立法法による立法過程は、全国人民代表大会において改正案が示されると、その2ヵ月後に開催される全人代常務委員会でパブリックオピニオンに基づく審議がされ、改正案第2稿が作成され、これに対する意見を再度聴取し、さらに2ヵ月後の全人代常務委員会で最終稿として改正仲裁法が発表され、ここで採択され、正式に制定されるという手順になる。したがって仲裁法改正案が2021年7月に示されたときには、2022年3月の全国人民代表大会において正式に改正仲裁法が制定、公布されるものと考えられた。このように時間が経過しても正式に制定されないというのは異例である。本論で叙述したように、改正案においてもなお不明確な問題があり、改善の余地があることは確かであるが、それでも多くの異論、意見の不一致があるとも思えないのであるが。又は、仲裁法改正より優先される法改正、例えば会社法改正などが優先事項であったからなのか[62]。

　まだ改正仲裁法が成立していないところ、いかなる改正案が示され、現行仲裁法の何を改正しようとし、その趣旨はどこにあるのか、いかなる課題があるかを現時点において整理しておくことも意味があると考え、与えられた紙幅の中で叙述した。本稿が上梓されるときには、もしかしたら最終稿が発表され、採択、公布されているかもしれない。この場合、最終稿でいかなる修正がなされたか、改正案と最終稿の比較をすることで、いかなる論点があったのかを知ることもできるであろう。また、本章では主と

---

[62] 会社法（公司法）は、2023年12月29日の第14期全国人民代表大会常務委員会第7階会議において改正案が採択され、2024年7月1日から施行されている（http://www.npc.gov.cn/npc/c2/c30834/202312/t20231229_433999.html,2024年2月12日最終閲覧）。

して現行法と改正案の比較に重点を置いた。国内外仲裁判断に関する司法審査，暫定措置，仲裁当事者以外の者による執行異議申立など若干の主要な論点を取り上げたが，これらに関しては，より詳細な分析と検討が必要であることは言うまでもない。これらの問題については，別章で論じる。

（初出：梶田幸雄「中国仲裁法改正の動向と実務への影響」（法学新報，2023年1・2号，1-38頁）を加筆・修正した。）

追補：

　本著の脱稿後，初校が出てきた直後の2024年11月4日に中国第14期全国人民代表大会常務委員会第12回会議において「仲裁法改正案」が示された。2021年7月30日に司法部が「仲裁法（改正）（意見徴収稿）」を発布してから3年以上が経過している。この改正案は，全8章91条からなるものである。改正案に関する説明は，賀栄司法部部長（司法省大臣）によりされている。この説明内容は，主に仲裁法改正の趣旨についてごく簡単に述べられたもので，意見徴収稿のときの総論的内容と大差なく，というよりもさらに簡潔なものとなっている。11月4日の改正案を見ると，意見徴収稿が，その注目すべき点として暫定措置，緊急仲裁人に関する規定を新たに何条も設けていたところ，改正案ではこれらが全て取り下げられていることが挙げられる。その他の条文を見ても意見徴収稿の際の改正案が，ほとんど元に戻されているような印象である。わずかに，仲裁地に関する規定が設けられているに過ぎない。意見徴収稿から今回の改正案が示されるまで3年も費やしているということは，それだけ反対意見が多く，強硬であったということになるのか。何ら説明もないので不明である。暫定措置，緊急仲裁人に関しては，実務で先行して採用されており，中国国内仲裁機関でもその仲裁規則などで規定されているものもある。そうであるから仲裁法に敢えて規定する必要はないとするのか，又は，暫定措置，緊急仲裁人に関しても実務上の課題は本論で叙述しているとおり課題がないわけではないので，さらに実務を積み重ね，課題をより明確にし，これへの対策を講じた上で改めて規定しようとするのか定かではない。それでも仲裁法にお

いてこれを規定することは，中国の仲裁機関が世界に開かれた仲裁機関として活用されることを目指そうとするときには必要な規定であったのではないかと考える。そうであるので，11月4日の改正案で現行仲裁法の大幅な改正（意見聴取稿）が見送られたことは些か物足りなさを感じる。今後の実務の動向をさらに見守る必要が増したものと考える。

仲裁法改正草案対比表及び司法部の草案説明※

現行仲裁法	意見徴収稿（第1次改正案）（2021年7月）
第1章　総則	第1章　総則
第1条　公正かつ迅速に経済紛争を仲裁することを保証し，当事者の適法な権益を保護し，かつ，社会主義市場経済の健全な発展を保障するため，この法律を制定する。	第1条　公正かつ迅速に経済紛争を仲裁することを保証し，当事者の適法な権益を保護し，社会主義市場経済の健全な発展を保障し，**国際経済交流を促進する**ために，この法を制定する。
第2条　平等な主体としての公民，法人及びその他組織の間に生じた契約紛争及びその他の財産権益紛争は，仲裁することができる。 第3条　次の紛争については，仲裁することができない。 (1)婚姻，養子縁組，監護，扶養，相続の紛争 (2)法により行政機関が処理すべき行政紛争	第2条　**自然人**，法人及びその他組織間に生じた契約紛争及びその他の財産権益に関する紛争は，仲裁することができる。 2　以下の紛争は，仲裁することができない。 (1)婚姻，養子縁組，監護，扶養，相続の紛争 (2)法により行政機関が処理する行政紛争。 3　**その他の法律に特別の規定のあるものは，その規定による。**

※2024年11月1日の全人代常務委員会法制工作委員会による記者発表などを参照して作成した。

第1章　中国仲裁法改正の動向と実務への影響

改正案（第2次改正案）（2024年11月）	改正の主要ポイントと趣旨※
第1章　総則 第1条　公正かつ迅速に経済紛争を仲裁することを保証し，当事者の適法な権益を保護し，社会主義市場経済の健全な発展を保障するために，この法を制定する。	第1次改正案では立法趣旨に「国際経済交流を促進する」が加筆された。国際経済貿易紛争の解決，国際経済秩序維持，新時代の全面的対外開放への適応，渉外的法治主義建設の新たな要請の強化における中国の仲裁の新しい方向性を体現するという趣旨であるが，**第2次改正案ではこれが削除された。あえて言うまでもないということであろうか。**
第2条　仲裁業務は，中国共産党の指導を堅持し，党と国家の路線方針政策及び戦略決定を着実に貫徹し，国の開放及び発展戦略に奉仕し，社会の矛盾した紛争の解決に資する働きをする。	仲裁業務も中国共産党の指導下にあることが強調されている。仲裁業務も国の政策を担い，その発展戦略に奉仕すべきものであるということであり，国際協調という視点ではなくなっているのだろうか。
第3条　平等な主体の**自然人**，法人及び**非法人組織**間に生じた契約紛争及びその他の財産権益に関する紛争は，仲裁することができる。 2　以下の紛争は，仲裁することができない。 (1) 婚姻，養子縁組，監護，扶養，相続の紛争 (2) 法により行政機関が処理する行政紛争。	第1次改正案では，仲裁の適用範囲に関する規定における「平等な主体」という限定的な表現を削除し，中国の仲裁において実質的にすでに行われている投資仲裁，スポーツ仲裁等に適用する根拠を与え，中国の仲裁機関が関連紛争を受理し，国際当事者が中国での仲裁を選択できるように法的障害を回避する空間を作り，中国の仲裁の国際的信頼性と競争力を高めることが検討された。第2次改正案では，「再び「平等な主体」が挿入されている。また，第1次改正案では，仲裁制度を「法律」で定めるという立法法の要請に基づき，消極規定の「法により」が限定的な「法律の規定」に改められた。同時に，その他の法律に特別の規定を設ける余地を残すため，「その他の法律に特別の規定のあるものは，その規定による。」という条項が設けられた。しかし，第2次改正案では第3項は削除された。ただ

第4条　当事者は，仲裁方式を採用して紛争を解決する場合には，双方の自由意思により，仲裁合意を達成しなければならない。仲裁合意がなく，一方が仲裁を申し立てた場合には，仲裁委員会は，これを受理しない。	第3条　当事者が仲裁により紛争解決を選択した場合，双方は自由意思により仲裁合意をする。
	第4条　**仲裁は，誠信を重んじ，信義を守らなければならない。**
第5条　当事者が仲裁合意を達成し，一方が人民法院に提訴した場合，人民法院はこれを受理しない。ただし，仲裁合意が無効のときを除く。	第5条　当事者が仲裁合意を達し，一方が人民法院に提訴した場合，人民法院はこれを受理しない。ただし，仲裁合意が無効のときを除く。
第6条　仲裁委員会は当事者が合意により選定しなければならない。 2　仲裁については，審級管轄及び土地管轄を行わない。	第6条　仲裁管轄は，当事者が合意した約定により，審級管轄及び土地管轄を行わない。
第7条　仲裁は，事実に基づき，法律の規定に適合し，公平かつ合理的に紛争を解決しなければならない。	第7条　仲裁は，事実に基づき，法律の規定に適合し，**商取引慣行を参照し，**公平かつ合理的に紛争を解決しなければならない。
第8条　仲裁は法により独立して行われ，行政機関，社会団体及び個人の干渉を受けない。	第8条　仲裁は法により独立して行われ，行政機関，社会団体及び個人の干渉を受けない。
第9条　仲裁は，一審終局とする。判断が示されたのち，当事者が同一紛争を再度仲裁申立て又は人民法院に提訴した場合，仲裁委員会又は人民法院はこれを受理しない。 2　判断が人民法院により法に基づき取消又は執行拒否の裁定をされた場合には，当事者は当該紛争を双方の新たな仲裁合意に基づき，仲裁を申し立てるか，又は人民法院に提訴することができる。	第9条　仲裁は，一審終局とする。判断が示されたのち，当事者は，同一紛争を再度仲裁申立て又は人民法院に提訴してはならない。 2　判断が人民法院により取り消された場合には，当事者は当該紛争を双方の新たな仲裁合意に基づき，仲裁を申し立てるか，又は人民法院に提訴することができる。
	第10条　人民法院は法により仲裁を支持

	し，第2次改正案第88条でスポーツ仲裁を行う規定が設けられている。
第4条　当事者は，仲裁方式を採用して紛争を解決する場合には，双方の自由意思により，仲裁合意を達成しなければならない。仲裁合意がなく，一方が仲裁を申し立てた場合には，仲裁委員会は，これを受理しない。	
	「誠信な仲裁」の原則を加筆し，仲裁法のマクロ的制度の枠組みを完全なものにした。第2次改正案では第9条に置かれている。
第5条　当事者が仲裁合意を達成し，一方が人民法院に提訴した場合，人民法院はこれを受理しない。ただし，仲裁合意が無効のときを除く。	
第6条　仲裁委員会は当事者が合意により選定しなければならない。 2　仲裁については，審級管轄及び土地管轄を行わない。	
第7条　仲裁は，事実に基づき，法律の規定に適合し，公平かつ合理的に紛争を解決しなければならない。	第1次改正案では「商取引慣行を参照にして」という文言が加筆されたが，第2次改正案では再び削除されている。
第8条　仲裁は法により独立して行われ，行政機関，社会団体及び個人の干渉を受けない。	
第9条　仲裁は信義誠実の原則を遵守しなければならない。	第1次改正案第4条に同じ。
第10条　仲裁は，一審終局とする。判断が示されたのち，当事者が同一紛争を再度仲裁申立て又は人民法院に提訴した場合，仲裁委員会又は人民法院はこれを受理しない。 2　判断が人民法院により法に基づき取消又は執行拒否の裁定をされた場合には，当事者は当該紛争を双方の新たな仲裁合意に基づき，仲裁を申し立てるか，又は人民法院に提訴することができる。	

	し，監督する。
第2章　仲裁委員会及び仲裁協会	第2章　仲裁機関，仲裁人及び仲裁協会
第10条　仲裁委員会は，直轄市及び省，自治区人民政府所在地の市に設立することができ，また，必要に応じてその他の区を設置している市に設立することができ，行政区画レベルで重畳設立はしない。 2　仲裁委員会は，前項に規定する市人民政府が関係部門及び商業会議所と共に設置する。 3　仲裁委員会を設立するには，省，自治区，直轄市の司法行政機関に登記をしなければならない。	第11条　仲裁機関は，直轄市及び省，自治区人民政府所在地の市に設立することができ，また，必要に応じてその他の区を設置している市に設立することができ，行政区画レベルで重畳設立はしない。 2　仲裁機関は，前項に規定する市人民政府が関係部門及び商業会議所と共に設置する。 3　仲裁機関の設立には，省，自治区，直轄市の司法行政機関に登記をしなければならない。 4　その他確実に仲裁機関の設立が必要である場合，国務院司法部門の認可を得た後，前項の規定を参照して設立する。
	第12条　仲裁機関の設立は，省，自治区，直轄市の司法部門に登記しなければならない。 2　中国国際商会が設立する仲裁機関は，国務院司法部門に登記する。 3　外国仲裁機関が中華人民共和国領域内に業務機関を設立し，渉外仲裁業務を取り扱う場合には，省，自治区，直轄市の司法部門に登記し，国務院司法行政部門に届け出なければならない。 4　仲裁機関登記管理弁法は，国務院が制定する。

第11条　当事者の同意により，仲裁業務はインターネット・プラットフォームで行うことができる。 2　仲裁業務をインターネット・プラットフォームで行う場合，これによらない仲裁業務と同等の法的効力を有する。	オンライン仲裁が普及していることを反映して，第2次改正案で第11条が加筆されている。
第2章　仲裁委員会及び仲裁協会	
第12条　仲裁委員会は，直轄市及び省，自治区人民政府所在地の市に設立することができ，また，必要に応じてその他の区を設置している市に設立することができ，行政区画レベルで重畳設立はしない。 2　仲裁委員会は，前項に規定する市人民政府が関係部門及び商業会議所と共に設置され，**公益性非営利法人である。**	「仲裁制度の改善及び仲裁の信頼性の向上に関する若干の意見」（以下，「若干の意見」という）の要求に基づき，仲裁機関の設立及びその登録管理システムをさらに調整し，規律する。第1次改正案では，これのために，近年来の自治州や地級市などの地区で，「現実のニーズ」があり，かつ，仲裁機関の設置が強く求められている地区，及び国家戦略上特別なニーズがあるものについて，特別なニーズによる設置認可規定を設けたが，第2次改正案では削除されている。別途，仲裁委員会が「公益性非営利法人」であることが加筆された。
第13条　この法律第12条により設立された仲裁委員会は，省，自治区，直轄市の**人民政府**司法部門に登記しなければならない。 2　国務院の認可を得て中国国際商会が組織して設立する仲裁委員会は，国務院司法行政部門に届け出る。	仲裁機関の統一登録制度を確立する。現行法において登記に関する規定のない中国国際商会が設立した仲裁機関も登録対象とし，法人格を明確にした。同時に，1996年の国務院文書において，新設された国内仲裁機関が渉外仲裁事件を受理することができ，また，渉外及び国内仲裁機関の両方が渉外事件を処理できることが明確にされたことに鑑み，国内及び渉外仲裁機関の設立に関する二重トラック制を廃止し，渉外仲裁機関に関する特別規定を削除した。国務院文書により，国外の仲裁機関が北京，上海などに業務機関を設立することが認められ，この開放政策が徐々に拡大していくことを考慮し，国外仲裁機関が中国に業務機関を設立するための登録・管理規定が追加された。

	第13条　仲裁機関は，この法律により設立し，契約紛争及びその他の財産権益紛争を解決するために公益サービスを提供する**非営利法人**であり，これには仲裁委員会及びその他の仲裁業務を行う専門組織を含む。 2　仲裁機関は登記により法人格を取得する。
	第14条　仲裁機関は行政機関から独立し，行政機関に従属しない。仲裁機関間にも従属する関係はない。
第11条　仲裁委員会は，次の条件を備えなければならない。 (1)自己の名称，住所及び定款を有すること。 (2)必要な財産を有すること。 (3)当該委員会の構成人員を有すること。 (4)招聘・任命された仲裁人を有すること。 2　仲裁委員会の定款は，この法律に従って制定しなければならない。	第15条　仲裁機関は，次の条件を備えなければならない。 (1)独自の名称，住所及び定款を有すること。 (2)必要な財産を有すること。 (3)必要な組織体制を有すること。 (4)招聘・任命された仲裁人がいること。 2　仲裁機関の定款は，この法律に従って制定しなければならない。
第12条　仲裁委員会は，主任1名，副主任2名ないし4名及び委員7名ないし	第16条　**仲裁機関は，意思決定権，執行権，監督権の相互分離，有効な抑制・**

	改正後の法制度を支援する必要性と国内外の仲裁機関の登記・管理を統一的に規律する必要性を踏まえ，国務院に仲裁機関の登記・管理に関する規定策定の権限を付与した。なお，現行法では，仲裁委員会と言い，第1次改正案では仲裁機関というように改められていたが，第2次改正案で再び仲裁委員会という表現に戻されている。 第1次改正案第3項の「外国仲裁機関」に関する規定は，第2次改正案第83条及で規定されている。
	「若干の意見」の規定に従い，仲裁機関の法的性質は公益非営利法人であり，仲裁委員会が仲裁機関の主たる組織形態であることが明確にされた。仲裁機関は登録後に法人格を取得することが明確にされた。第2次改正案では，第12条で明記されている。
	「若干の意見」の規定により，仲裁機関を独立法人とする規定が設けられた。第2次改正案では削除されている。
第14条　仲裁委員会は，次の条件を備えなければならない。 (1) 自己の名称，住所及び定款を有すること。 (2) 必要な財産を有すること。 (3) 当該委員会の構成人員を有すること。 (4) 招聘・任命された仲裁人を有すること。 2　仲裁委員会の定款は，この法律に従って制定しなければならない。	
第15条　仲裁委員会が名称，住所，定款，法定代表，構成員を変更する場合には，変更を申請し，原登記部門が法により変更登記を処理する。	
第16条　仲裁委員会が終止する場合には，原登記部門が法により登記抹消をする。	
第17条　仲裁委員会は，主任1名，副主任2名ないし4名及び委員7名ないし	第1次改正案では，「若干の意見」の規定により，仲裁機関が法人のガバナンス体

11名により構成する。 2　仲裁委員会の主任，副主任及び委員は，法律，経済貿易の専門家及び実務経験を有する者が就任する。仲裁委員会の構成員のうち，法律，経済貿易の専門家は，3分の2を下回ってはならない。	均衡，権責対等の原則に従って定款を制定し，非営利法人の統治構造を確立しなければならない。 2　仲裁機関の意思決定機関が委員会である場合には，主任1名，副主任2ないし4名，委員7ないし11名で構成され，法律，経済貿易の専門家，及び実務経験者が就任し，このうち法律，経済貿易の専門家が3分の2を下回ってはならない。 3　仲裁機関の意思決定及び執行機関の主要な責任者は，その任期中，仲裁機関の仲裁人を務めることはできない。現職の公務員は，仲裁機関の執行機関の主要な責任者を兼務してはならない。 4　仲裁機関は，監督機構を設置するものとする。 5　仲裁機関は，定期的に再任され，各任期は5年とする。
	第17条　仲裁機関は，情報公開体制を確立し，速やかに定款，登記情報，費用徴収基準，年度業務報告，財務などの情報を社会一般に公開しなければならない。
第13条　仲裁委員会は，公正かつ正道な仲裁人を招聘・任命しなければならない。 2　仲裁人は，以下の条件のいずれか一に適合しなければならない。	第18条　仲裁人は，公正かつ正道な人材が担当し，かつ以下のいずれかの条件を満たさなければならない。 (1)国家統一法律職業資格試験により法曹資格を取得し，仲裁業務に8年以

11名により構成する。 2　仲裁委員会の主任，副主任及び委員は，法律，経済貿易，**科学技術**の専門家及び実務経験を有する者が就任する。仲裁委員会の構成員のうち，法律，経済貿易，**科学技術**の専門家は，3分の2を下回ってはならない。	制を確立する規定が設けられた。第2次改正案第18条が同じ趣旨の規定である。
第18条　仲裁委員会は，法律法規及び定款の規定により，健全な内部統治構造を確立し，戦略，執行，監督などの職責権限及び手続を明確にしなければならない。 2　仲裁委員会は，健全かつ民主的議事，人員管理，費用徴収及び財務管理，文書管理，申立受理などの制度を確立しなければならない。 3　仲裁委員会は，組織人員，業務人員及び仲裁人の仲裁業務における違法・規律違反行為の監督を強化しなければならない。	
第19条　仲裁委員会は，情報公開体制を確立し，速やかに定款，登記情報，費用徴収基準，年度業務報告，財務などの情報を社会一般に公開しなければならない。	
第20条　仲裁委員会は，公正かつ正道な仲裁人を招聘・任命しなければならない。 2　仲裁人は，以下の条件のいずれか一に適合しなければならない。	仲裁人に関する関連規定を整備し，既存のポジティブな要件を維持しつつ，ネガティブな規定を追加し，仲裁人を選任する当事者の権利を尊重し，仲裁人名簿が「推奨」された仲裁人名簿であることを明

(1)仲裁業務に8年以上従事していること。 (2)弁護士業務に8年以上従事していること。 (3)裁判官を8年以上務めたこと。 (4)法律研究又は教育業務に従事し，かつ，高級職称を有すること。 (5)法律知識を有し，経済貿易等の専門業務に従事し，かつ，高級職称を有するか，又は同等の専門業務水準を有すること。 3　仲裁委員会は，専門業務別に仲裁人名簿を設ける。	上従事していること。 (2)弁護士業務に8年以上従事していること。 (3)裁判官を8年間務めたこと。 (4)法律研究又は教育業務に従事し，かつ，高級職称を有すること。 (5)法律知識を有し，経済貿易等の専門業務に従事し，かつ，高級職称を有するか，又は同等の専門業務水準を有すること。 2　以下のいずれかの事由がある場合には，仲裁人に就任することはできない。 (1)民事行為能力がないか，又は制限民事行為能力者であるとき。 (2)刑事罰を受けたことがあるとき。ただし，過失犯を除く。 (3)法律の規定により，仲裁人に就任することができないその他の事情があるとき。 3　仲裁機関は，専門分野に応じて仲裁人推薦名簿を設ける。
第14条　仲裁委員会は，行政機関から独立し，行政機関に従属しない。仲裁委員会の間においても，従属関係を有さない。	
第15条　中国仲裁協会は，社会団体法人である。仲裁委員会は，中国仲裁協会の会員である。中国仲裁協会の定款は，全国会員大会がこれを制定する。 2　中国仲裁協会は，仲裁委員会の自律的組織であり，定款に基づき仲裁委員会並びにその構成員及び仲裁人の規律違反行為について監督をする。 3　中国仲裁協会は，この法律及び民事	第19条　中国仲裁協会は，仲裁業界の自律的組織であり，社会団体法人である。 2　仲裁機関は中国仲裁協会の会員である。仲裁に関連する教育研究機関，社会団体は，中国仲裁協会の会員申請をすることができる。会員の権利と義務は，協会の定款が規定する。 3　中国仲裁協会の権力機関は，全国会員代表大会であり，協会の定款は全国

(1) 国家統一法律職業資格試験により法曹資格を取得し，仲裁業務に8年以上従事し，**かつ業務担当前に統一養成を受けていること**。 (2) 弁護士業務に8年以上従事していること。 (3) 裁判官，**検察官**を8年間務めたこと。 (4) 法律研究又は教育業務に従事し，かつ，高級職称を有すること。 (5) 法律**又は科学技術**知識を有し，**法律又は**経済貿易等の専門業務に従事し，かつ，高級職称を有するか，又は同等の専門業務水準を有すること。 2　監察官法，裁判官法，検察官法の法が関係公職者の仲裁人兼務を禁止している場合には，その規定による。その他の公職者が仲裁人を兼務する場合には，関係規定を遵守しなければならない。 3　渉外仲裁委員会は，法律，経済貿易及び科学技術等の専門知識を有する外国国籍人の中から仲裁人を招聘・任命することができる。 4　仲裁機関は，専門分野に応じて仲裁人推薦名簿を設ける。 5　**仲裁人が公職を解任され，弁護士資格を取り消され，又は高級職称を取り消され，仲裁人の要件がなくなった場合には，仲裁委員会はこれを除名する。**	確にした。渉外仲裁に従事する仲裁人については，単独で規定する。
第21条　仲裁委員会は，行政機関から独立し，行政機関に従属しない。仲裁委員会の間においても，従属関係を有さない。	第1次改正案，第14条に同様の規定がある。
第22条　中国仲裁協会は，社会団体法人である。仲裁委員会は，中国仲裁協会の会員である。中国仲裁協会の定款は，全国会員大会がこれを制定する。 2　中国仲裁協会は，仲裁委員会の自律的組織であり，定款に基づき仲裁委員会並びにその構成員及び仲裁人の規律違反行為について監督をする。 3　中国仲裁協会は，この法律及び民事	第1次改正案では，以下のとおりの改正趣旨が説明された。中国仲裁協会の規定を整備する。中国仲裁協会の位置づけを「仲裁委員会の自律的組織」から「仲裁業界の自律的組織」に改める。同協会の監督対象に仲裁機関とその構成員のほかに，「その他の仲裁業務員」を含め，監督対象の「盲点」を防ぐ。会員の数が多いことを考慮して，定款は「全国会員大会が定

訴訟法の関係規定により仲裁規則を制定する。	会員代表大会が定める。
	第20条　中国仲裁協会は，以下の任務を遂行する。 (1) 定款に従って，仲裁機関，仲裁人，その他の仲裁実務者の紀律違反行為を監督する。 (2) この法によりモデル仲裁規則を定め，仲裁機関及び当事者の参考に供する。 (3) 法律に従って会員の適法な権利と利益を保護し，会員にサービスを提供する。 (4) 関係部門及び他業界と協調し，仲裁の発展のための環境を最適化する。 (5) 仲裁業界の業務規範を策定し，仲裁実務者向けの業務研修を組織する。 (6) 仲裁業務に関する研究を組織し，国内外の業務交流・協力を促進する。 (7) その他定款に定められた業務。
第3章　仲裁合意	第3章　仲裁合意
第16条　仲裁合意には，契約において締結された仲裁条項及びその他書面方式により紛争発生前又は紛争発生後に達成した仲裁を申し立てる旨の合意を含む。 2　仲裁合意には，以下の内容がなければならない。 (1) 仲裁を申し立てる意思表示	第21条　仲裁合意には，契約書において締結された仲裁条項，及び紛争の発生前又は紛争の発生後に仲裁を申し立てる意思を表明するその他の書面による合意を含む。 2　仲裁において一方の当事者が仲裁合意があることを主張し，他方の当事者がそれを否定しない場合には，当事者

訴訟法の関係規定により仲裁規則を制定する。	める」を「全国会員代表大会が定める」に改めた。「仲裁関連の教育研究機関及び社会団体」が会員申請をできるようにし，会員の適法な権利と利益を保護し，会員にサービスを提供するという協会の職責を加筆した。しかし，第2次改正案では元に戻されている。
第23条　国務院司法行政部門は，全国の仲裁業務を法により指導，監督し，監督管理制度を整備し，仲裁業務の発展を統一計画する。 2　省，自治区，直轄市人民政府の司法行政部門は，法により当該行政区域内の仲裁業務を指導，監督し，この法律の規定に反する仲裁委員会及びその構成人員，業務人員に対して責任を問い，改めさせ，その情状の軽重により警告，通報，前年度の費用徴収額の100分の1以上100分の10以下の罰金，違法な所得の没収，仲裁業務の一定期間の停止，登記の取消などの処罰を処す。	第2次改正案では，国家機関による仲裁業務への監督が強化されているように見える。
第24条　仲裁合意には，契約において締結された仲裁条項及びその他書面方式により紛争発生前又は紛争発生後に達成した仲裁を申し立てる旨の合意を含む。 2　仲裁合意には，以下の内容がなければならない。 (1)仲裁を申し立てる意思表示	第1次改正案では，仲裁の意思表示を核とした仲裁合意の効力ということについて確かにし，国際慣行を参照し，仲裁条項に仲裁機関に対する明確な記載がなければならないという硬直的な要件を削除するという趣旨から仲裁合意に仲裁委員会を選定する必要性が削除されたが，**第2次改正案では再び仲裁委員会を選定す**

(2)仲裁事項 (3)選定する仲裁委員会	間に仲裁合意があったものとみなす。
第17条　次のいずれかの事由がある場合には，仲裁合意は無効とする。 (1)合意された仲裁事項が法律で定められた仲裁の範囲を超えるとき。 (2)民事行為能力を有さないか，又は制限行為能力者によって仲裁合意が締結されたとき。 (3)当事者の一方が，脅迫手段により，相手方に仲裁合意を強制したとき。	第22条　次のいずれかの事由がある場合には，仲裁合意は無効とする。 (1)合意された仲裁事項が法律で定められた仲裁の範囲を超えるとき。 (2)民事行為能力を有さないか，又は制限能力者によって仲裁合意が締結されたとき。 (3)当事者の一方が，脅迫手段により，相手方に仲裁合意を強制したとき。
第18条　仲裁合意が仲裁事項又は仲裁委員会について約定がないか，又は約定が不明確な場合には，当事者は，補充合意することができる。補充合意を達成されないときには，仲裁合意は無効とする。	
第19条　仲裁合意は独立して存在し，契約の変更，解除，終了又は無効は，仲裁合意の効力に影響を及ぼさない。 2　仲裁廷は，契約の効力を確認する権限を有する。	第23条　仲裁合意は独立して存在し，契約の変更，解除，未発効，無効，取消し，又は終了は仲裁合意の効力に影響を及ぼさない。 2　仲裁廷は，契約の効力を確認する権限を有する。
第20条　当事者は，仲裁合意の効力に対して異議がある場合には，仲裁委員会に決定をするよう請求するか，又は人民法院に裁定をするよう請求することができる。 2　一方が仲裁委員会に決定をするよう請求し，もう一方が人民法院に裁定をするよう請求した場合には，人民法院が裁定する。 3　当事者は，仲裁合意の効力に対して異議がある場合には，仲裁廷の最初の開廷前に提出しなければならない。	
	第24条　主従契約に係る紛争において，主契約と従契約との間の仲裁合意の約

(2)仲裁事項 (3)選定する仲裁委員会 3　仲裁において一方の当事者が仲裁合意があることを主張し，他方の当事者がそれを否定しない場合には，当事者間に仲裁合意があったものとみなす。	る必要性が挿入された。逆行する内容ではないかと疑問に感じるところである。
第25条　次のいずれかの事由がある場合には，仲裁合意は無効とする。 (1)合意された仲裁事項が法律で定められた仲裁の範囲を超えるとき。 (2)民事行為能力を有さないか，又は制限行為能力者によって仲裁合意が締結されたとき。 (3)当事者の一方が，脅迫手段により，相手方に仲裁合意を強制したとき。	
第26条　仲裁合意が仲裁事項又は仲裁委員会について約定がないか，又は約定が不明確な場合には，当事者は，補充合意することができる。補充合意を達成されないときには，仲裁合意は無効とする。	
第27条　仲裁合意は独立して存在し，契約の変更，解除，**未発効**，終了，**取消**又は無効は，仲裁合意の効力に影響を及ぼさない。 2　仲裁廷は，契約の効力を確認する権限を有する。	
第28条　当事者は，仲裁合意の効力に対して異議がある場合には，仲裁委員会**又は仲裁廷**に決定をするよう請求するか，又は人民法院に裁定をするよう請求することができる。 2　一方が仲裁委員会**又は仲裁廷**に決定をするよう請求し，もう一方が人民法院に裁定をするよう請求した場合には，人民法院が裁定する。 3　当事者は，仲裁合意の効力に対して異議がある場合には，仲裁廷の最初の開延前に提出しなければならない。	
	第1次改正案では，紛争解決に資するという目的に基づき，主従契約紛争や企業

	定が一致しない場合には，主契約を優先する。従契約に仲裁合意の約定がない場合には，主契約の仲裁合意が従契約の当事者に対して有効となる。
	第25条　会社の株主又はパートナーシップ会社の有限責任社員が，法律の規定に従って，自らの名義で会社又はパートナーシップ会社を代表して相手方に対して権利を主張する場合，当該会社又はパートナシップ会社が相手側と締結した仲裁合意は有効とする。
	第26条　法律が当事者が人民法院に民事訴訟を提起することができると規定しているが，仲裁を付託できないか不明確である場合には，当事者がこの法律の規定に従って締結した仲裁合意を有効とする。
	第27条　当事者は，仲裁合意において仲裁地を約定することができる。当事者が仲裁地について約定をしていないか又は不明確な場合には，事案を管理する仲裁機関所在地を仲裁地とする。 2　仲裁判断は，仲裁地で示されたものとする。 3　仲裁地の決定は，当事者又は仲裁廷が事案の状況に基づき仲裁地と異なる適切な場所を約定又は選択し，合議及び開廷などの仲裁業務を行うことに影響を与えない。
	第28条　当事者は，仲裁合意の存在，有効性等の効力の問題，又は仲裁事件の管轄権について異議がある場合には，仲裁規則で定める答弁期限内に異議を申し立てなければならず，仲裁廷が決定を下す。 2　仲裁廷の構成前に，仲裁機関は当面の証拠に基づいて仲裁手続を継続するか否かを決定することができる。 3　当事者が前項の手続きを経ずに人民法院に直接異議を申し立てた場合には，人民法院はこれを受理しない。 4　当事者が仲裁合意の効力又は管轄権

	の代表訴訟などの特殊な事情における仲裁合意の有効性の認定について明確に定めた。第2次改正案では，これが削除されている。
	その他の法律に基づく訴訟可能性と仲裁可能性との問題を解決するには，その他の法律に仲裁に関する禁止規定がない限り，当事者がこの法律の規定に従って締結した仲裁合意は有効とする。
	第1次改正案では，「仲裁地」の基準を規定し，国際仲裁の慣行に倣い，中国の仲裁の友好度と吸収力を増すとの趣旨が説明されていた。第2次改正案では，第78条に規定されている。
	第1次改正案では，国際商事仲裁の慣行に基づき，仲裁廷の仲裁合意の効力及び管轄権問題に対する自主審査権を明確にした。第2次改正案では，第28条に仲裁廷の決定権に関する文言が加筆されているが，第1次改正案よりは弱まっている。

	に関する決定に異議がある場合には，決定を受領した日から10日内に仲裁地の中級人民法院に審査の請求をしなければならない。当事者は，仲裁合意が無効，又は仲裁事件に管轄権がないという裁定に不服がある場合には，裁定が送達された日から10日内に上級の人民法院に再審理の申請をすることができる。人民法院は再審請求を受理した日から1か月内に裁定を下すものとする。 4　人民法院による審査は，仲裁手続の進行に影響を与えない。
	第4章　仲裁手続 **第1節　一般規定** 第29条　仲裁は当事者を平等に扱い，当事者は意見を十分に陳述する権利を有する。
	第30条　当事者は，仲裁手続又は適用する仲裁規則を約定することができる。ただし，この法律の強制規定に反する場合を除く。 2　当事者が約定していないか，又は約定が不明確な場合には，仲裁廷は，適切とみなす方式で仲裁を行うことができる。ただし，この法律の強制規定に反する場合を除く。 3　仲裁手続は，オンライン方式で行うことができる。 4　仲裁手続は，不必要な遅延や出費を避けなければならない。
	第31条　仲裁は，非公開で行われる。当事者が公開することに同意した場合は，国家機密に関わるものを除き，公開で行うことができる。
	第32条　当事者は，仲裁手続において調停により紛争を解決することができる。
	第33条　一方の当事者が，仲裁手続又は仲裁合意に定められた内容が遵守され

第1章　中国仲裁法改正の動向と実務への影響　59

	第1次改正案では，仲裁手続の一般規定を設けたが，第2次改正案ではすべて削除されている。必ずしも一般規定とはしなくても，第1次改正案で一般規定に置かれた内容は，それぞれの関連規定に記載がある。
	第1次改正案では，「手続の自主」規定を加筆した。仲裁はオンライン方式，書面審理により行うことができ，柔軟に審問方式を決定できるようにし，また，オンラインによる送達規定を加筆し，インターネット仲裁に法的根拠とサポートを提供し，インターネット仲裁の開発を規範化している。第1次改正案の第58条，第63条も同様である。第2次改正案では，第11条に規定がある。
	第1次改正案では，現行法の仲裁の機密保持原則を仲裁手続の一般規定に格上げしていた。
	第1次改正案では，「仲裁と調停の結合」規定が加筆されていた。
	第1次改正案では，「異議権放棄」規定が加筆されていた。

	ていないことを知り，又は知るべきであったにもかかわらず，なお仲裁手続に参加し，かつ速やかに書面による異議申立てをしない場合には，異議を申し立てる権利を放棄したものとみなす。
	第34条　仲裁文書は，合理的かつ誠実な方法で当事者に送達されなければならない。 2　当事者が送達方式について約定している場合には，この約定による。 3　当事者が約定をしていない場合には，手交，書留郵便，速達，ファックス，又は電子メールやインスタント・メッセージなどの通信システムで記録できる方式で送達する。 4　仲裁文書は，前項で規定された方式で当事者に送達されるか，又は当事者の営業所，登記地，住所地，常居所，若しくは通信住所に送付された場合に送達されたものとする。 5　合理的調査によっても上記の地点のいずれも見つからない場合には，仲裁文書は，配達記録の残るその他の手段で当事者の最後に知られている営業所，登記地，住所地，常居所，又は通信住所に送付された場合に送達されたものとみなす。
第4章　仲裁手続 **第1節　申立てと受理**	
第21条　当事者が仲裁を申し立てる場合には，以下の条件に適合しなければならい。 (1)仲裁合意があること。 (2)具体的な仲裁請求並びに事実及び理由を有すること。 (3)仲裁委員会の受理範囲に属すること。	第35条　仲裁を申し立てる当事者は，以下の条件を満たさなければならない。 (1)仲裁合意があること。 (2)具体的な仲裁請求並びに事実及び理由を有すること。 (3)この法律に定める仲裁の範囲であること。 2　当事者は，仲裁合意で約定した仲裁機関に仲裁を申し立てなければならない。 3　仲裁合意が仲裁機関の約定が不明確であるが，適用される仲裁規則によっ

	第1次改正案では,「送達」に関する規定が加筆されていた。
第4章　仲裁手続 **第1節　申立てと受理** 第29条　当事者が仲裁を申し立てる場合には,以下の条件に適合しなければならい。 (1)仲裁合意があること。 (2)具体的な仲裁請求並びに事実及び理由を有すること。	第1次改正案の立法趣旨は,司法解釈と実務経験を吸収し,仲裁合意における仲裁機関の約定がないか,又は約定が不明確な状況における指導的規定を明確にし,仲裁の円滑な進行を保障するということであった。しかし,第2次改正案では,元に戻されている。

	て仲裁機関を確定できる場合には，当該仲裁機関が受理するものとする。仲裁規則についても合意がない場合には，当事者は仲裁合意を補充することができる。補充合意に達しない場合には，最初に事案の申立てがなされた仲裁機関が受理する。 4　仲裁合意に仲裁機関の約定がなく，当事者が補充合意に達することができない場合には，当事者の共通住所地の仲裁機関に申し立てをすることができる。当事者に共通住所地がない場合には，当事者の住所地以外の最初に申立てがなされた第三の地の仲裁機関が申立てを受理するものとする。 5　仲裁手続は，仲裁申立書が仲裁機関に提出された日から開始される。
第22条　当事者は，仲裁を申し立てる場合には，仲裁委員会に仲裁合意書，仲裁申立書及び副本を提出しなければならない。	第36条　当事者は，仲裁を申し立てる場合，仲裁機関に仲裁合意書，仲裁申立書及び付属文書を提出しなければならない。
第23条　仲裁申立書には，次の事項を記載しなければならない。 (1)当事者の氏名，性別，年齢，職業，勤務先及び住所又は法人その他組織の名称，住所及び法定代表者若しくは主要責任者の氏名及び役職。 (2)仲裁請求並びに根拠とする事実及び理由。 (3)証拠及び証拠の出所，証人の氏名及び住所。	第37条　仲裁申請書には，以下の事項を記載しなければならない。 (1)当事者の氏名，性別，年齢，職業，勤務先及び住所，法人又はその他組織の名称，住所及び法定代表者若しくは主要責任者の氏名及び役職。 (2)仲裁請求並びに根拠とする事実及び理由。 (3)証拠及び証拠の出所，証人の氏名及び住所。
第24条　仲裁委員会は，仲裁申立書を受理した日から5日内に，受理条件を満たしていると認める場合には，これを受理し，かつ，当事者に通知する。受理条件を満たしていないと認める場合には，書面により当事者に受理しない旨を通知し，かつ，理由を説明しなければならない。	第38条　仲裁機関は，仲裁申立書を受領した日から5日内に，受理条件を満たしていると認める場合には，これを受理し，かつ当事者に通知する。受理条件を満たしていないと認める場合には，書面により当事者に受理しない旨を通知し，かつ理由を説明しなければならない。
第25条　仲裁委員会は，仲裁申立書を受理した後，仲裁規則に定める期間内に仲裁規則及び仲裁人名簿を申立人に送	第39条　仲裁機関は，仲裁申立書を受理した後，仲裁規則に定める期間内に仲裁規則及び仲裁人名簿を申立人に送達

第30条　当事者は，仲裁を申し立てる場合には，仲裁委員会に仲裁合意書，仲裁申立書及び副本を提出しなければならない。	
第31条　仲裁申立書には，次の事項を記載しなければならない。 (1)当事者の氏名，性別，年齢，職業，勤務先及び住所又は**非法人組織**の名称，住所及び法定代表者若しくは主要責任者の氏名及び役職。 (2)仲裁請求並びに根拠とする事実及び理由。 (3)証拠及び証拠の出所，証人の氏名及び住所。	
第32条　仲裁委員会は，仲裁申立書を受理した日から5日内に，受理条件を満たしていると認める場合には，これを受理し，かつ，**申立人**に通知する。受理条件を満たしていないと認める場合には，書面により**申立人**に受理しない旨を通知し，かつ，理由を説明しなければならない。	
第33条　仲裁委員会は，仲裁申立書を受理した後，仲裁規則に定める期間内に仲裁規則及び仲裁人名簿を申立人に送	

達し，かつ，仲裁申立書副本並びに仲裁規則及び仲裁人名簿を被申立人に送達しなければならない。 2　被申立人は，仲裁申立書副本を受領した後に，仲裁規則に定める期間内に仲裁委員会に対して答弁書を提出しなければならない。仲裁委員会は，答弁書を受領した後，仲裁規則に定める期間内に答弁書副本を申立人に送達しなければならない。被申立人が答弁を提出しない場合でも，仲裁手続には影響しない。	し，かつ，仲裁申立書副本並びに仲裁規則及び仲裁人名簿を被申立人に送達しなければならない。 2　被申立人は，仲裁申立書副本を受領した後に，仲裁規則に定める期間内に仲裁機関に対して答弁書を提出しなければならない。仲裁委員会は，答弁書を受領した後，仲裁規則に定める期間内に答弁書副本を申立人に送達しなければならない。被申立人が答弁を提出しない場合でも，仲裁手続には影響しない。
第26条　当事者が仲裁合意を達成し，一方が人民法院に仲裁合意のあること宣明せずに提訴し，人民法院が受理した後，他の一方が最初の開廷前に仲裁合意を提出したときは，人民法院は，訴えを却下しなければならない。ただし，仲裁合意が無効である場合を除く。他の一方が最初の開廷前に人民法院に当該事件の受理に対する異議を申し立てなかった場合には，仲裁合意を放棄したものとみなし，人民法院は，継続して審理する。	第40条　当事者が仲裁合意を達成し，一方が人民法院に仲裁合意のあること宣明せずに提訴し，人民法院が受理した後，他の一方が最初の開廷前に仲裁合意を提出したときは，人民法院は，訴えを却下しなければならない。ただし，仲裁合意が無効である場合を除く。他の一方が最初の開廷前に人民法院に当該事件の受理に対する異議を申し立てなかった場合には，仲裁合意を放棄したものとみなし，人民法院は，継続して審理する。
第27条　申立人は，仲裁請求を放棄し，又は変更することができる。被申立人は，仲裁請求を承認，又は抗弁をすることができ，反対請求をする権利を有する。	第41条　申立人は，仲裁請求を放棄し，又は変更することができる。被申立人は，仲裁請求を承認，又は抗弁をすることができ，反対請求をする権利を有する。
第28条　一方の当事者は，他の一方の当事者の行為その他の事由により，判断を執行することができないか，又は執行が難しくなるおそれのある場合には，財産保全を申し立てることができる。 2　当事者が財産保全を申し立てた場合には，仲裁委員会は，当事者の申立てを民事訴訟法の関係規定により人民法院に移送しなければならない。 3　申立てに錯誤のある場合には，申立人は，被申立人が財産保全により受けた損害を賠償しなければならない。	

達し，かつ，仲裁申立書副本並びに仲裁規則及び仲裁人名簿を被申立人に送達しなければならない。 2　被申立人は，仲裁申立書副本を受領した後に，仲裁規則に定める期間内に仲裁委員会に対して答弁書を提出しなければならない。仲裁委員会は，答弁書を受領した後，仲裁規則に定める期間内に答弁書副本を申立人に送達しなければならない。被申立人が答弁を提出しない場合でも，仲裁手続には影響しない。	
第34条　当事者が仲裁合意を達成し，一方が人民法院に仲裁合意のあること宣明せずに提訴し，人民法院が受理した後，他の一方が最初の開廷前に仲裁合意を提出したときは，人民法院は，訴えを却下しなければならない。ただし，仲裁合意が無効である場合を除く。他の一方が最初の開廷前に人民法院に当該事件の受理に対する異議を申し立てなかった場合には，仲裁合意を放棄したものとみなし，人民法院は，継続して審理する。	
第35条　申立人は，仲裁請求を放棄し，又は変更することができる。被申立人は，仲裁請求を承認，又は抗弁をすることができ，反対請求をする権利を有する。	
第36条　一方の当事者は，他の一方の当事者の行為その他の事由により，判断を執行することができないか，**又は当事者にその他の損害をもたらすおそれ**のある場合には，財産保全を申し立てることができ，**他方の当事者の行なった行為に対する責任追及又は当該行為の禁止を請求することができる。** 2　当事者が財産保全を申し立てた場合には，仲裁委員会は，当事者の申立てを民事訴訟法の関係規定により人民法院に移送しなければならない。 3　申立てに錯誤のある場合には，申立	

第29条　当事者又は法定代理人は，弁護士その他の代理人に仲裁業務を委任することができる。弁護士その他の代理人に仲裁業務を委任する場合には，仲裁委員会に対して授権委任状を提出しなければならない。	第42条　当事者又は法定代理人は，弁護士その他の代理人に仲裁業務を委任することができる。弁護士その他の代理人に仲裁業務を委任する場合には，仲裁委員会に対して授権委任状を提出しなければならない。
	第3節　暫定措置 第43条　当事者は，仲裁手続の前又は手続中に，仲裁手続の進行，係争事実の証明，又は判断の執行を確保するために，人民法院又は仲裁廷に対し，係争目的物に関連する暫定的，緊急措置を講じるよう要請することができる。 2　暫定措置には，財産保全，証拠保全，行為保全，及び仲裁廷が必要と認めるその他の短期措置が含まれる。
	第44条　一方当事者は，その他の当事者の行為又はその他の事由により，判断が執行ができなくなるか，執行が困難になり，当事者にその他の損害をもたらすおそれがある場合には，財産保全及び行為保全を申し立てることができる。
	第45条　証拠が滅失するか，又は以後においては取得が困難になる場合には，当事者は証拠保全の申し立てをすることができる。
	第46条　当事者が仲裁申立て前に保全措置を申し立てる場合には，関係法令に従って直接人民法院に申し立てる。 2　当事者が仲裁申立て後に保全措置を申し立てる場合には，保全財産所在地，証拠所在地，行為履行地，被申立人所

第1章　中国仲裁法改正の動向と実務への影響　67

人は，被申立人が財産保全により受けた損害を賠償しなければならない。	
第37条　当事者又は法定代理人は，弁護士その他の代理人に仲裁業務を委任することができる。弁護士その他の代理人に仲裁業務を委任する場合には，仲裁委員会に対して授権委任状を提出しなければならない。	
第38条　仲裁文書は当事者が約定した合理的方式で送達しなければならない。当事者に約定がないか又は約定が不明確な場合には，仲裁規則の規定する方式により送達する。	
	第1次改正案では，暫定措置を統合し，行為保全と緊急仲裁人制度を加え，仲裁廷が暫定措置を決定し，かつ暫定措置の行使を統一し，規律する権限を有することを明確にした。しかし，第2次改正案においては，第36条で若干の加筆がある他は，暫定措置に関する規定はすべて削除された。

	在地又は仲裁地の人民法院にもし立てるか，又は，仲裁廷に申し立てることもできる。
	第47条　当事者が人民法院に保全措置を申し立てた場合には，人民法院は関連法令に従って速やかに保全措置を講じなければならない。 2　当事者が仲裁廷に保全措置を申し立てた場合には，仲裁廷は速やかに決定を下し，かつ当事者に担保の提供を要求する。保全決定は，当事者又は仲裁機関が管轄権を有する人民法院に提出した後，人民法院は関連法令に従って速やかに執行しなければならない。 3　当事者が錯誤による申立をし，損害をもたらした場合には，その他の当事者がこれにより被った損害を賠償しなければならない。
	第48条　当事者が他の暫定措置を申し立てた場合には，仲裁廷は，暫定措置の必要性及び実現可能性を総合的に判断し，速やかに決定するものとする。 2　前項に規定する暫定措置がとられた後，一方の当事者の申立てにより，仲裁廷は，確かに必要と認める場合には，暫定措置の変更，停止又は解除の決定をすることができる。 3　暫定措置に人民法院の協力が必要である場合には，当事者は人民法院に執行協力の申立てをすることができ，人民法院は協力できると認めたときには，関連法規に従って執行する。
	第49条　暫定措置が中華人民共和国の領域外で執行される必要がある場合には，当事者は管轄権を有する外国裁判所に執行を直接申し立てることができる。 2　仲裁廷の組織前に，当事者が暫定措置を講じるために緊急仲裁人を任命する必要がある場合，仲裁規則に従って仲裁機関に緊急仲裁人の任命を申し立てることができる。緊急仲裁人の権限は，仲裁廷が組織されるまでとする。

第1章　中国仲裁法改正の動向と実務への影響

第 2 節　仲裁廷の構成	第 4 節　仲裁廷の構成
第30条　仲裁廷は，3名の仲裁人又は1名の仲裁人により構成する。3名の仲裁人により構成する場合には，首席仲裁人を置く。	第50条　仲裁廷は，3名の仲裁人又は1名の仲裁人により構成する。3名の仲裁人により構成する場合には，首席仲裁人を置く。 2　当事者は，仲裁人推薦名簿から仲裁人を選任するか，又は名簿外から仲裁人を選任することができる。当事者が名簿外から選任する仲裁人は，この法律に規定されている条件を満たしていなければならない。 3　当事者が仲裁人の条件を約定した場合には，その約定に従う。ただし，当事者の約定が実現できないか，又はこの法律の規定により仲裁人を務めることができない事由がある場合を除く。
第31条　当事者が3名の仲裁人により仲裁廷を構成することを約定した場合には，各方が仲裁人1名を選任するか，又は仲裁委員会主任に委任して選任し，3人目の仲裁人は，当事者が共同して選任するか，又は共同して仲裁委員会主任に委任して選任する。3人目の仲裁人は，首席仲裁人となる。 2　当事者が1名の仲裁人により仲裁廷を構成することを約定した場合には，当事者が仲裁人を共同して選任するか，又は共同して仲裁委員会主任に委任して選任する。	第51条　当事者が3名の仲裁人による仲裁廷を組織することを約定した場合には，各当事者が1名の仲裁人を選任し，選任できないときには仲裁機関が選任する。3人目の仲裁人は当事者が共同で選任する。当事者が共同して選任できない場合には，選任又は指名された2名の仲裁人が共同して選任する。2名の仲裁人が共同で選任できないときには，仲裁機関が選任する。3人目の仲裁人が首席仲裁人となる。 2　当事者が，1名の仲裁人により仲裁廷を組織する約定をした場合には，当事者が共同で仲裁人を選任する。当事者が共同で仲裁人を選任できないときには，仲裁機関が仲裁人を選任する。
第32条　当事者が仲裁規則に定める期間内に仲裁廷の構成方式を約定しないか，又は仲裁人を選任しない場合には，仲裁委員会主任が選任する。	
第33条　仲裁廷が構成された後に，仲裁委員会は，仲裁廷の構成状況を書面により当事者に通知する。	第52条　仲裁廷の組織後，仲裁人は独立，公正な仲裁を保証する声明書に署名し，仲裁機関は仲裁廷の組織と声明書を当事者に送達する。 2　仲裁人は，当事者にその独立性と公

第2節　仲裁廷の構成

第39条　仲裁廷は，3名の仲裁人又は1名の仲裁人により構成する。3名の仲裁人により構成する場合には，首席仲裁人を置く。

第40条　当事者が3名の仲裁人により仲裁廷を構成することを約定した場合には，各方が仲裁人1名を選任するか，又は仲裁委員会主任に委任して選任し，3人目の仲裁人は，当事者が共同して選任するか，又は共同して仲裁委員会主任に委任して選任する。**当事者が3人目の仲裁人を各方が選任した仲裁人により共同して選任することを約定した場合には，その約定による。**3人目の仲裁人は，首席仲裁人となる。 2　当事者が1名の仲裁人により仲裁廷を構成することを約定した場合には，当事者が仲裁人を共同して選任するか，又は共同して仲裁委員会主任に委任して選任する。	
第41条　当事者が仲裁規則に定める期間内に仲裁廷の構成方式を約定しないか，又は仲裁人を選任しない場合には，仲裁委員会主任が選任する。	
第42条　仲裁人は当事者にその独立性，公正性に合理的な疑いを与える事情がある場合には，当該仲裁人は速やかに仲裁委員会に書面でこれを開示しなければならない。	仲裁人の開示及び忌避・回避制度を整備した。仲裁人は独立，公正に仲裁をすることを保証する声明書に署名し，かつ，これを当事者に送達しなければならないという規定を加筆した。仲裁人の開示義

	平性に合理的疑義を持たせる可能性につき認識する場合には，これを書面で開示しなければならない。 3　当事者は，仲裁人の開示を受領した後，開示された事項を理由に仲裁人の忌避を申し立てる場合には，10日以内に書面により提出しなければならない。期限内に忌避の申立てがないときには，仲裁人が開示した事項を理由に当該仲裁人の忌避を申し立てることはできない。
第34条　仲裁人は，以下の事由の一がある場合には，必ず回避しなければならない。当事者は，忌避申立てをする権利を有する。 (1)当該事件の当事者であり，又は当事者若しくは代理人の近親者であるとき。 (2)当該事件と利害関係のあるとき。 (3)当該事件の当事者又は代理人とその他の関係があり，公正な仲裁に影響を及ぼすおそれのあるとき。 (4)当事者若しくは代理人と私的に面会するか，又は当事者，代理人から接待・贈答品を受けたとき。	第53条　仲裁人は，以下の事由の一がある場合には，必ず回避しなければならず，当事者も忌避を申し立てる権利を有する。 (1)当該事件の当事者であり，又は当事者若しくは代理人の近親者であるとき。 (2)当該事件と利害関係のあるとき。 (3)当該事件の当事者又は代理人とその他の関係があり，公正な仲裁に影響を及ぼすおそれのあるとき。 (4)当事者若しくは代理人と私的に面会するか，又は当事者，代理人から接待・贈答品を受けたとき。
第35条　当事者は，忌避申立てを提出する場合には，理由を説明し，最初の開廷前に提出しなければならない。忌避事由を最初の開廷後に知った場合には，最終開廷の終了前に提出することができる。	第54条　当事者は，忌避の申立てをする場合には，その理由を説明し，第1回の開廷前に申立てをしなければならない。忌避事由が第1回開廷後に明らかになったとき，又は書面審理される事件のときには，当事者は忌避事由を知った日から10日以内に申立てをしなければならない。 2　当事者が選任した仲裁人の忌避を申し立てる場合には，選任後に明らかになった理由のみにより申し立てることができる。
第36条　仲裁人を忌避するか否かは，仲裁委員会主任が決定する。仲裁委員会主任が仲裁人である場合には，仲裁委員会が全体で決定する。	第55条　仲裁人を忌避するか否かは，仲裁機関が決定し，忌避理由を説明しなければならない。 2　忌避決定前においては，忌避を申し立てられた仲裁人は，引き続き仲裁手

2　仲裁委員会は，仲裁人が書面により開示した事情，仲裁廷の組織状況を書面により当事者に通知しなければならない。	務を加筆し，かつ，開示及び回避・忌避制度と関連させ，仲裁人の行為をさらに規範化した。回避・忌避制度の透明度を高め，仲裁機関に回避。忌避決定の理由を説明するよう要求する。誠信の要件を強化し，当事者による忌避申立てに合理的な制限を課した。当事者と仲裁人の法的権利を保障する。
第43条　仲裁人は，以下の事由の一がある場合には，必ず回避しなければならない。当事者は，忌避申立てをする権利を有する。 (1)当該事件の当事者であり，又は当事者若しくは代理人の近親者であるとき。 (2)当該事件と利害関係のあるとき。 (3)当該事件の当事者又は代理人とその他の関係があり，公正な仲裁に影響を及ぼすおそれのあるとき。 2　当事者若しくは代理人と私的に面会するか，又は当事者，代理人から接待・贈答品を受けたとき。	
第44条　当事者は，忌避申立てを提出する場合には，理由を説明し，最初の開廷前に提出しなければならない。忌避事由を最初の開廷後に知った場合には，最終開廷の終了前に提出することができる。	
第45条　仲裁人を忌避するか否かは，仲裁委員会主任が決定する。仲裁委員会主任が仲裁人である場合には，仲裁委員会が全体で決定する。	

第37条　仲裁人は，忌避その他の理由により職責を履行することができない場合には，この法律の規定により仲裁人を新たに選任，又は指名しなければならない。 2　忌避により仲裁人を新たに選任し，又は指名した後に，当事者は，既に行われた仲裁手続を新たに行うことを請求することができ，許可するか否かは，仲裁廷が決定する。仲裁廷は，既に行われた仲裁手続を新たに行うか否かを自ら決定することもできる。	第56条　仲裁人は，忌避その他の理由により職責を履行することができない場合には，この法律の規定により仲裁人を新たに選任，又は指名する。 2　忌避により仲裁人を新たに選任し，又は指名した後に，当事者は，既に行われた仲裁手続を新たに行うことを請求することができ，許可するか否かは，仲裁廷が決定する。仲裁廷は，既に行われた仲裁手続を新たに行うか否かを自ら決定することもできる。
第38条　仲裁人は，第34条第4号所定の事由に該当し，情状が重大である場合，又は第58条第1項第6号所定の事由に該当する場合には，法的責任を負う。仲裁委員会は，当該仲裁人を除名する。	第57条　仲裁人は，この法律第53条第4項に規定する事由に該当し，事由が重大である場合，又はこの法律第77条第6項に規定する事由に該当する場合には，法的責任を負う。仲裁機関は，仲裁人を除名する。
第3節　開廷及び判断	第5節　審理及び判断
第39条　仲裁は，開廷して行われるものとする。当事者が開廷しないことに同意した場合には，仲裁廷は，仲裁申立書，答弁書，及びその他資料に基づいて判断を示すことができる。	第58条　仲裁は開廷して行われるものとする。当事者が開廷しないことに同意した場合には，仲裁廷は仲裁申立書，答弁書，及びその他資料に基づいて書面審理をし，判断を示すことができる。
第40条　仲裁は，非公開で行う。当事者が公開に合意した場合には，公開して行うことができる。ただし，国家機密にかかわる場合を除く。	
第41条　仲裁委員会は，仲裁規則に定める期間内に開廷日を事者双方に通知しなければならない。当事者は，正当な理由のある場合には，仲裁規則に定める期間内に開廷延期を請求することができる。延期するか否かについては，仲裁廷が決定する。	
第42条　申立人が書面による通知を受けながら，正当な理由なくして出廷しないか，又は仲裁廷の許可を経ずに中途退廷した場合には，仲裁申立を取り下	第60条　申立人が書面の通知を受けながら，正当な理由なく審問に出席しなかった場合，又は仲裁廷の許可なく中途退廷した場合には，仲裁申立を取り下

第46条　仲裁人は，忌避その他の理由により職責を履行することができない場合には，この法律の規定により仲裁人を新たに選任，又は指名しなければならない。 2　忌避により仲裁人を新たに選任し，又は指名した後に，当事者は，既に行われた仲裁手続を新たに行うことを請求することができ，許可するか否かは，仲裁廷が決定する。仲裁廷は，既に行われた仲裁手続を新たに行うか否かを自ら決定することもできる。	
第47条　仲裁人は，**第43条**第4号所定の事由に該当し，情状が重大である場合，又は**第68条**第6号所定の事由に該当する場合には，法的責任を負う。仲裁委員会は，当該仲裁人を除名する。	
第3節　開廷及び判断 第48条　仲裁は，開廷して行われるものとする。当事者が開廷しないことに同意した場合には，仲裁廷は，仲裁申立書，答弁書，及びその他資料に基づいて判断を示すことができる。	
第49条　仲裁は，非公開で行う。当事者が公開に合意した場合には，公開して行うことができる。ただし，国家機密にかかわる場合を除く。	
第50条　仲裁委員会は，仲裁規則に定める期間内に開廷日を事者双方に通知しなければならない。当事者は，正当な理由のある場合には，仲裁規則に定める期間内に開廷延期を請求することができる。延期するか否かについては，仲裁廷が決定する。	
第51条　申立人が書面による通知を受けながら，正当な理由なくして出廷しないか，又は仲裁廷の許可を経ずに中途退廷した場合には，仲裁申立を取り下	

げたものとみなすことができる。 2　被申立人が書面による通知を受けながら，正当な理由なくして出廷しないか，又は仲裁廷の許可を得ないで中途で退廷した場合には，欠席判断をすることができる	げたものとみなすことができる。 2　被申立人が書面による通知を受けながら，正当な理由なくして出廷しないか，又は仲裁廷の許可を得ないで中途で退廷した場合には，欠席判断をすることができる
第43条　当事者は，自らの主張について証拠を提供しなければならない。 2　仲裁廷は，収集する必要があると認める証拠を自ら収集することができる。	第61条　当事者は，自らの主張について証拠を提出しなければならない。 2　仲裁廷は，収集する必要があると判断した証拠は，自ら収集することができ，必要なときには，人民法院に支援を要請することができる。
第44条　仲裁廷は，専門的問題について鑑定する必要がある認める場合には，当事者が合意した鑑定機関，又は，仲裁廷が指定する鑑定機関において鑑定をすることができる。 2　当事者の請求又は仲裁廷の要求に基づき，鑑定機関は，鑑定人を派遣して審理に参加させる。当事者は，仲裁廷の許可を経て，鑑定人に対して質問をすることができる。	第62条　仲裁廷は，専門的問題について鑑定する必要がある認める場合には，当事者が合意した鑑定機関，又は，仲裁廷が指定する鑑定機関において鑑定をすることができる。 2　当事者の請求又は仲裁廷の要求に基づき，鑑定機関は，鑑定人を派遣して審理に参加させる。当事者は，仲裁廷の許可を経て，鑑定人に対して質問をすることができる。
第45条　証拠は，開廷時に提示しなければならない。当事者は，証拠について反対尋問することができる。	第63条　証拠は速やかに当事者及び仲裁廷に送達されなければならない。 2　当事者は，証拠について反対尋問の方式について約定することができ，又は仲裁廷が適切とみなす方法で反対尋問を行うことができる。 3　仲裁廷は，証拠の有効性とその証明力を判断し，法律に従って立証責任を割り当てる権利を有する。
第46条　証拠が滅失，又は後に取得しがたいおそれのある場合には，当事者は，証拠保全を申し立てることができる。当事者が証拠保全を申し立てた場合には，仲裁委員会は，当事者の申立てを証拠所在地の基層人民法院に移送しなければならない。	

げたものとみなすことができる。 2　被申立人が書面による通知を受けながら，正当な理由なくして出廷しないか，又は仲裁廷の許可を得ないで中途で退廷した場合には，欠席判断をすることができる	
第52条　当事者は，自らの主張について証拠を提供しなければならない。 2　仲裁廷は，収集する必要があると認める証拠を自ら収集することができる。	
第53条　**当事者は，専門的問題について鑑定する必要があると認める場合には，仲裁廷に鑑定を申請することができる。仲裁廷は，当事者の申請又は自らの判断で専門的問題について鑑定する必要があると認める場合には，当事者が約定する鑑定人の鑑定に出すことができる。** 2　当事者の請求又は仲裁廷の要求に基づき，鑑定機関は，**仲裁廷の通知により**，鑑定人を派遣して審理に参加させる。当事者は，仲裁廷の許可を経て，鑑定人に対して質問をすることができる。	
第54条　証拠は，開廷時に提示しなければならない。当事者は，証拠について反対尋問することができる。	
第55条　証拠が滅失，又は後に取得しがたいおそれのある場合には，当事者は，証拠保全を申し立てることができる。当事者が証拠保全を申し立てた場合には，仲裁委員会は，当事者の申立てを証拠所在地の基層人民法院に移送しなければならない。	

第47条　当事者は，仲裁の過程において弁論をする権利を有する。弁論が終結した時に，首席仲裁人又は単独仲裁人は，当事者の最終意見を求めなければならない。	第64条　当事者は，仲裁の過程において弁論をする権利を有する。弁論が終結した時に，首席仲裁人又は単独仲裁人は，当事者の最終意見を求めなければならない。
第48条　仲裁廷は，開廷状況を記録に留めなければならない。当事者及びその他の仲裁参加者は，自己の陳述の記録について遺漏又は錯誤があると認める場合には，補正を申し立てる権利を有する。補正をしない場合には，当該申立てを記録に残さなければならない。 2　記録には，仲裁人，記録者，当事者及びその他の仲裁参加者が署名し，又は押印する。	第65条　仲裁廷は，開廷状況を記録に留めなければならない。当事者及びその他の仲裁参加者は，自己の陳述の記録について遺漏又は錯誤があると認める場合には，補正を申し立てる権利を有する。補正をしない場合には，当該申立てを記録に残さなければならない。 2　記録には，仲裁人，記録者，当事者及びその他の仲裁参加者が署名し，又は押印する。
第49条　当事者は，仲裁を申し立てた後に，自ら和解することができる。和解合意をしたときは，仲裁廷に和解合意に基づき判断書を作成するよう求めることができ，又は仲裁申立てを取り下げることもできる。	第66条　当事者は，仲裁を申し立てた後に，自ら和解することができる。和解合意をしたときは，仲裁廷に和解合意に基づき判断書を作成するよう求めることができ，又は仲裁申立てを取り下げることもできる。
第50条　当事者は，和解合意をし，仲裁申立てを取り下げた後に翻意した場合には，仲裁合意に基づき仲裁を申し立てることができる。	第67条　当事者は，和解合意をし，仲裁申立てを取り下げた後に翻意した場合には，仲裁合意に基づき仲裁を申し立てることができる。
第51条　仲裁廷は，判断をする前に調停を先行させることができる。当事者が自ら調停を望む場合には，仲裁廷は，調停をしなければならない。調停が不調である場合には，速やかに判断をしなければならない。 2　調停が合意に達した場合には，仲裁廷は，調停書を作成し，又は合意の結果に基づく判断書を作成するものとする。調停書及び判断書は，同等の法的効力を有する。	第68条　仲裁廷は，判断をする前に調停を先行させることができる。当事者が自ら調停を望む場合には，仲裁廷は，調停をしなければならない。調停が不調である場合には，速やかに判断をしなければならない。 2　調停が合意に達した場合には，仲裁廷は，調停書を作成し，又は合意の結果に基づく判断書を作成するものとする。調停書及び判断書は，同等の法的効力を有する。

第56条　当事者は，仲裁の過程において弁論をする権利を有する。弁論が終結した時に，首席仲裁人又は単独仲裁人は，当事者の最終意見を求めなければならない。	
第57条　仲裁廷は，開廷状況を記録に留めなければならない。当事者及びその他の仲裁参加者は，自己の陳述の記録について遺漏又は錯誤があると認める場合には，補正を申し立てる権利を有する。補正をしない場合には，当該申立てを記録に残さなければならない。 2　記録には，仲裁人，記録者，当事者及びその他の仲裁参加者が署名し，又は押印する。	
第58条　仲裁廷は，当事者が通謀して，仲裁により国家の利益，社会公共の利益又は他人の合法的権益を侵害することを発見した場合には，当事者の仲裁申立てを取り消す。	
第59条　当事者は，仲裁を申し立てた後に，自ら和解することができる。和解合意をしたときは，仲裁廷に和解合意に基づき判断書を作成するよう求めることができ，又は仲裁申立てを取り下げることもできる。	
第60条　当事者は，和解合意をし，仲裁申立てを取り下げた後に翻意した場合には，仲裁合意に基づき仲裁を申し立てることができる。	
第61条　仲裁廷は，判断をする前に調停を先行させることができる。当事者が自ら調停を望む場合には，仲裁廷は，調停をしなければならない。調停が不調である場合には，速やかに判断をしなければならない。 2　調停が合意に達した場合には，仲裁廷は，調停書を作成し，又は合意の結果に基づく判断書を作成するものとする。調停書及び判断書は，同等の法的効力を有する。	

	第69条 当事者が，仲裁廷の組織前に調停合意に達した場合には，仲裁廷を組織するよう請求することができ，仲裁廷に調停合意の内容に基づいて調停書又は判断書を作成するように請求するか，又は，仲裁申立を取り下げることができる。 2 当事者が，仲裁廷の組織後に自ら仲裁廷の外の調停人による調停を選択した場合には，仲裁手続は中止する。当事者は，調停合意に達したとき，仲裁手続の再開を要求することができ，原仲裁廷が調停合意の内容に基づき調停書又は判断書を作成するか，又は，仲裁申立を取り下げることもできる。調停合意に達しないときには，当事者の請求により仲裁手続を継続する。
	第70条 当事者が仲裁合意に基づいて仲裁機関に調停合意について仲裁による確認を申し立てる場合には，仲裁機関は仲裁廷を組織し，仲裁廷は法により審査をし，調停合意の内容に基づいて調停書又は判断書を作成することができる。
第52条 調停書には，仲裁請求及び当事者の合意した結果を記載しなければならない。調停書は，仲裁人が署名し，仲裁委員会の印章を押捺し，当事者双方に送達する。 2 調停書は，当事者双方が署名，受領した後に，法的効力を生ずる。 3 調停書に署名，受領する前に当事者が翻意した場合には，仲裁廷は，速やかに判断をしなければならない。	第71条 調停書には，仲裁請求及び当事者の合意した結果を記載しなければならない。調停書は，仲裁人が署名し，仲裁委員会の印章を押捺し，当事者双方に送達する。 2 調停書は，当事者双方が署名，受領した後に，法的効力を生ずる。 3 調停書に署名，受領する前に当事者が翻意した場合には，仲裁廷は，速やかに判断をしなければならない。
第53条 判断は，多数仲裁人の意見に従ってこれをし，少数仲裁人の異なる意見は，これを記録に留めることができる。仲裁廷が多数意見を形成することができないときは，判断は，首席仲裁人の意見に従って示される。	第72条 判断は，多数仲裁人の意見に従ってこれをし，少数仲裁人の異なる意見は，これを記録に留めることができる。仲裁廷が多数意見を形成することができないときは，判断は，首席仲裁人の意見に従って示される。
第54条 判断書には，仲裁請求，紛争事	第73条 判断書には，仲裁請求，紛争事

	第1次改正案では，仲裁と調停を組み合わせた中国の特色ある制度を創新し，「仲裁確認」条項（第70条）を加筆し，当事者が仲裁廷外の調停人による単独調停を選択することを認め，かつ，現行の仲裁手続との連携についての規定がなされた。第2次改正案では，削除された。
第62条　調停書には，仲裁請求及び当事者の合意した結果を記載しなければならない。調停書は，仲裁人が署名し，仲裁委員会の印章を押捺し，当事者双方に送達する。 2　調停書は，当事者双方が署名，受領した後に，法的効力を生ずる。 3　調停書に署名，受領する前に当事者が翻意した場合には，仲裁廷は，速やかに判断をしなければならない。	
第63条　判断は，多数仲裁人の意見に従ってこれをし，少数仲裁人の異なる意見は，これを記録に留めることができる。仲裁廷が多数意見を形成することができないときは，判断は，首席仲裁人の意見に従って示される。	
第64条　判断書には，仲裁請求，紛争事	

実,判断理由,判断結果,仲裁費用の負担及び判断日を記載しなければならない。当事者が紛争事実及び判断理由の記載を望まない合意した場合には,記載しないことができる。判断書には,仲裁人が署名し,仲裁委員会の印章を押捺する。判断について異なる意見を有する仲数人は,署名するか又は署名しないことができる。	実,判断理由,判断結果,仲裁費用の負担及び判断日を記載しなければならない。当事者が紛争事実及び判断理由の記載を望まない合意した場合には,記載しないことができる。判断書には,仲裁人が署名し,仲裁機関の印章を押捺する。判断について異なる意見を有する仲数人は,署名するか又は署名しないことができる。
第55条　仲裁廷は,紛争を仲裁する場合,その一部の事実が既に明確であるときには,当該一部について先に判断を示すことができる。	第74条　仲裁廷が紛争を仲裁する場合,事実の一部について明らかであるときには,当該部分について部分的判断を先に行うことができる。 2　仲裁廷が紛争を仲裁する場合,係争事項が仲裁手続の進行に影響を与えるか,又は最終判断を示す前に明確にする必要があるときには,当該問題について先に中間判断を示すことができる。 3　部分判断又は中間判断に履行すべき内容がある場合には,当事者は履行しなければならない。 4　当事者が部分判断を履行しない場合には,他方の当事者は法に従って人民法院に強制執行を申し立てることができる。 5 部分判断又は中間判断が履行されるか否かは,仲裁手続の進行及び最終判断には影響しない。
第56条　判断書の文字若しくは計算の誤り,又は仲裁廷が既に判断したが判断書に記載されていない事項について,仲裁廷は,補正しなければならない。当事者は,判断書を受領した日から30日内に,仲裁廷に補正するよう請求することができる。	第75条　仲裁廷は,判断書の文言や計算の誤り,又は仲裁廷が判断した判断書に遺漏された事項がある場合には,補正をしなければならない。当事者は判断書を受領した日から30日内に仲裁廷に対し補正を請求することができる。 2　執行申立てをする判断事項が不明確であり,執行が不可能な場合には,人民法院は仲裁廷に書面で通知し,仲裁廷は補正するか,又は説明をすることができる。仲裁廷の解釈説明は,判断書の一部を構成することはない。
第57条　判断書は,作成された日から法的効力を生ずる。	第76条　判断書は,作成された日から法的効力を生ずる。

実,判断理由,判断結果,仲裁費用の負担及び判断日を記載しなければならない。当事者が紛争事実及び判断理由の記載を望まない合意した場合には,記載しないことができる。判断書には,仲裁人が署名し,仲裁委員会の印章を押捺する。判断について異なる意見を有する仲数人は,署名するか又は署名しないことができる。	
第65条　仲裁廷は,紛争を仲裁する場合,その一部の事実が既に明確であるときには,当該一部について先に判断を示すことができる。	第1次改正案では,中間判断の規定を加筆し,かつ,部分判断と結合することで,仲裁の特色を発揮することを利させ,紛争の迅速な解決を促進するとして,第74条が加筆されたが,第2次改正案において現行法と同じ規定に戻された。
第66条　判断書の文字若しくは計算の誤り,又は仲裁廷が既に判断したが判断書に記載されていない事項について,仲裁廷は,補正しなければならない。当事者は,判断書を受領した日から30日内に,仲裁廷に補正するよう請求することができる。	
第67条　判断書は,作成された日から法的効力を生ずる。	

第5章　判断取消しの申立て	第5章　判断取消しの申立て
第58条　当事者は，証拠を提出して判断に以下の事由のいずれか一に該当することを証明する場合には，仲裁委員会所在地の中級人民法院に対し判断の取消しを申し立てることができる。 (1)仲裁合意のないとき。 (2)判断事項が仲裁合意の範囲にないか，又は仲裁委員会に仲裁する権限のないとき。 (3)仲裁廷の構成又は仲裁手続が法定手続に違反しているとき。 (4)判断の根拠とした証拠が偽造されたものであるとき。 (5)相手方当事者が公正な判断に影響を及ぼすのに足りる証拠を隠蔽したとき。 (6)仲裁人が当該事件を仲裁する際に，賄賂を要求，受領し，私利を図り違法な判断をしたとき。 2　人民法院は，合議廷を構成して判断が前項所定の事由のいずれか一に該当することを審査・認定した場合には，取消しの裁定をする。 3　人民法院は，当該判断が社会公共利益に反する認定する場合には，取消しの裁定をする。	第77条　当事者は，証拠を提出して判断に以下の事由のいずれか一に該当することを証明する場合には，仲裁地の中級人民法院に対し判断の取消しを申し立てることができる。 (1)仲裁合意がないか，又は仲裁合意が無効であるとき。 (2)判断事項が仲裁合意の範囲内にないか，又はこの法律に規定される仲裁範囲を超えているとき。 (3)被申立人が仲裁人の選任若しくは仲裁手続の実施について通知を受けていないか，又はその他被申立人の責に帰さない理由により陳述できなかったとき。 (4)仲裁廷の構成又は仲裁手続が法定の手続，又は当事者の約定に違反し，当事者の権利に重大な損害をもたらしたとき。 (5)判断が悪意の共謀，証拠の偽造など詐欺行為により行われたとき。 (6)仲裁人が，仲裁をするにあたって，賄賂を要求，受領し，私利を図り違法な判断をしたとき。 2　人民法院は，合議体を組織して，前項に規定する事由の一に該当することを審理し，認めた場合には，判断を取り消す。 3　当事者の取消し申立が判断の一部の事項である場合には，人民法院は部分的に取り消すことができる。判断事項が不可分である場合には，判断を取り消す。 4　人民法院は，判断が社会公共の利益に反すると認める場合には，判断を取消しの裁定をする。
第59条　当事者は，判断の取消しを申し立てる場合には，判断書を受領した日から6か月内に提出しなければならない。	第78条　当事者は，判断取消しの申立てをする場合には，判断書を受領した日から3か月内に提出しなければならない。

第5章　判断取消しの申立て	
第68条　当事者は，証拠を提出して判断に以下の事由のいずれか一に該当することを証明する場合には，仲裁委員会所在地の中級人民法院に対し判断の取消しを申し立てることができる。 　(1)仲裁合意のないか，**又は仲裁合意が無効**のとき。 　(2)判断事項が仲裁合意の範囲にないか，又は仲裁委員会に仲裁する権限のないとき。 　(3)仲裁廷の構成又は仲裁手続が法定手続に違反しているとき。 　(4)判断の根拠とした証拠が偽造されたものであるとき。 　(5)相手方当事者が公正な判断に影響を及ぼすのに足りる証拠を隠蔽したとき。 　(6)仲裁人が当該事件を仲裁する際に，賄賂を要求，受領し，私利を図り違法な判断をしたとき。 2　人民法院は，合議廷を構成して判断が前項所定の事由のいずれか一に該当することを審査・認定した場合には，取消しの裁定をする。 3　人民法院は，当該判断が社会公共利益に反する認定する場合には，取消しの裁定をする。	第1次改正案では，法院による国内及び渉外仲裁判断の取消規定を統一した。国内及び渉外仲裁判断の取消事由を統一し，悪意の共謀，証拠の偽造など詐欺行為，虚偽の仲裁の疑いがある仲裁を取消事由に加筆した。又，証拠等，裁定取消状況の追加部分。判断の一部取消しの事由を加筆した。第2次改正案では，現行法に戻され，ただ，第1項第1号に「仲裁合意が無効のとき」という要件が加筆されるにとどまった。
第69条　当事者は，判断の取消しを申し立てる場合には，判断書を受領した日から6か月内に提出しなければならない。	第1次改正案では，仲裁の効率原則を強調するため，モデル法と国際法を参考にして，当事者が取消しを申し立てる期間を6か月から3か月に短縮したが，第2

第60条　人民法院は，判断取消しの申立てを受理した日から2か月内に判断の取消し，又は申立て棄却の裁定をしなければならない。	第79条　人民法院は，判断取消しの申立てを受理した日から2か月内に判断を取り消し，又は申立てを棄却する裁定をしなければならない。
第61条　人民法院は，判断取消しの申立てを受理した後，仲裁廷が再仲裁することができると認める場合には，仲裁廷に一定期間内に再仲裁することを通知し，かつ，取消手続を停止する裁定をする。仲裁廷が再仲裁することを拒否したときには，人民法院は，取消手続を再開する決定を下す。	第80条　人民法院は，判断取消しの申立てを受理した後，仲裁廷による再仲裁が可能であると認める場合には，仲裁廷に一定の期間内に再仲裁することを通知し，かつ，取消手続を停止する裁定をする。 2　仲裁廷が人民法院が指定した期限内に再仲裁を開始した場合には，人民法院は取消手続の終了を決定する。再仲裁が開始されていない場合には，人民法院は取消手続を再開する決定を下す。 3　当事者が裁定の取消しを申し立てた場合，人民法院は，以下の事由に該当するか審査をし，仲裁廷に再仲裁するよう通知することができる。 (1)判決の根拠となった証拠が客観的な理由により虚偽であるとき。 (2)この法律第77条第1項第3号及び第4号に規定する事由が存在し，再仲裁によって補正することができるとき。 4　人民法院は，通知に再仲裁を求める具体的な理由を記載しなければならない。 5　人民法院は，事件の状況に応じて，再仲裁通知において審理期間を制限することができる。 6　再仲裁は原仲裁廷によって行われるものとする。当事者は，仲裁廷の構成又は仲裁人の行為が規範によらないことをもって取消しを申し立てる場合には，別途仲裁廷を組織する。
	第81条　当事者は，判断取消の裁定に不服がある場合には，裁定を受領した日から10日内に上級の人民法院に再審理を申し立てることができる。人民法院は，再審請求を受理した日から1か月

	次改正案では再び6か月に戻されている。
第70条　人民法院は，判断取消しの申立てを受理した日から2か月内に判断の取消し，又は申立て棄却の裁定をしなければならない。	
第71条　人民法院は，判断取消しの申立てを受理した後，仲裁廷が再仲裁することができると認める場合には，仲裁廷に一定期間内に再仲裁することを通知し，かつ，取消手続を停止する裁定をする。仲裁廷が再仲裁することを拒否したときには，人民法院は，取消手続を再開する決定を下す。	司法解釈と実務経験を吸収し，取消時の再仲裁制度を整備し，仲裁を選択する当事者の意思を可能な限り尊重し，再仲裁によって補充できる問題は取り消さないという原則を確立するというのが第1次改正案の立法趣旨であったが，第2次改正案で元に戻された。
	第1次改正案で，仲裁における司法監督の透明度を当事者の参加度を高めるため，司法実務における下級法院から上級法院への「報告制度」の慣行を参考にして，当事者が判断の取消しについて上級法院

	内に裁定をするものとする。
第6章　執行	第6章　執行
第62条　当事者は，判断を履行しなければならない。一方の当事者が履行しない場合には，他の一方の当事者は，民事訴訟法の関係規定により人民法院に対し執行を申し立てることができる。申立てを受理した人民法院は，執行しなければならない。	第82条　当事者は，判断を履行しなければならない。一方の当事者が履行しない場合には，他方の当事者は，管轄権のある中級人民法院に執行を申し立てることができる。 2　人民法院は，審査の結果，判断の執行が社会公共の利益に反しないと判断した場合には，執行確認の決定を下すものとし，そうでない場合には，執行拒否の決定を下すものとする。 3　裁定書は，当事者及び仲裁機関に送達する。 4　仲裁判断が人民法院によって執行確認されない場合，当事者は当該紛争を再合意された仲裁合意に従って仲裁を申し立てるか，人民法院に訴訟を提起することができる。
第63条　被申立人が証拠を提出して判断が民事訴訟法第213条第2項に規定する事由の一に該当する旨を証明した場合には，人民法院が構成する合議廷による審査，認定を経て，不執行の裁定をする。	
第64条　一方の当事者が判断の執行を申し立て，他の一方の当事者が判断の取消しを申し立てた場合には，人民法院は，執行を停止する裁定をするものとする。 2　人民法院は，判断を取り消す裁定をする場合には，執行を終止する裁定をしなければならない。判断取消しの申立てを棄却する裁定した場合には，人民法院は，執行を回復する裁定しなければならない。	第83条　一方の当事者が判断の執行を申し立て，他の一方の当事者が判断の取消しを申し立てた場合には，人民法院は，執行を停止する裁定をするものとする。 2　人民法院は，判断を取り消す裁定をする場合には，執行を終止する裁定をしなければならない。判断取消しの申立てを棄却する裁定した場合には，人民法院は，執行を回復する裁定しなければならない。
	第84条　判断の執行過程において，当事者以外の者が執行目的物に対して書面による異議を提起した場合には，人民

	に審査請求できるとする条項が加筆されたが，第2次改正案でこの条項は削除された。
第6章　執行 第72条　当事者は，判断を履行しなければならない。一方の当事者が履行しない場合には，他の一方の当事者は，民事訴訟法の関係規定により人民法院に対し執行を申し立てることができる。申立てを受理した人民法院は，執行しなければならない。	第1次改正案で，審理と執行の分離の原則に基づき，取消手続と不執行手続が，仲裁判断の再審査について，結果が矛盾しやすいという問題を解決するため，取消手続を司法の仲裁判断に対する監督の一般原則とし，当事者の執行手続段階で執行拒否審査を請求する規定を削除し，同時に執行法院に仲裁判断が社会公共の利益に適合するか否かの主体的審査権を付与し，また，国内及び渉外事件の執行審査基準を統一したとの立法趣旨の説明があったが，第2次改正案で元に戻された。
第73条　被申立人が証拠を提出して判断が民事訴訟法第248条第2項に規定する事由の一に該当する旨を証明した場合には，人民法院が構成する合議廷による審査，認定を経て，不執行の裁定をする。	
第74条　一方の当事者が判断の執行を申し立て，他の一方の当事者が判断の取消しを申し立てた場合には，人民法院は，執行を停止する裁定をするものとする。 2　人民法院は，判断を取り消す裁定をする場合には，執行を終止する裁定をしなければならない。判断取消しの申立てを棄却する裁定した場合には，人民法院は，執行を回復する裁定しなければならない。	
	第1次改正案で，当事者以外の者を救済する条項が設けられた。この趣旨は，第一に，当事者以外の者は執行手続中おい

	法院は書面による異議を受領した日から15日内に審査をし、理由が正当であるときには、目的物に対する執行を停止する決定を下し、理由が成立しないときには棄却する。 2　当事者以外の者は、人民法院が目的物に対して執行措置を講じたことを知った日、又は知るべきであった日から30日内に執行目的物に対する適法な権益があることを主張し、なお執行が完了する前に提起しなければならない。
	第85条　当事者以外の者が、判断の一部又は全部に誤りがあり、民事権益を損なうことを証拠をもって証明する場合には、法律に従って当事者に対して訴訟を提起することができる。 2　当事者以外の者が提訴し、かつ担保を提供した場合には、当該判断の執行を停止する。判断執行の再開又は中止は、人民法院が訴訟の結果に応じて決定する。
	第86条　法的効力の生じた仲裁判断について、当事者が執行を請求する場合、被執行人又はその財産が中華人民共和国の領域内にないときには、当事者は直接管轄権を有する外国裁判所に承認及び執行を申し立てなければならない。
	第87条　中華人民共和国の領域外でなされた仲裁判断について、人民法院の承認・執行を必要とする場合には、当事者は直接に被執行人の住所地又はその財産の所在地の中級人民法院に申し立てなければならない。 2　被執行人又はその財産が中華人民共和国の領域内にない場合で、その事件が人民法院で審理された事件に関連しているときには、当事者は関連事件を受理した人民法院に申し立てることができる。 3　被執行人又はその財産が中華人民共和国の領土内にないが、その事件が我が国の領土内の仲裁事件に関連する場

て執行目的物に対する異議申立てができ，第二に，当事者以外の者が権利侵害の訴え提起できることを明確にすることであった。しかし，第2次改正案で削除された。

	合には，当事者は，仲裁機関所在地又は仲裁地の中級人民法院に申し立てることができる。 4　人民法院は，中華人民共和国が締結し，加入している国際条約に従って，又は互恵の原則に従って処理するものとする。
第7章　渉外仲裁の特別規定	第7章　渉外仲裁の特別規定
第65条　渉外経済貿易，運送及び海事において発生した紛争の仲裁には，この章の規定を適用する。この章に規定のない場合には，この法律のその他の関係規定を適用する。	第88条　**渉外的要素**のある仲裁は，本章の規定を適用する。本章に規定がない場合には，この法律のその他の関連規定を適用する。
第66条　渉外仲裁委員会は，中国国際商会が組織・設立することができる。 2　渉外仲裁委員会は，主任1名，副主任若干名及び委員若干名により構成する。 3　渉外仲裁委員会の主任，副主任及び委員は，中国国際商会が招聘・任命することができる。	
第67条　渉外仲裁委員会は，法律，経済貿易及び科学技術等の専門知識を有する外国国籍人の中から仲裁人を招聘・任命することができる。	第89条　渉外仲裁に従事する仲裁人は，渉外法，仲裁，経済貿易，科学技術等の専門知識に精通した中国及び外国の専門家が担当することができる。
第68条　渉外仲裁の当事者が証拠保全を申し立てた場合には，渉外仲裁委員会は，当事者の申立てを証拠所在地の中級人民法院に移送する。	
第69条　渉外仲裁の仲裁廷は，開廷状況を記録に留め，又は記録要旨を作成することができる。記録要旨には，当事者及びその他の仲裁参加者が署名，又は押印することができる。	

第1章　中国仲裁法改正の動向と実務への影響　93

第7章　渉外仲裁の特別規定 第75条　渉外的要素のある紛争の仲裁には，この章の規定を適用する。この章に規定のない場合には，この法律のその他の関係規定を適用する。	
第76条　渉外仲裁の当事者が証拠保全を申し立てた場合には，仲裁委員会は，当事者の申立てを証拠所在地の中級人民法院に移送する。	
第77条　渉外仲裁の仲裁廷は，開廷状況を記録に留め，又は記録要旨を作成することができる。記録要旨には，当事者及びその他の仲裁参加者が署名，又は押印することができる。	
第78条　当事者は，書面により仲裁地を約定することができ，仲裁手続の適用法及び司法管轄法院の確定の根拠とする。仲裁判断は，仲裁地により示されたものとみなす。 **2　当事者に約定がないか，又は約定が**	第2次改正案における注目点は，仲裁地に関する規定を新たに設けたことであるとの説明がなされている。仲裁判断の国籍がどこであるかを明示した。ただ，第1次改正案においても第90条で仲裁地に関する規定はある。

第70条　当事者が証拠を提出して渉外仲裁判断が民事訴訟法第258条第1項に規定する事由のいずれか一に該当することを証明した場合には，人民法院が構成する合議廷は，審査・認定をし，取消しの裁定をする。	
第71条　被申立人が証拠を提出して渉外仲裁判断が民事訴訟法第258条第1項に規定する事由のいずれか一に該当することを証明した場合には，人民法院が構成する合議廷は，審査・認定をし，不執行の裁定をする。	
第72条　渉外仲裁委員会が示した法的効力を生じた仲裁判断について，当事者が執行を請求する場合において，被執行人又はその財産が中華人民共和国の領域内にないときは，当事者が直接に管轄権を有する外国の裁判所に対し承認及び執行を申し立てなければならない。	
第73条　渉外仲裁規則は，中国国際商会がこの法律及び民事訴訟法の関係規定に基づき制定することができる。	

不明確な場合には，仲裁規則が規定する地を仲裁地とする。仲裁規則に規定がない場合には，仲裁廷が紛争解決の便宜の原則により仲裁地を決定する。	
第79条　渉外海事において生じた紛争，又は国務院の認可を得て設立した自由貿易試験区内に設立登記した企業間に生じた渉外的要素のある紛争で，当事者が書面により仲裁を約定したものは，仲裁委員会で行うことを選択することができ，また中華人民共和国国内の約定した地点で，この法律第20条の規定する要件の人員で仲裁廷を組織し，約定した仲裁規則により行うこともできる。当該仲裁廷は組織をしたのち3業務日内に当事者の名称，約定地，仲裁廷の組織状況，仲裁規則を仲裁協会に届け出る。	
第80条　当事者が証拠を提出して渉外仲裁判断が民事訴訟法第291条第1項に規定する事由のいずれか一に該当することを証明した場合には，人民法院が構成する合議廷は，審査・認定をし，取消しの裁定をする。	
第81条　被申立人が証拠を提出して渉外仲裁判断が民事訴訟法**第291条**第1項に規定する事由のいずれか一に該当することを証明した場合には，人民法院が構成する合議廷は，審査・認定をし，不執行の裁定をする。	
第82条　**中華人民共和国内で法的効力を**生じた仲裁判断について，当事者が執行を請求する場合において，被執行人又はその財産が中華人民共和国の領域内にないときは，当事者が直接に管轄権を有する外国の裁判所に対し承認及び執行を申し立て**ることができる。**	

	第90条　渉外仲裁合意の効力の認定は，当事者が約定した法による。当事者が渉外仲裁合意の準拠法を約定していない場合には，仲裁地法による。準拠法及び仲裁地の約定がなく，又は，約定が不明確な場合には，人民法院が中華人民共和国の法律を適用し，仲裁合意の効力を認定する。
	第91条　渉外的要素のある商事紛争の当事者は，仲裁機関における仲裁を約定するか，又は直接に臨時仲裁廷における仲裁を約定することができる。 2　臨時仲裁廷の仲裁手続は，被申立人が仲裁申立を受領した日から開始される。 3　当事者が仲裁地の約定をしていないか，又は約定が不明確な場合には，仲裁廷は事件の状況に応じて仲裁地を決定する。
	第92条　臨時仲裁廷による仲裁事件について，仲裁廷が速やかに組織できないか，又は回避する事項がある場合には，

第83条　仲裁委員会が中華人民共和国外に業務機関を設立し，仲裁業務を行うことを支持する。 2　経済社会の発展及び改革開放の必要に基づき，国外の仲裁機関が国務院の認可を得て設立された自由貿易試験区内に国の関係規定により業務移管を設立し，渉外仲裁業務を行うことを許可する。	第1次改正案第12条第3項の規定に対応するもので，第2次改正案において独立した条文として規定された。
第84条　渉外仲裁の当事者が中華人民共和国の仲裁委員会を選択し，中華人民共和国を仲裁地とする約定をして仲裁を行うことを奨励する。	
	第1次改正案では，司法解釈の成果を吸収し，渉外仲裁合意の効力認定の法律適用基準を規定したとのことであるが，第2次改正案で削除された。 中国は，仲裁合意の有効性を判断する準拠法の適用について，①当事者の約定した法⇨②仲裁機関所在地法又は仲裁地法の順番で決定するとしている。さらに，仲裁司法審査規定において，「仲裁機関所在地法の適用と仲裁地法の適用が仲裁合意の効力に異なる結果をもたらすとき，人民法院は，仲裁合意を有効とする法を適用しなければならない。」と規定している。
	第1次改正案では，「臨時仲裁」制度について新たに規定し，規範化するために，多くの条項が設けられた。臨時仲裁は，仲裁の本来的方式であり，一般的な国際慣行であり，国際社会で広く普及しており，各国法及び国際条約によって認められている。中国がニューヨーク条約に加盟していることを考慮し，外国の臨時仲裁判断が中国で承認・執行できるようにすることは，国内仲裁と平等に扱うことであり，そこで，「臨時仲裁」制度の規定を設けた。ただし，中国の国情を考慮して，臨時仲裁の適用範囲は，「渉外商事紛争」に限定する。臨時仲裁廷の構成，忌

	当事者は仲裁機関に仲裁廷の組織及び回避事項の決定について委託することができる。当事者が委託に合意できないときは，仲裁地，当事者の所在地，又は紛争に密接な関連のある地の中級人民法院により支援仲裁機関を指定する。 2　仲裁機関の選定及び仲裁人の選任に際しては，当事者が約定した仲裁人の条件，及び仲裁人の国籍，仲裁地等の仲裁の独立，公正，効率を確保するための要素を考慮する。 3　人民法院が指定した決定は最終的なものとする。
	第93条　臨時仲裁廷により仲裁された事件の判断書は，仲裁人が署名し発効する。 2　判断に同意しない仲裁人は，判断書に署名しないことができる。しかし，仲裁人自身が署名した書面による反対意見を当事者に送達しなければならない。反対意見は判断書の一部とはならない。 3　仲裁廷は判断書を当事者に送達し，かつ送達記録及び判断書の原本を送達の日から30日内に仲裁地の中級人民法院に届け出るものとする。
第8章　附則	第8章　附則
第74条　法律に仲裁時効についての規定がある場合には，当該規定を適用する。法律に仲裁時効についての規定がない場合には，訴訟時効の規定を適用する。	第94条　法律に仲裁時効についての規定がある場合には，当該規定を適用する。法律に仲裁時効についての規定がない場合には，訴訟時効の規定を適用する。
第75条　中国仲裁協会が仲裁規則を制定する前に，仲裁委員会は，この法律及び民事訴訟法の関係規定に基づき仲裁暫定規則を制定することができる。	第95条　仲裁規則は，この法律に従って制定する。
第76条　当事者は，規定に従って仲裁費用を納付しなければならない。 2　仲裁費用の徴収方法は，物価管理部門に届け出て，審査・承認を受けなけ	第96条　当事者は，規定に従って仲裁費用を納付しなければならない。 2　仲裁費用の徴収方法は，国務院の価格主管部門が国務院司法行政部門と協

	避などの重要手続きについては，必要な規範を定めている。又，臨時仲裁の監督を強化するため，仲裁人が判断について異なる意見を持ち，判断書に署名しない場合には，必ず当事者に書面による意見を提出し，判断書及びその送達記録を法院に届け出なければならないものとした。しかし，第2次改正案では，この臨時仲裁に関する規定はすべて削除された。
第8章　附則 第85条　法律に仲裁時効についての規定がある場合には，当該規定を適用する。法律に仲裁時効についての規定がない場合には，訴訟時効の規定を適用する。	
第86条　仲裁委員会は，この法律及び民事訴訟法の関係規定に基づき**中国仲裁協会が制定したモデル仲裁規則を参照**して仲裁規則を制定する。	
第87条　当事者は，規定に従って仲裁費用を納付しなければならない。 2　仲裁費用の徴収管理方法は，国務院価格主管部門，財政部門が国務院司法	

ればならない。	力して定める。
第77条　労働紛争及び農業集団経済組織内部の農業請負契約紛争の仲裁については，別途定める。	第97条　労働紛争及び農業集団経済組織内部の農業請負契約紛争の仲裁については，別途定める。
第78条　この法律の施行前に制定された仲裁に関する規定が，この法律の規定と抵触する場合には，この法律による。	第98条　この法律の施行前に制定された仲裁に関する規定とこの法律の規定とが抵触する場合には，この法律による。
第79条　この法律施行前に直轄市又は省若しくは自治区の人民政府所在地の市及びその他の区を設ける市に設立された仲裁機構については，この法律の関係規定により改組しなければならない。改組しなかった場合には，この法律施行の日から1年が経過した日に終止する。 2　この法律施行前に設立されたこの法律の規定に適合しないその他の仲裁機構は，この法律施行の日に終止する。	
第80条　この法律は，1995年9月1日から施行する。	第99条　この法律は，　年　月　日から施行する。

行政部門とともに定める。	
第88条　労働紛争及び農村土地請負経営紛争の仲裁及びスポーツ仲裁については、別途定める。	
第89条　仲裁委員会及び仲裁廷は、国際投資条約・協定により、投資紛争を仲裁付託する規定がある場合には、紛争当事者の約定する仲裁規則に従って、国際投資仲裁事件を処理する。	
第90条　この法律の施行前に制定された仲裁に関する規定が、この法律の規定と抵触する場合には、この法律による。	
第91条　この法律は、　年　月　日から施行する。	

第2章

中国仲裁法と渉外仲裁合意の準拠法
―― 中軽三聯国際貿易有限公司 v. Tata International Metals（Asia）Co., Ltd. 事件と最近の動向

I　はじめに

　中軽三聯国際貿易有限公司（以下，「中軽三聯」という）と Tata International Metals（Asia）Co., Ltd.（以下，「Tata Co.」という）が，シンガポール国際仲裁センター（Singapore International Arbitration Center, 以下，「SIAC」という）の仲裁判断の承認・執行に関わって，北京市第四中級人民法院（以下，「北京法院」という）で仲裁合意の有効性を争った事件がある。中軽三聯は，天津麦哲思国際貿易有限公司（以下，「麦哲思公司」という）の委託を受けて臭化ナトリウムを Tata Co. に輸出することを約し，中軽三聯と Tata Co. のとの間で輸出入契約（以下，「本件契約」という）を交わし，紛争発生時には仲裁により解決する合意がなされた。本件契約の履行の過程で紛争が生じ，Tata Co. が SIAC に仲裁を申し立てた。これに対して，中軽三聯は，自らは本件契約の代理人にすぎず，当事者ではなく，また，仲裁合意には瑕疵があるので無効であると主張して，北京法院に仲裁合意無効の申立てをした。

　この事件は，主に渉外仲裁合意の有効性を判断する準拠法の選択について争われたものである。1995年9月1日から施行されている現行仲裁法改正案が2021年7月30日に司法部により「仲裁法改正案（意見徴収稿）」として示され，パブリックコメントの聴取が始まっている。実務上，仲裁合意の有効性を判断する準拠法に関して，どのようなことが問題となり，改正の意図・方向性がどうであるのかについて，この事件から判断できることがあると考える。

　以下，第一に，（1）中軽三聯 v. Tata Co. 事件の概要として，①事実関係，②当事者の主張，③北京法院の判決について紹介し，第二に，（2）この事件に対する SHIAC 商事仲裁研究中心（以下，「SHIAC」という）による上記の争点に関する論評を紹介し，第三に，（3）北京法院の判決と上海国際経済貿易仲裁委員会（上海国際仲裁中心）商事仲裁研究院（以下、「SHIAC」という）の論評について分析をし，近年の中国における渉外仲裁合意の有効性に対する考え方の動向を概観し，今後の方向性を検討をする。

II 事件の概要

1 事実関係[1]

　2015年3月，中軽三聯は，麦哲思公司の委託を受け，同社と「代理輸出契約」を締結した上で，Tata Co. との間で「臭化ナトリウム輸出入契約」を締結した。そして，この契約書第17条で「この契約の履行，又はこの契約に関連して生じたすべての紛争は，契約当事者間の友好的な協議により解決する。協議によっても解決されない場合には，シンガポール国際貿易仲裁委員会に仲裁を付託し，米国の仲裁規則に従って処理するも。仲裁判断は終局的なものであり，両当事者を拘束する。」と約定した。なお，英文では仲裁機関の名称を"Singapore International Economic and Trade Arbitration Commission"と表記していた。

　2016年8月，Tata Co. は，契約の履行から生じた紛争につき本件契約の仲裁条項に従い，SIAC に仲裁を申し立てた。2016年9月22日，SIAC は，Tata Co. が提出した仲裁申立を正式に受理した。2016年9月28日，SIAC は，両当事者に受理通知書を送付した。一方，2017年5月5日，中軽三聯は，北京法院に本件契約の仲裁条項の無効確認の申立てをした。

2 当事者の主張[2]

(1) 中軽三聯公司の主張

① 請求内容

　 i) 中軽三聯と Tata Co. が2015年3月27日に締結した本件契約第17条（仲裁条項）は無効である。

---

1)「北京市第四中級人民法院民事裁定書（2017）京04民特23号」(https://newyorkconvention1958.org/index.php?lvl=notice_display&id=5670&opac_view=6, 2023年5月17日最終閲覧)，及び「从"塔塔公司"案看我国涉外仲裁協議効力審査的最新発展」(https://www.lawyers.org.cn/info/8ddf314cd88044838121f58b62a10cbc, 2023年5月17日最終閲覧)を整理してまとめた。

ⅱ）本件の受理費及び送達委託費は，Tata Co. が負担せよ。
② 事実及び理由
　ⅰ）中軽三聯は，本件契約の当事者ではなく，仲裁条項に拘束されない。中軽三聯と麦哲思公司は，「代理輸出契約」を締結し，中軽三聯は麦哲思公司に輸出代理業務を委託した。麦哲思公司が自らの名義で第三者と締結した契約は，麦哲思公司と第三者を直接拘束する。麦哲思公司が，Tata Co. と何回も協議し，決定したのが本件契約である。中軽三聯が麦哲思公司の代理人として Tata Co. と締結したものである。中国契約法第402条の規定[3]により，本件契約は，麦哲思公司と Tata Co. との間で法的効力が生じたもので，中軽三聯には代理人資格はすでになく，当然に本件契約の仲裁条項の拘束を受けるものではない。
　ⅱ）本件契約の仲裁条項自体は，無効な仲裁合意である。Tata Co. は，香港特別行政区に登記された会社であり，最高人民法院の「"中華人民共和国渉外民事関係法律適用法" を適用する若干の問題に関する解釈（一）」[4]（以下，「渉外適用法解釈（一）」という）第19条により香港特別行政区の民事関係についてもこの規定が適用されることから，本件仲裁合意の効力を認定する準拠法は，渉外適用法解釈（一）を参照して決定する。中軽三聯と Tata Co. は，仲裁条項において仲裁条項に適用する法律の選択について言及しておらず，仲

2）前掲注1）に同じ。さらに，内容をわかりやすくするために関係法の規定について若干の加筆をした。
3）中華人民共和国合同法（契約法）（1999年3月15日公布，1999年10月1日施行）第402条「代理人が自己の名義で，代理人の授権範囲内で第三者と契約を締結し，第三者が契約締結時に代理人と本人との間の代理関係について知っていた場合には，当該契約は直接本人と第三者を拘束する。ただし，当該契約が代理人と第三者のみを拘束することが確かな証拠をもって証明されるときを除く。」(https://www.gov.cn/banshi/2005-07/11/content_13695.htm, 2023年6月2日最終閲覧)。
4）最高人民法院「関于適用中華人民共和国渉外民事関係法律適用法若干問題的解釈（一）」(https://www.court.gov.cn/shenpan-xiangqing-5273.html, 2023年6月2日最終閲覧)。

裁地の約定もなく，約定した仲裁機関の名称には瑕疵があり，決定する術がない。したがって，渉外適用法解釈（一）第14条の規定により，本件は中国の法律を適用して仲裁合意の効力を認定すべきである。本件仲裁条項において約定した仲裁機関の名称には瑕疵があり，かつ，シンガポールにはSIAC，シンガポール海事仲裁裁判所など多数の仲裁機関が存在し，現在の仲裁条項では仲裁機関を特定することはできない。中国仲裁法[5]第18条及び最高人民法院の「"中国仲裁法"適用の若干の問題に関する解釈」[6]（以下，「仲裁法適用解釈」という）第3条[7]の規定により，本件仲裁条項は仲裁機関が不明確であり，無効の仲裁合意である。

（2）Tata Co.の主張

① 中国の国際私法に関する規定により，本件はシンガポール法により仲裁合意の効力を判断すべきである。

ⅰ）最高人民法院の仲裁法適用解釈第3条により，仲裁合意で約定した仲裁機関の名称は不正確であるが，具体的な仲裁機関を決定することができる場合には，仲裁機関が選択されたものとみなすべきである。中国渉外民事関係法律適用法[8]（以下，「渉外適用法」という）第

---

5) 中華人民共和国仲裁法（1994年8月31日公布，1995年9月1日施行），https://www.gjxfj.gov.cn/gjxfj/xxgk/fgwj/flfg/webinfo/2016/03/1460585589956294.htm（2024年12月31日最終閲覧）。

6) 最高人民法院「関于適用"中華人民共和国仲裁法"若干問題的解釈」（2006年9月8日施行），https://www.court.gov.cn/zixun-xiangqing-1053.html（2023年6月2日最終閲覧）。

7) 第3条は「仲裁合意で約定した仲裁機関名が不正確であるが，具体的な仲裁機関を決定できる場合には，仲裁機関が選択されたものとみなす。」と規定している。この第3条では，仲裁機関の約定が不明確であることにより仲裁合意が無効となるとは規定されていない。むしろ，中軽三聯がこのことを主張するのであれば，第6条ではないだろうか。第6条は「仲裁合意が某地の仲裁機関で仲裁をすると約定し，かつ，当該地に1つの仲裁機関しかない場合には，当該仲裁機関を約定された仲裁機関とみなす。当該地に2以上の仲裁機関がある場合には，当事者はそのうち1つの仲裁機関を選択することができる。当事者が仲裁機関の選択について協議が一致しないときには，仲裁合意は無効とする。」と規定している。

18条は「当事者は，仲裁合意に適用する法律を選択する合意をすることができる。当事者が選択をしていない場合には，仲裁機関所在地の法律又は仲裁地の法律を適用する。」と規定している。渉外適用法解釈（一）第14条は，当事者が準拠法の選択をしておらず，仲裁機関所在地の法と仲裁地の法が仲裁合意の有効性について異なる認定をするとき，人民法院は，仲裁合意の有効性を認定する法律を適用することができると規定している。

ⅱ）上記の法律及び司法解釈の規定により，当事者が渉外仲裁合意の準拠法を定めていない状況下では，人民法院は仲裁合意の当事者が約定した仲裁機関，又は当事者が約定した仲裁地を確認することができるとしており，このことは当該仲裁機関又は仲裁地の法律を適用して仲裁合意の効力を判断するべきであり，中国法を直接適用して判断するということではない。しかも，司法解釈によれば，当事者が仲裁機関又は仲裁地を約定しておらず，又は約定が不明である場合には，人民法院は，中国法を適用して仲裁合意の効力を認定することが「できる」としているのであり，「しなければならない」としていない。この場合，人民法院は，渉外適用法第２条の原則的要件に基づき，渉外民事関係に最も密接に関係する法律を適用しなければならない。

ⅲ）本件仲裁機関の所在地はシンガポールである。本件契約の仲裁条項の中国語文は，「この契約の履行，又はこの契約に関連して生じたすべての紛争は，契約当事者間の友好的な協議により解決する。協議によっても解決されない場合には，シンガポール国際貿易仲裁委員会に仲裁を付託し，米国の仲裁規則に従って処理する。仲裁判断は終局的なものであり，両当事者を拘束する。」と書かれている。SIACが事件を受理した後，中軽三聯公司は，仲裁通知書に対する答弁において，仲裁条項をいかに理解するべきかという問題につい

8）渉外民事関係法律適用法（適用法）（2011年４月11日施行），https://www.gov.cn/flfg/2010-10/28/content_1732970.htm（2023年６月10日最終閲覧）。

て、「シンガポール国際経済貿易仲裁委員会は存在するものであり、これは中国国際経済貿易仲裁委員会に類似するか、又は中国国際経済貿易仲裁委員会傘下の仲裁機関であると誤認していた。」と述べている。中軽三聯の答弁からすると「中国」と「シンガポール」を区別し、約定された仲裁機関に対して、国籍と地理的概念を明確に区別していることが分かる。すなわち、これはシンガポールの仲裁機関であり、中国の仲裁機関ではないということである。このことから、本件の当事者は、仲裁機関の所在地をシンガポールとする約定をしたことが分かる。中国の関連法、司法解釈及び司法実務によれば、人民法院は、仲裁機関の所在地を判断する際に、当事者が仲裁合意において具体的な仲裁機関を約定することを必ずしも要求していない。本件仲裁条項は、当事者双方が仲裁を行う意思表示をしており、かつ書面方式の要件にもかなっており、したがって、仲裁合意は有効である。双方がすでに仲裁機関の国籍及び地理的場所をシンガポールと約定していることを勘案すると、本件の仲裁機関の所在地はシンガポールであると認定すべきである。したがって、人民法院は、シンガポールの法律により仲裁合意の効力を判断するべきである。

　ⅳ）本件の仲裁地はシンガポールである。両当事者は、仲裁機関の所在地がシンガポールであることを約定しており、シンガポール以外の国又は地域で仲裁を行うべきであることの約定はない。このことから本件仲裁地はシンガポールとすることで約定されたものとみなすべきである。したがって、人民法院は、本件の仲裁地をシンガポールであると認定すべきである。

②　仲裁廷は、仲裁機関、仲裁地についてすでに認定をしており、このことから本件仲裁合意の有効性を認定していることが分かる。本件当事者は、SIACの仲裁手続における管轄権の問題について、それぞれが多数の書面による意見を提出している。仲裁廷は、2017年10月5日に管轄権の問題に関して審問をし、双方が意見を述べ、弁論が行われた。SIAC仲裁廷（単独仲裁人）は、2017年11月26日に「中軽三聯の仲裁における

差止命令・中間措置請求に関する決定」を発し，仲裁廷が本件仲裁に管轄権を有していることを認定し，かつ，中軽三聯が北京法院で仲裁合意の効力を確認する訴訟を提起することを禁じた。2017年12月3日，仲裁廷は，「先決問題に関する決定」を示し[9]，本件の事実，関連法，双方当事者がSIACに提出した多数の書面による意見及び審問における発言から，最密接関係地の原則により販売契約第17条で約定した仲裁合意は中国法を適用し，かつ仲裁合意で約定した仲裁機関はSIACであり，仲裁地はシンガポールであると認定した。同日，仲裁廷は，「手続令第3号」を発令し，再度，中軽三聯に北京法院での仲裁合意の効力を確認するための訴訟を継続しないように命じた。仲裁廷が，仲裁機関及び仲裁地について明確な事実認定を行っていることに鑑みても，本件仲裁合意の有効性は仲裁機関所在地又は仲裁地法，すなわちシンガポール法によって判断するとすべきである。仲裁廷は，本件の管轄権を有することを決定し，仲裁合意が有効であることを認定している。

③ 人民法院は，当事者双方に仲裁機関の約定はないが，仲裁合意は有効であると認定されたい。理由は，本件仲裁地はシンガポールであるので，渉外適用法第18条によりシンガポール法を適用し，仲裁合意の効力を認定するべきである。シンガポール法は，双方が仲裁機関について約定することを要件とはしておらず，かつアドホック仲裁（臨時仲裁）を認めている。したがって，たとえ人民法院が双方は仲裁機関について約定していないと認定しても，本件仲裁合意は依然として有効なアドホック仲裁合意であると言える。

④ 中軽三聯は，本件契約の当事者であるか否かは，仲裁条項に拘束されるか否かに関わる問題か。この問題について，Tata Co. は，中軽三聯の観点に同意しない。理由は，次のとおりである。

---

[9] 仲裁法上，仲裁廷の権限の争いを先決問題として審理・判断することは要求されていないが，多くの仲裁廷は，特に仲裁廷の権限を争う被申立人が求める場合は，先決問題として審理し仲裁判断前の独立の決定として判断を示している（出井直樹・髙橋直樹「企業間紛争と仲裁・調停の基礎（下）」JCAジャーナル68巻3号［2021.3］19頁）。

ⅰ）中軽三聯は，本件契約に顕明された売主であり，本件契約に署名しており，仲裁合意の効力を受ける。
　ⅱ）中軽三聯は，中国契約法により仲裁条項の効力を受けないと主張するが，中国法は，仲裁合意の当事者が代理関係を通じて仲裁合意の当事者の地位から離脱できるとは規定しておらず，仲裁合意に署名していない当事者が仲裁合意の当事者になり得るとしている[10]。
　しかし，この中軽三聯の主張は，法律及び事実的根拠に欠けている。

3　北京法院の判決内容[11]

　北京法院は，渉外適用法第18条，仲裁法解釈第16条，及び「中国民事訴訟法の適用に関する解釈」[12]（以下，「民訴法解釈」という）第551条の規定により，中軽三聯の申立てを棄却し，受理費400元は原告中軽三聯が負担せよと判示した。北京法院は，この理由として，前段（1）で仲裁合意の準拠法について，後段（2）で仲裁合意の当事者の問題について判示している。なお，仲裁合意の準拠法については，原文では段落を分けることなく判決文が示されているが，便宜上，これを前段①と後段②の2つの段落に分けて紹介する。

　（1）仲裁合意の準拠法について
　①　本法院は，本件の被告の Tata Co. は香港特別行政区に登録されている法人であり，民訴法解釈第551条の「人民法院は，香港，マカオ特別行政区及び台湾地区に関する民事事件を審理する場合，渉外民事訴訟手続の特別規定を参照することができる。」[13] という規定により，本件は，

10）この根拠は，前掲注3）中国契約法第402条による。
11）前掲注3）に同じ。
12）「关于适用中华人民共和国民事诉讼法的解释」（2014年12月18日最高人民法院審判委員会第1636次会議にて採択．2022年4月10日改正），https://www.court.gov.cn/zixun-xiangqing-353651.html（2023年6月10日最終閲覧）。

渉外民事訴訟手続の特別規定により審理するものとする。本件は、渉外仲裁合意の効力の認定に関するもので、渉外仲裁合意の効力の審査については、渉外適用法第18条の「当事者は、仲裁合意に適用される法律を選択することができる。当事者が選択をしていない場合には、仲裁機関所在地の法又は仲裁地の法を適用する。」という規定、及び最高人民法院の仲裁法解釈第16条の「渉外仲裁合意の効力審査については、当事者が約定した法律を適用する。当事者に適用する法律の約定がないが、仲裁地の約定がある場合には、仲裁地の法律を適用する。適用する法律の約定もなく、仲裁地の約定がなく、又は仲裁地の約定が不明確な場合には、法廷地の法律を適用する。」という規定により、本件に適用する準拠法を決定する。本件において、当事者は、仲裁合意の効力につき適用する法律を約定していないため、仲裁機関所在地法又は仲裁地法を優先的に適用するのが適当である。（このようにいう根拠は）本件契約第17条は、「この契約の履行、又はこの契約に関連して生じたすべての紛争は、契約当事者間の友好的な協議により解決する。協議によっても解決されない場合には、シンガポール国際貿易仲裁委員会に仲裁を付託し、米国の仲裁規則に従って処理する。仲裁判断は終局的なものであり、両当事者を拘束する。」と規定している。当事者は、上述の契約において明確にシンガポール国際貿易仲裁委員会に付託する意思を表明している。表現上、シンガポール国際貿易仲裁委員会は、シンガポールのいかなる仲裁機関の明確かつ具体的名称ではなく、約定された名称には瑕疵があり、仲裁機関を確実に特定することはできない。しかし、約定された内容によれば、当事者は明確に仲裁によることの意思表示をしたものと認定でき、かつ、当事者はシンガポールの法律の枠組みにおいて仲裁をすることを認めたものと推定できる。渉外適用法及び関係の司法解釈の規定、並びに当事者の仲裁条項の約定の内容から、本法院は、仲裁地はシンガポールであり、本件仲裁合意の効力を決定するのに適用する準拠法はシ

13）現行法では、第549条に同様の規定がある。

ンガポール法であると認める。シンガポール法の規定によれば、本件仲裁合意は有効であると認定できる。

　② 仲裁合意が有効である状況下で、いかに仲裁を行うか、いかに仲裁機関の選択を理解し、判断するかは、本件仲裁合意の効力の司法審査の範囲には含まれない問題である。仲裁合意を可能な限り有効と認めるという原則は、「外国仲裁判断の承認及び執行に関する条約」（以下、「ニューヨーク条約」という）だけでなく、最高人民法院の発布した司法解釈にも反映され、かつ、新たに発布された司法解釈においても明確に規定されている。最高人民法院の「仲裁の司法審査事件を審理する若干の問題に関する規定」（以下、「仲裁司法審査規定」という）[14]第14条は、「人民法院は、中国渉外民事関係法律適用法第18条の規定により、渉外仲裁合意の効力を確認する準拠法を決定する場合、当事者が準拠法の選択をしておらず、仲裁機関所在地の法と仲裁地の法が仲裁合意の有効性について異なる認定をするとき、人民法院は、仲裁合意の有効性を認定する法律を適用するものとする。」と規定している。上述の規定は、仲裁機関所在地法の適用と仲裁地法の適用により、仲裁合意の効力に異なる結果が生じる状況下においては、仲裁合意が有効となる法律を選択し、これを準拠法とするもので、これは法院の仲裁の司法審査において仲裁合意有効の原則を支持する姿勢を体現したものである。ニューヨーク条約の内容、国際商事仲裁の発展趨勢、及び我が国の司法解釈の規定の分析から、仲裁合意の効力に対する要件を緩和し、仲裁合意を可能な限り有効なものとすることは、当事者が紛争解決方式の本意として仲裁を選択したことを尊重するだけでなく、仲裁の発展を促進し、支持する上でも有益であり、国際商事仲裁に良好な法の支配の環境を備えることになる。法院の仲裁の司法審査において仲裁を支持し、奨励する司法理念、及び国際商事仲裁に関して仲裁合意を可能な限り有効とする原則、さらに上

---

14)「最高人民法院関于審理仲裁司法審査案件若干問題的規定」（2017年12月4日公布、2018年1月1日施行）、https://www.court.gov.cn/zixun-xiangqing-75872.html（2023年6月10日最終閲覧）。

述の仲裁合意の効力に関する法適用の分析に基づき，本院は，本件仲裁合意を有効と認定する。

（2）仲裁合意の当事者資格について

中軽三聯は，売買契約の当事者ではないと主張し，仲裁条項の拘束を受けないという。この点について，本件売買契約に署名した主体は，中軽三聯と Tata Co. であり，双方の当事者は，契約書に署名押印したことに異議を申し立てていない。中軽三聯は，売買契約の権利義務を事実上担うのは訴外のものであると認めるとすれば，この主張は事件を実体審理する際に改めて審理することであり，本件審査の範囲外である。

Ⅲ　SHIAC による論評──仲裁合意の効力の準拠法について

本事件における主たる争点は，渉外仲裁合意の効力に関する準拠法はいかに決定されるのが適切であるかということにある。この問題を中心にSHIAC が北京法院の判決について論評をしている。北京法院の裁定は上述のとおりシンガポール法により仲裁合意は有効であると裁定した。SHIAC は，この北京法院の判決をいかに評価しているか。SHIAC は，北京法院の判決は斬新であり，当事者の自由意思を尊重し，「仲裁合意を有効とする法を準拠法として適用することとし，仲裁司法審査における仲裁合意の有効性を支持する原則を体現した」と述べながら，以下のとおり批判している[15]。

　　無視できないのは，この事件の判決に反映された法的問題である。仲裁合意は特殊な契約である。各国の仲裁法には，仲裁合意の成立と効力に関する特別規定が置かれていることがよくあるが，仲裁合意の内容の解釈，仲裁合意の効力を決定する真の意味，及び仲裁合意の当事者に対する拘束力などについては，原則としてなお一般契約法によって規律さ

---

15) 前掲注 1 ）に同じ。

れ，契約解釈法により上述の問題について認定する必要がある。これも仲裁合意の効力を判断する基本である。渉外仲裁合意の効力の準拠法決定について，中国の仲裁司法審査実務は，仲裁合意に適用される抵触規範を確立しており，かつ，仲裁合意を可能な限り有効とするための選択的抵触規則を確立している。しかし，抵触規則の解釈は，国際私法上の問題であり，連結点の決定など特殊の問題は，合理規範的法解釈によることが必要である。中国仲裁法制度の構築の観点から，裁判官は，仲裁司法審査を行う際に，上述の事実認定と法適用規範に従い，相応の結論を導き出さなければならず，司法政策の偏った結論から出発して，結論を出すための根拠を見つけようとすることは賢明ではない。

では，北京法院の判決は，仲裁合意の準拠法の決定について，どのような論拠でなされたのか，この点を確認しておきたい。北京法院は，前段（1）-①において，i）本件の仲裁合意は，渉外仲裁合意であると認められ，ii）この場合の仲裁合意の効力を審査する際の準拠法の決定は，渉外適用法第18条及び仲裁法解釈第16条の規定によるのであり，これによれば，仲裁機関所在地法又は仲裁地法が適用されるとした。その上で，iii）-a）当事者が仲裁合意において約定した仲裁機関は存在しないが，シンガポールで仲裁を行う意思を表明しており，かつ，iii）-b）シンガポール法の枠組みの中で仲裁をすることを認めていると推定されるとした。また，このことから，iv）渉外適用法及び関連する司法解釈の規定により，本件仲裁合意の効力の判断に適用する準拠法はシンガポール法であると認めた。v）そして，仲裁合意は，シンガポール法の下で有効であると認定した。さらに，後段（1）-②において，仲裁合意を可能な限り有効とするという原則は，ニューヨーク条約だけでなく，最高人民法院の仲裁司法審査規定第14条にも規定されているところであるとした。

これに対して，SHIACが上述のように批判する根拠として，次の点を指摘している（以下は，SHIACの論評を整理したものである。段落及び段落番号も便宜上，筆者が付した。）

（1）本件仲裁合意は欠陥条項である。

（2）なぜならば，仲裁合意の原文で約定した仲裁機関について，中国語版は「シンガポール国際貿易仲裁委員会」，英語版は「Singapore International Economic and Trade Arbitration Commission」と記載されたが，実際にはそのような名称の仲裁機関は存在せず，さらに，仲裁合意には，仲裁合意の効力に関する準拠法，及び仲裁地に関して，明確に約定されていないからである。

（3）この場合，仲裁合意の有効性に適用される法律を決定する必要がある。この法律は何かというと，以下のものがある。

ⅰ）仲裁法解釈第16条，ⅱ）渉外適用法第18条，ⅲ）渉外適用法解釈（一）第14条，及びⅳ）仲裁司法審査規定第14条[16]の規定である。上記の規範は，①当事者が合意した法 ⇨ ②合意した仲裁地又は仲裁機関所在地法 ⇨ ③法廷所在地法という順番で抵触規則を定め，さらに，仲裁機関所在地法と仲裁地法の適用が仲裁合意の効力に異なる結果をもたらす場合，法院は仲裁合意の有効性を確認する法を選択して適用しなければならないとしている。

（4）ここに，渉外仲裁合意の効力について言えば，まず仲裁合意で約定した内容を確認し，明らかにされた事実に基づいて，仲裁合意の準拠法を判断する。これには，仲裁機関，仲裁地などの問題の判断も含まれる。外国法を適用する場合には，同時に外国法の調査も行わなければならない。

（5）過去の実務において，本件と類似した仲裁合意について，上述のプロセスで中国の法院は，一般的に仲裁合意の表面的な内容に基づいて，当事者が仲裁機関及び／又は仲裁地について明確に約定していないとき，法廷所在地の法，すなわち中国法を適用している。

---

[16] 第14条「人民法院は，中華人民共和国渉外民事関係法律適用法第18条の規定に基づき，渉外仲裁合意の効力を確認する適用法を決定する場合，当事者が適用法を選択しておらず，仲裁機関所在地法の適用と仲裁地法の適用が仲裁合意の効力に異なる結果をもたらすとき，人民法院は，仲裁合意を有効とする法を適用しなければならない。」

（6）しかし，本件の場合，北京法院は，仲裁合意が仲裁機関について不明確な約定をしていることを否定しない状況下で，当事者がシンガポール法的枠組み内で仲裁することに合意したものと推定し，これにより，仲裁地をシンガポールと認定し，本件仲裁合意の効力について適用する準拠法はシンガポール法であるとした。

（7）認めるべきことは，このような認定方法は疑いなく斬新であることである。なぜならば，仲裁合意の文言内容に制約されず，「現象から本質を透視した」のであり，当事者が仲裁により紛争を解決する真の意思表示を探求することに努め，人民法院が当事者の自由意思を尊重し，商事仲裁を促進，支持するという司法理念を体現したからである。

（8）しかし，看過できないのは，北京法院の推論には，なお精査すべき問題があることに注意する必要があるということである。

（9）第一の問題として指摘することは，仲裁合意において，「シンガポール国際貿易仲裁委員会」に付託して仲裁を行うとの記載しかないことが争われているが，国際仲裁実務を見ると，某国仲裁機関に仲裁付託することは，必ずしも仲裁地が某国であることを意味するものではないということである。まして，仲裁合意の約定からすれば，シンガポールが唯一言及された法域ではない。なぜならば，仲裁合意では「米国の仲裁規則により仲裁を行う」と規定されているからである。

（10）第二に，「仲裁は，ある国の法的枠組みの中で行われる」ということは，仲裁地がその国にあることと完全に一致するわけではなく，当事者が合意した仲裁に適用される手続法が，仲裁地の仲裁法又はその他の法と異なる場合が僅かではあるが存在することである。「仲裁はある国の法的枠組みの中で行われる」は，現行の中国法における渉外仲裁合意の効力を確認する準拠法の連結点ではない。

（11）第三に，直接的な証拠がないにもかかわらず，北京法院は，両当事者がシンガポール法により仲裁に同意したと結論付け，一般的な抵触規則の最密接関係地の原則により準拠法を決定したことである。しかし，最密接関係地の原則を適用する前提は，仲裁合意の可能な連結点，例えば，合意が締結された地，係争物の所在地，当事者の住所，国籍，

居所，事業所などについて十分に検討されている必要がある。然るに，北京法院は，最終的に当事者がシンガポール法により仲裁を行うことを同意したとする唯一の根拠として，仲裁合意が約定した紛争を申し立てることができるのがシンガポールの仲裁機関であると推定されると言うのみである。しかし，北京法院がシンガポール仲裁機関の所在地がシンガポールであること以外に，仲裁合意で約定した名称にシンガポールという文字のある仲裁機関をもって，当事者がシンガポール法の下で仲裁をすることに同意したと推定し，シンガポールを当該仲裁合意の最密接関係地とする解釈をすることはできない。

(12) 以上の諸点から，係争中の仲裁合意に関しては，当事者が約定したシンガポールが仲裁地であるというよりも，当事者が約定した仲裁機関の所在地がシンガポールであるという方が直接的で理解しやすいと思われる。もちろん，本件で開示された情報からは，なぜ，北京法院が「仲裁機関の所在地」がシンガポールであることではなく，「仲裁の所在地」がシンガポールであるとしたのかはわからないが，法院が「仲裁機関の選択をどのように理解し，判断するか」という観点から仲裁廷に処理を委ねるという姿勢からすると，この問題の合理的な解釈として，シンガポールの仲裁廷がすでに管轄権に関する決定をし，先決問題を決定したことから，仲裁機関の選択問題について結論を導き出し，不必要な衝突を回避したということであろう。

SHIACの論評を整理すると，次のとおりである。SHIACは，まず，本件仲裁合意が欠陥条項であり，この場合には仲裁合意が有効であるか否かの確認が必要であり，さらにこのときには，①仲裁法解釈第16条，②渉外適用法第18条，③渉外適用法解釈（一）第14条，④仲裁司法審査規定第14条の各規定により，法院所在地の法，すなわち中国法を適用すべきであるという。ところが，法院がシンガポール法により仲裁合意の効力は判断されるとしたことには誤りがあると指摘する。シンガポール法により仲裁合意の効力を判断することが誤りであるというのは，①本件仲裁合意からはシンガポールが唯一の仲裁地として選択されたとは認定できず，②仲裁手

続法の指定が仲裁合意の準拠法であるとは言えず，③法院は，最密接関係地の原則により準拠法を決定したが，最密接関係地であるための証拠が十分に検討されていない。そこで，SHIAC としては，法院，シンガポールの仲裁廷がすでに管轄権に関する決定をし，先決問題を決定したことから，仲裁機関の選択問題について結論を導き出すことを回避したという指摘をしている。

IV 北京法院の裁定及び SHIAC の論評の分析と検討

　筆者は，北京法院が仲裁合意の準拠法をシンガポール法にした結論を支持する。しかし，この結論に至る過程には疑問がある。また，SHIAC の論評については，中国法によるべきではなかったかという指摘，及び仮にシンガポール法というのであれば，仲裁機関所在地がシンガポールであるからとする方が分かりやすいという指摘については，適切ではないと考える。以下，北京法院の判決及び SHIAC の論評について分析・検討する。

1　北京法院の判決について

　まず，北京法院の判決に関してである。北京法院は，前段で仲裁合意の効力を審査する準拠法はシンガポール法であるとする論拠を述べ，後段で仲裁合意を可能な限り有効と認めるという原則は，ニューヨーク条約及び最高人民法院の司法解釈，並びに国際商事仲裁の発展趨勢にかなうものであるということを述べている。北京法院が仲裁地はシンガポールであると認定した背景は，判然としない。仲裁機関の名称に誤りがあるが，シンガポールの仲裁機関であるので，当事者はシンガポール法の枠組みで仲裁をすることを認めたと推定でき，ここから仲裁地はシンガポールであるからという理論である。この点については，SHIAC の指摘するとおり，米国の仲裁規則に従って仲裁をすると約定しているので，シンガポール法の枠組みの中で仲裁をすることを約定しているとは必ずしも推定されないと考える。もっとも，シンガポールの仲裁機関に付託し，米国で仲裁を行うと

は考えられない。それでも，シンガポール法により仲裁合意の準拠法を判断するという理由として，仲裁地がシンガポールであることをもって，最密接関係地がシンガポールであることとしているようだが，同様にシンガポールが仲裁地であるとも仲裁合意からは断定できない。法院は仲裁地の約定ありとしているが，SHIAC は約定があるとは認められないとしている。むしろ，仲裁地がシンガポールであるということを認定するには，Tata Co. が指摘しているように，仲裁機関名に誤りがあるが，中国とシンガポールという地理的違いは当然ながら認識した上で，シンガポールの仲裁機関に仲裁付託する約定をしているので，仲裁地はシンガポールであるという認識であるという方が正当でありそうである。2017年の仲裁司法審査規定第14条は，仲裁合意の準拠法を認定する順番は，①当事者の約定 ⇨ ②仲裁機関所在地法又は仲裁地法のいずれかにおいて仲裁合意を有効と認める法 ⇨ ③中国法とし，「仲裁合意を有効と認めることに有利な法」の適用を従来の規則に加筆している。北京法院が重視したのは，後段の仲裁合意を可能な限り有効と認定するという政策的判断にある。このことを示したのが，北京法院の判決文の後段である。そうであれば，本件紛争については，すでに SIAC が受理しており，SIAC により訴訟禁止命令[17]も発令されていることをもって，中軽三聯の訴えを却下するという判断もあり得たかも知れない。

2　SHIAC の論評について

次に，SHIAC の論評についてである。SHIAC は，「中国仲裁法制度の

---

[17] 訴訟差止命令（Anti-suit Injunction）は，中国語では「禁訴令」という。中国において，訴訟差止命令は，民事訴訟法上の規定としては存在しない。しかし，「海事特別訴訟手続法」第51条は，海事裁判所は，被告人に強制的措置を取るか，行動しないよう命じる海事差止命令を発行することができるとしている。外国の仲裁機関による訴訟差止命令を中国法院が認容した事件もある。例えば，張衛生「我国禁訴令的建構与実施」（https://www.gzhsfy.gov.cn/web/content?gid=93982&lmdm=1029）などがある。

構築の観点から，裁判官は，仲裁司法審査を行う際に，上述の事実認定と法適用規範に従い，相応の結論を導き出さなければならず，司法政策の偏った結論から出発して，結論を出すための根拠を見つけようとすることは賢明ではない。」という。SHIACは，当事者が約定したシンガポールが仲裁地であるというよりも，当事者が約定した仲裁機関の所在地がシンガポールであるという方が直接的で理解しやすいという指摘をしている。しかし，仲裁機関名に瑕疵があるので，この仲裁機関の所在地がシンガポールというよりも，シンガポールで仲裁を行う意思があると認定する方が妥当ではないか。まして，仲裁手続の規則は米国の規則としている。このことを考えると，SIACに申し立てをし，アドホック仲裁廷を構成し，米国仲裁規則により，シンガポールで仲裁を行うという約定があったという可能性も否定できない。また，仲裁合意が有効であるか否かの判断基準として，①仲裁法解釈第16条，②渉外適用法第18条，③渉外適用法解釈（一）第14条，④仲裁司法審査規定第14条の各規定により，法院所在地の法，すなわち中国法を適用すべきであるとも言っている。SHIACは，むしろシンガポール法によるという結論を引き出すのであれば，仲裁機関所在地がシンガポールであるからという理由の方がわかりやすいと言うのであって，SHIAC本来の考えでは中国法によるべきという主張である。しかし，SHIACが，北京法院が最密接関係地法によったのは誤りで，法院所在地法によるべきであるとするのは，中国の仲裁合意の有効性を判断する規則が上記の司法解釈のとおり変遷してきていること（詳しくは後述）を認識していない論評ということになる[18]。さらに，SHIACは，「（北京法院は）仲裁機関の選択問題について結論を導き出し，不必要な衝突を回避したということであろう。」というが，必ずしも回避したということではないのではないか。SHIACは，本件においてSIACが紛争を受理し，訴訟禁止命令を発令していることを軽視してはいないだろうか。

　北京法院の判決とSHIACの論評を踏まえた上で，では，瑕疵ある仲裁合意について今日の中国ではどのように有効性が判断されるについて，以下で仲裁合意の準拠法決定の基準の変遷を見ながら北京法院の判決とSHIACの論評を検討したい。

3 検討——仲裁合意準拠法決定の基準の変遷

　SHIACは，仲裁合意が有効であるか否かの判断基準として，①仲裁法解釈第16条，②渉外適用法第18条，③渉外適用法解釈（一）第14条，④仲裁司法審査規定第14条の各規定を並列で取り上げている。これは並列されるような規定であるのか。そうではなく，各々発布された時期及び内容が異なるところ，準拠法決定の基準の変遷があると理解すべきである。

　まず，2006年に発布された仲裁法解釈第16条は，「渉外仲裁合意の効力の審査については，当事者の約定した法律を適用する。当事者が適用法を約定していないが，仲裁地の約定があるときには，仲裁地法を適用する。適用法の約定がなく，仲裁地の約定もなく，又は仲裁地の約定が不明のときには，法院地の法を適用する。」と規定している。これは，最高人民法院が初めて仲裁合意の法適用について規定したものである。ここで，仲裁合意の法適用について，①当事者の約定した法 ⇨ ②仲裁地法 ⇨ ③中国法という3段階の法選択を規定した。ただし，仲裁法は，仲裁地の概念について明確にしておらず，このために各地方法院で仲裁地の概念が異なるという問題が生じた。

　そこで，各地方法院の解釈が異なるという弊害をなくすため，2011年に

---

18) ここで最密接関係地法とするのはなぜか。仲裁合意の準拠法の明示的又は黙示的な選択がない場合，最密接関係地の原則により仲裁合意の準拠法を決定するという原則を適用するものである。契約の準拠法については，当事者間で準拠法について約定していない場合，最密接関係地の原則により契約と最も密接な関係がある国の法が適用されるものとしている。英国の裁判所は，コモンローの下で契約履行地を長年にわたって契約と最も密接な関係がある法体系を有すると認めてきており，同様に仲裁地は仲裁を行うために法的に合意された場所であるとしている。当事者が特定の地で仲裁することに同意する場合，当事者は，その地の裁判所による仲裁の監督を受け入れることに同意することであり，これは，仲裁地と仲裁合意との間の密接な関係を体現するものである。また，仲裁地法を基本原則とすることは，ニューヨーク条約などの国際条約の規定とも整合する。最後に，最密接関係地は仲裁地であると固定することで，法院による適用の不確実性を回避することができる。ただ，英国法と異なり，中国法は，当事者が仲裁合意の準拠法及び仲裁地について約定していない場合，法廷地法を適用するという一般原則も規定している（聶羽欣「国際商事仲裁協議准拠法的確定—英国法和中国法比較考察」商事仲裁与調解，2022年第3期，73頁）。

発布した渉外適用法第18条は,「当事者は,仲裁合意に適用する法律を選択する合意をすることができる。当事者が選択をしていない場合には,仲裁機関所在地の法律又は仲裁地の法律を適用する。」と規定した。渉外適用法第18条は,法廷所在地(中国法)という連結点を削除し,法廷地法を適用する傾向があることを修正した。ここに,仲裁合意の法適用は,①当事者の約定した法 ⇨ ②仲裁機関所在地法又は仲裁地法の順序とすることとしたもので,仲裁合意の法適用の重要性を体現し,最高人民法院の司法解釈により対処していたものを全国人民代表大会において制定する法律により規定したという意義は大きいものがある。

しかし,この条文は必ずしも適当でないところがあるとして,以下の問題点が指摘された。第一に,国際商事仲裁において必ずしも重要ではない仲裁機関所在地と仲裁地を並列の連結点としていることである。これは,機関主義の傾向を強く体現したものである[19]。第二に,無条件に法選択モデルを採用し,法適用上の曖昧さをもたらした。第18条の規定によれば,当事者が仲裁合意の準拠法を約定していないとき,法院は仲裁機関所在地法又は仲裁地法を適用しなければならない。仲裁機関地法と仲裁地法が一致するときには,適用上の問題は生じない。しかし,仲裁機関地法と仲裁地法が一致しないとき,仲裁合意の有効性は異なってくる。当事者が異なる主張をするとき,法の適用に矛盾が生じ,国際商事仲裁における仲裁合意の有効性の判断の不確実性が高まる。適用法の発布後,一部の学者は,仲裁機関の法的機能を弱めるべきであり,仲裁合意の有効の原則に利するという現代の国際商事仲裁の理念を仲裁合意の準拠法を判断する方法とし

---

19) 現状では国内仲裁を行う仲裁機関は,仲裁法第10条第3項により,省・自治区・直轄市の司法行政機関に登記して,設立しなければならないとされている。また,渉外仲裁を行う仲裁機関は,仲裁法第66条により,中国国際商会(商業会議所)が設立した機関でなければならない。仲裁法第18条が,仲裁委員会に関する約定がないか又は約定が不明確な仲裁合意は無効とすると規定しており,これにより,中国は臨時仲裁を認めないという姿勢を示し,この点において中国内法とニューヨーク条約の衝突があった。ただし,仲裁法改正案では,臨時仲裁を認める方向で検討されている(梶田幸雄「中国仲裁法改正の動向と実務への影響」法学新報,第130巻第1・2号,1-38頁参照)。

て使用すべきであると主張している[20]。

　次に発布されたのが，2013年の渉外適用法解釈（一）である。この第14条は，「当事者が渉外仲裁合意に適用する法律を選択しておらず，仲裁機関又は仲裁地の約定がなく，若しくは約定が不明確な場合には，人民法院は中華人民共和国の仲裁合意の効力を定める法律を適用することができる。」と規定している。これは，渉外適用法第18条を基礎として法廷所在地を連結点に取り入れ，法廷地法（中国法）を復活させたものである。しかし，この規定は，結局のところ仲裁法解釈第16条における問題点を復活させるだけであった。

　そこで，2018年に施行され，本件で問題となっている仲裁司法審査規定[21]の存在である。この第14条は，「人民法院は，渉外適用法第18条の規定に基づき，渉外仲裁合意の効力を確認する適用法を決定する場合，当事者が適用法を選択しておらず，仲裁機関所在地法の適用と仲裁地法の適用が仲裁合意の効力に異なる結果をもたらすとき，人民法院は，仲裁合意を有効とする法を適用しなければならない。」としている。

　仲裁司法審査規定で評価される点は，仲裁合意有効の原則を採用したことである。すなわち，仲裁合意は仲裁地法又は仲裁機関所在地法のいずれかに該当すれば有効とするというものである。これは，司法界における仲裁支援という政策的命題に焦点を当てており，仲裁による紛争解決という目的の実現に貢献するものである。注目すべきは，仲裁司法審査規定第13条が，当事者が約定した契約の準拠法は，仲裁条項の有効性を確認する法としては適用できないと規定していることである。この司法解釈は，仲裁合意の分離独立性の原則に基づいており，契約の準拠法が仲裁合意に自然に適用はされないとするものである[22]。

---

20) 前掲注18），聶論文67頁。
21) 「最高人民法院関于審理仲裁司法審査案件若干問題的規定」（2018年1月1日施行）https://www.court.gov.cn/zixun-xiangqing-75872.html （2023年6月10日最終閲覧）。
22) 例えば，安田健一「中国商事紛争解決の理論と実務（12）最高人民法院が仲裁条項の準拠法は当該仲裁条項が含まれる契約全体の準拠法と必ずしも一致しない旨の見解を示した事例」JCAジャーナル68巻2号［2021.2］22-27頁。

そして，現在，議論されている仲裁法意見徴収稿がある[23]。2021年の「仲裁法（改正）意見徴収稿」（以下，「仲裁法意見徴収稿」という）は，第90条で「渉外仲裁合意の効力の認定は，当事者が約定した法による。当事者が渉外仲裁合意の準拠法を約定していない場合には，仲裁地法による。準拠法及び仲裁地の約定がなく，又は，約定が不明確な場合には，人民法院が中華人民共和国の法律を適用し，仲裁合意の効力を認定する。」と規定している。ここでは，仲裁合意の準拠法適用の順序を，①当事者が約定した法 ⇨ ②仲裁地法 ⇨ ③中国法に改めた。これは，基本的に現行仲裁法及び関係規定で確立された抵触法規則の延長線上にあり，ただ，仲裁機関所在地を連結点とすることを削除したものである。中国法を準拠法とする規定が残っているが，それでも仲裁司法審査規定により，人民法院は，仲裁合意の有効性を認定する法律を適用するというものとするという原則がある。これは，人民法院ができるだけ仲裁地の約定があるという認定をしようとする姿勢を示すものと思われる。

筆者は，以上の推移・変遷があるところ，北京法院は，仲裁地が，①仲裁手続法の適用，②仲裁判断の国籍，③仲裁の司法審査法院の決定，④暫定措置制度の実施等に関連しており，非常に重要な問題であること，とりわけ仲裁判断の国籍と暫定措置制度の実施において重要な意味を有することを意識しつつ判断を下したものと推察する。

仲裁判断の国籍が仲裁地により決定される点は重要である。仲裁の利用が増え，各国の仲裁機関が国際商事仲裁を扱うことが増え，この仲裁機関が自国・地域外の外国・地域で仲裁業務（臨時仲裁）を行うことが増えるにつれ，仲裁判断の国籍が仲裁機関ではなく仲裁地へと変わってきている。こうした趨勢の中で，中国がこれまで仲裁機関所在地を仲裁判断の国籍とするとしてきたことは，仲裁可能性を狭めるものである。中国が仲裁判断の国籍を問うのは，前述したとおり中国は仲裁判断を国内，渉外，外国仲

---

23) 梶田，前掲注19）。また，「仲裁法改正案（意見徴収稿）」については，以下のURLを参照（http://www.moj.gov.cn/pub/sfbgw/lfyjzj/lflfyjzj/202107/t20210730_432967.html, 2023年1月30日最終閲覧）を参照。

裁判断に分類し，それぞれの承認・執行拒否要件を定めていることから重要な問題であるからである。さらに若干繰り返しになるが，中国が，「仲裁判断の国籍」という言い振りをするのは，次のような理由がある。すなわち，ニューヨーク条約は，仲裁判断の承認・執行申立てがなされている国以外の地域でなされた「外国仲裁判断」と締約国の法律に従って国内の仲裁判断とみなされない「非国内仲裁判断」(non-domestic arbitral awards) についての承認・執行するものと規定している。しかし，問題は，「非国内仲裁判断」については定義されておらず，統一された国際的理解も存在しないため，「非国内仲裁判断」であるか否かは，承認・執行が求められている国の法律によることになる。中国法によれば，中国本土において外国仲裁機関が示した仲裁判断は，中国法に基づく外国仲裁判断でもなく，中国国内の仲裁判断とも認められないということになる。中国法では，これまで「仲裁地」という概念は確立されておらず，「仲裁機関の所在地」という基準が一般に用いられてきたが，この場合でも中国国内にある外国仲裁機関による仲裁判断を外国仲裁判断とするのか国内仲裁判断とするのかについてジレンマがあった。この問題は，中国固有の問題であるが，中国本土で外国の仲裁機関が下した仲裁判断に関する司法監督という側面で，「仲裁地」と「仲裁機関の所在地」のいずれの基準を適用するかによって，結論がまったく異なることになる。そこで，この問題に対処するために「仲裁地」と「仲裁機関の所在地」でもない「仲裁判断の国籍」という考え方がなされることになった。

　しかし，直近の実務においては，仲裁判断の国籍を仲裁地によるとするような変更が行われてきている。そこで，仲裁法改正案第27条は，「(1) 当事者は，仲裁合意において仲裁地を約定することができる。当事者が仲裁地について約定をしていないか又は不明確な場合には，事案を管理する仲裁機関所在地を仲裁地とする。(2) 仲裁判断は，仲裁地で示されたものとする。(3) 仲裁地の決定は，当事者又は仲裁廷が事案の状況に基づき仲裁地と異なる適切な場所を約定又は選択し，合議及び開廷などの仲裁業務を行うことに影響を与えない。」と規定し，同第28条第4項は「当事者は，仲裁合意の効力又は管轄権の決定に異議がある場合には，……仲裁

地の中級人民法院に審査を申し立てる。」としている。仲裁判断の国籍を仲裁地基準に改めるとする改正は，中国の法律と国際的な主流の法律との間のギャップを埋め，中国における仲裁利用可能性を高めることになるであろう。

また，本件においては，シンガポールの仲裁廷により暫定措置が発令されていることも留意しなければならない。暫定措置については，一般に申立人が，仲裁審理で必要とする被申立人の手元にある証拠を保存し，又は，被申立人の財産の減少・滅失を防護することを，仲裁手続前，又は手続の過程で，仲裁廷又は裁判所に請求するものであり，1985年に採択された国連国際商取引法委員会国際商事仲裁モデル法（以下，「UNCITRAL モデル法」という）の2006年7月修正においても最も重要な修正の1つとして暫定措置（Interim measures）に関する規定が増やされている。今日の仲裁法改正案は，暫定措置に関する規定を新たに設け（第3節第43条〜第49条），仲裁廷に暫定措置を取る権限を与えた（第43条第1項）。さらに，実務では一部仲裁機関が，仲裁規則を改正し，暫定措置を発令できる規定を定めている。例えば，CIETAC 仲裁規則[24]，北京仲裁委員会仲裁規則[25]，中国（上海）自由貿易試験区仲裁規則[26]，深圳国際仲裁院仲裁規則[27]において，暫定措置の発令について規定が設けられている。このような動向があるところ，中国の法院は，外国仲裁廷の発令した暫定措置を認める方向にあるということも指摘しておきたい[28]。

---

24) 中国国際貿易促進委員会／中国国際商会　2014年11月4日改正・採択，2015年1月1日施行，http://www.cietac.org/index.php?m=Article&a=show&id=2706（2023年2月13日最終閲覧）。
25) http://www.bjac.org.cn/page/data_dl/zcgz_cn_2022.pdf.
26) https://www.amt-law.com/asset/pdf/bulletins7_pdf/141226_14.pdf.
27) https://www.scia.com.cn/index.php/Home/index/rule/id/815.html（2024年12月30日最終閲覧）。
28) 梶田幸雄「中国国際商事仲裁における暫定保全措置」法学新報，第130巻3・4号，1-31頁。

Ⅳ　まとめ
——今後の予測と主契約準拠法の仲裁合意準拠法への適用可能性

　日本においては，仲裁合意の準拠法について当事者の約定がない場合において，主契約の準拠法の約定があれば，これが仲裁合意の準拠法になるというのが通説・多数説である[29]。

　一方，中国現行法及び司法解釈は，主契約準拠法の仲裁合意への適用を認めていない。当事者が主契約の準拠法について約定していた場合，法院は，仲裁合意の分離独立性の原則により主契約の準拠法を仲裁に適用することを排除している。2009年の「番禺珠江鋼管事件」[30]では，当事者は主契約の準拠法を中国法とすることだけを約定していたところ，最高人民法院は，仲裁合意の準拠法が約定されているとは認めなかった。このように主契約の準拠法の約定は，仲裁合意の準拠法とは認めなかった事案として，

---

29) 仲裁合意の準拠法に関する日本の学説については，例えば，小島武司『仲裁法』（青林書院，2000年，406-410頁），澤木敬郎（中野俊一郎・補訂）「仲裁契約及び仲裁可能性の準拠法」松浦薫・青山善充編『現代仲裁法の論点』（有斐閣，1998年，372-376頁），道垣内正人「仲裁合意」谷口安平・鈴木五十三編『国際商事仲裁の法と実務』（丸善雄松堂，2016年，105-114頁）がある。なお，英国においても主契約の準拠法を仲裁合意の準拠法とするKabab-Ji判決がある。高杉教授は，本判決の意義について，「Enka判決と同様に，仲裁条項を含む契約において当事者が契約準拠法を選択している場合に，通常は，当事者が当該契約準拠法を仲裁合意の有効性の準拠法としても黙示的に選択していると解することができる旨を明らかにした点に求められる。第2に，本判決は，仲裁合意の準拠法が明示的に指定されていないものの，仲裁条項において仲裁地の指定がされ，かつ，主契約において準拠法の指定がある場合に，仲裁地法と主契約準拠法のいずれを仲裁合意準拠法として黙示的に指定したと認定すべきかの問題につき，NY条約として一致した解釈がないことを指摘した。他の国でも，NY条約を実施する国内法の解釈として，同様の考え方をとる国がある。例えば，米国の「国際商事仲裁及び投資家対国家仲裁に関する合衆国法リステイトメント」（2019年草案）の4.10条の注釈（c）も，NY条約5条（1）（a）における仲裁合意の有効性の準拠法について，1当事者が準拠法として指定した法，2主契約中の準拠法選択条項が定める法，3仲裁地法という順番で決定されると説明する。この理由として，契約全体について一貫した解釈の枠組みを促進し，当事者の意思を最もよく反映していることがあげられている」と指摘している（高杉直「外国仲裁判断の執行拒否事由としての仲裁合意の有効性の準拠法」英国最高裁2021年10月27日判決（Kabab-Ji v Kout Food Group［2021］UKSC 48）69巻7号［2022.7］）。

他に2007年の「恒基公司事件」[31]などがある[32]。中国が，このような判断しているのは，仲裁合意の独立性によるものである。仲裁合意の独立性とは，仲裁条項は主契約から独立しており，主契約の無効又は不存在によっても仲裁合意の法的効力は有効であるということをいう。分離独立性の原則は，国際仲裁においても採用されている原則であり，各国の立法及び実務でも体現されている。伝統的には，仲裁合意は完全に主契約からは独立しており，主契約の準拠法は仲裁合意には適用できず，当事者が仲裁合意に関する法を選択していない場合，仲裁合意の抵触規則によりその準拠法を決定することになる。

では，仲裁合意に主契約の準拠法を適用することは，仲裁合意の分離独立性の原則に反することになるのか。分離独立性の原則は，一種の法律の擬制であり，その政策的目的は主契約の瑕疵が仲裁合意に及ぶことを回避し，可能な限り仲裁合意を有効にしようとすることにある。1つの契約の条文において異なる準拠法が選択される分割方法も見られるのと同様である。分離独立性の原則は，主契約の効力と仲裁合意効力との間の関係を処理するもので，仲裁合意の法適用は独立した問題であって，直接的に実体的効力問題に関わるものではない。したがって，分離独立性の原則は，仲裁合意は，主契約の準拠法とは異なる法により適用される可能性があるのであり，必ずしも主契約と異なる法を適用しなければならないということはない[33]。SHIACは，「仲裁合意の有効性の審査について，当事者が選択

---

30)「最高人民法院関于申請人番禺珠江鋼管有限公司与被申請人深圳市泛邦国際貨運有限公司申請確認仲裁協議効力一案的請示的復函（2009）民四他字第7号」。THE REFORM OF ARBITRATION IN FRANCE AND ITS IMPLICATIONS FOR THE ENFORCEMENT OF AWARDS INVOLVING FRANCE AND THE PEOPLE'S REPUBLIC OF CHINA（http://www.lapres.net/bjac.html，2023年6月10日最終閲覧）。また，宋連斌「渉外仲裁協議効力認定的裁判方法」政治与法律，2010年第11期）。
31) 宋暁「渉外仲裁条款的准拠法——"恒基公司案"対実在法和法院裁判的双重拷問」法学，2008年第6期，第122頁。
32) このように主契約の準拠法の約定は，仲裁合意の準拠法とは認めなかった事案として，他に2012年の「天津瑞福エネルギー事件」，2012年の「青島新安台鋼構造事件」，2016年の「瑞福船舶事件」などがある（聶羽欣「国際商事仲裁協議准拠法的確定—英国法和中国法比較考察」商事仲裁与調解，2022年第3期（総第13期）68-69頁）。

した準拠法によるが，当事者が選択していない場合には，主契約の準拠法によるのが適当であるという意見を述べている[34]。

　しかし，中国は，上述のとおり，仲裁合意の有効性を判断する準拠法の適用について，①当事者の約定した法 ⇨ ②仲裁機関所在地法又は仲裁地法の順番で決定するとしている。さらに，仲裁司法審査規定において，「仲裁機関所在地法の適用と仲裁地法の適用が仲裁合意の効力に異なる結果をもたらすとき，人民法院は，仲裁合意を有効とする法を適用しなければならない。」と規定している。

　仲裁合意有効性の原則の目的は，当事者の真の意図を実現すること，つまり効果的かつ実行可能な国際紛争解決メカニズムを当事者に提供することである。当事者が仲裁合意に署名する真意は，当然，法院の司法手続や複雑な法選択規則を通じて紛争を解決することではなく，仲裁合意を有効と解釈し，仲裁により紛争を解決することである。仲裁合意有効原則の利点は，柔軟な抵触規範を通じて，従来の法選択規則における単一の連結点を選択することの欠点を改善し，国際商事仲裁の目的と当事者の期待を最大限実現できることにある。ここに，中国が，法の適用と解釈により仲裁合意を可能な限り有効としようとする基準を示すことは，国際商事仲裁における競争力を強化する上で有効であり，中国を国際商事仲裁のセンターにしたいという判断がある。

---

33) Gary B. Born, International Commercial Arbitration, 3 ed., Netherlands: Kluwer Law International, 2021, at 498; Ian Glick & Niranjan Venkatesan, "Choosing the law Governing the Arbitration Agreement, in Jurisdiction, Admissibility and Choice of Law in International Arbitration", Neil Kaplan and Michael J Moser (ed.), 2018, p.139. 聶羽欣「国際商事仲裁協議准据法的確定——英国法和中国法比較考察」商事仲裁与調解，2022年第3期（総第13期）72頁。
34) 上海国際経済貿易仲裁委員会（上海国際仲裁中心）商事仲裁研究中心「中国法下仲裁協議効力準拠法確定制度的完善」，https://www.lawyers.org.cn/info/7e03c1d0100d4140a531542a35daf461（2023年6月7日最終閲覧）。

〈参考条文〉

仲裁法（2019年9月1日施行，2018年1月1日改正）

第18条

　仲裁合意の仲裁事項又は仲裁委員会の約定がないか又は約定が不明確な場合には，当事者は補充合意することができる。補充合意が調わないときには，仲裁合意は無効とする。

渉外民事関係法律適用法（2011年4月11日施行）

第18条

　当事者は，仲裁合意に適用する法律を選択する合意をすることができる。当事者が選択をしていない場合には，仲裁機関所在地の法律又は仲裁地の法律を適用する。

第19条

　香港特別行政区，マカオ特別行政区の民事関係の法律適用問題については，この規定を参照して適用する。

最高人民法院の"中華人民共和国仲裁法"適用の若干の問題に関する解釈
（2006年9月8日施行）

第3条

　仲裁合意で約定した仲裁機関名が不正確であるが，具体的な仲裁機関を決定できる場合には，仲裁機関が選択されたものとみなす。

第16条

　渉外仲裁合意の効力の審査については，当事者の約定した法律を適用する。当事者が適用法を約定していないが，仲裁地の約定があるときには，仲裁地法を適用する。適用法の約定がなく，仲裁地の約定もなく，又は仲裁地の約定が不明のときには，法院地の法を適用する。

最高人民法院の"中華人民共和国渉外民事関係法律適用法"を適用する若干の問題に関する解釈（一）（2013年1月7日施行）

第14条

当事者が渉外仲裁合意に適用する法律を選択しておらず，仲裁機関又は仲裁地の約定がなく，若しくは約定が不明確な場合には，人民法院は中華人民共和国の仲裁合意の効力を定める法律を適用することができる。

第18条
　渉外民事関係法律適用法施行後に生じた渉外民事紛争事件は，この解釈施行後になお結審していない場合，この解釈を適用する。この解釈施行前に結審しているものは，当事者が再審申請をするか，又は審判監督手続により再審が決定したときに，この解釈は適用しない。

第19条　香港特別行政区，マカオ特別行政区の民事関係の法律適用問題については，この規定を参照して適用する。

最高人民法院の仲裁司法審査案件を審理する若干の問題に関する規定
（2018年1月1日施行）

第14条
　人民法院は，中華人民共和国渉外民事関係法律適用法第18条の規定に基づき，渉外仲裁合意の効力を確認する適用法を決定する場合，当事者が適用法を選択しておらず，仲裁機関所在地法の適用と仲裁地法の適用が仲裁合意の効力に異なる結果をもたらすとき，人民法院は，仲裁合意を有効とする法を適用しなければならない。

中華人民共和国渉外民事関係法律適用法（2011年4月1日施行）

第2条
　渉外民事関係に適用する法律は，この法の規定による。その他の法律が，渉外民事関係に適用する法律につき特別規定がある場合には，その規定による。
　この法及びその他の法律の渉外民事関係法律の適用について規定がないものは，この渉外民事関係と最も密接な関係のある法律を適用する。

最高人民法院関于適用《中華人民共和国民事訴訟法》的解釈（2014年12月18日施行，2022年4月10日改正）

第549条（旧第551条）

人民法院は，香港，マカオ特別行政区及び台湾地区に関する民事事件を審理する場合，渉外民事訴訟手続の特別規定を参照することができる。

(初出：梶田幸雄「中国仲裁法と渉外仲裁合意の準拠法 ── 中軽三聯国際貿易有限公司 v. Tata International Metals（Asia）Co., Ltd. 事件と最近の動向」(法学新報　第130巻第5・6号，1-32頁）を一部加筆修正した。)

第3章
中国国際商事仲裁における暫定措置

I　はじめに

　中国は，現在，1995年9月1日から施行している仲裁法の改正に着手している。これは，中国を世界の国際仲裁センターにしたいという思いがあり，中国が仲裁地として，また中国の仲裁機関が選択されるために必要な改正をしようとするものである。この改正の目玉の1つに暫定措置の採用がある。

　暫定措置とは，一般に申立人が，仲裁手続前，又は仲裁の過程において仲裁審理で必要とする被申立人の手元にある証拠を保存し，又は，被申立人の財産の減少・滅失を防護することを，仲裁廷又は裁判所に請求し，仲裁廷又は裁判所がこれを認容し，措置を講じることをいう[1]。国際商事仲裁事件の場合，仲裁の当事者の国籍は異なることが通常であり，仲裁人の国籍も様々であり，仲裁廷を組織するにもそれなりの時間を要するのが現状である。このとき，被申立人が様々な手段を用いて仲裁手続の進行を遅延させ，妨害したり，更には上述の証拠隠滅，財産逃避をすることがある。そこで，かかる問題を未然に防ぎ，申立人の正当な権利と利益を確保するために暫定措置という制度が存在する。1985年に採択された国連国際商取引法委員会国際商事仲裁モデル法（以下，「UNCITRAL モデル法」という）の2006年7月修正における最も重要な修正の1つとして第17条の暫定措置（Interim measures）に関する規定を増やしたことが挙げられる。改正前にはわずか1条の規定があるだけであったが，これが10条に加筆された。国際商事仲裁の実務において，暫定措置を制度化することは，仲裁の更なる普及・促進にとって重要な課題である。実務において緊急仲裁人による暫定措置の発令も増えていることからもその重要性は認識されるだろう。国

---

[1] RAYMOND GAO "Bridging an Access-to-Justice Gap for International Commercial Dispute Resolution: Recent Developments of Interim Measures in Cross-Border Chinese Arbitration", COLUMBIA JOURNAL OF TRANSNATIONAL LAW（59: 608, 2021）p.615, https://static1.squarespace.com/static/5daf8b1ab45413657badbc03/t/611d7bc19ec35802ae410050/1629322178698/59-3%28g%29+Gao+Article.pdf

際商業会議所（ICC）は，2019年に「緊急仲裁人手続報告書」[2]を発行している。この報告書によると，2012年に緊急仲裁人に関する規則が導入されて以来，2018年4月末までに80件の暫定措置申立がなされ，いずれも24時間以内に緊急仲裁人が任命され，15日以内に処理がなされている。また，80件のうち25件は最終判断が発令される前に和解が達成されていると暫定措置申立の効果について述べている。なお，2021年には，27件の緊急仲裁人による暫定措置手続の申立てが受理されている[3]。

今，中国は，自国の仲裁機関で通常の商事仲裁に加えて，投資仲裁，金融関係の仲裁，スポーツ仲裁など様々な類型の国際仲裁を受理し，"一帯一路"構想に組み込まれる沿線国[4]における国際仲裁を処理し，さらには世界における国際仲裁センターになりたいという願望をもつようになった。このような企図がある中で，国際的基準に倣って仲裁法に暫定措置を規定する改正を行おうとしている。ただし，暫定措置及び緊急仲裁人制度は，国際的にもまだ新しい制度であり，UNCITRAL仲裁規則のように国際的に統一された規則があるという状況ではない。暫定措置発令手続には，明らかでない問題が多く存在する。そうであるから，暫定措置という特別手続を行うに際しては，正当で合理的な手続が行われることが必要であり，これを検討することは重要な課題であると考える。

そこで，本章では，中国が仲裁法改正において，暫定措置に関していかなる規定をしようとしているのかについて検討する。このことを検討するに際して，第一に，（1）暫定措置の意義，要件，効果を明らかにし，第二に，（2）改正案における重要な論点として，①仲裁廷及び緊急仲裁人

---

[2] ICC COMMISSION REPORT "EMERGENCY ARBITRATOR PROCEEDINGS", https://www.isdc.ch/media/1736/emergency-arbitrator-proceedings-icc-report.pdf.

[3] https://iccwbo.org/news-publications/news/icc-unveils-preliminary-dispute-resolution-figures-for-2021/ (last visited December 31, 2024).

[4] "一帯一路"構想とは，「シルクロード経済ベルトと21世紀海上シルクロードの共同建設推進のビジョン」の略称であり，この構想に中国が組み込もうとしている周辺国（沿線国）は，150ヵ国があり，これらの国及び30の国際機関と一帯一路共同建設文書が交わされている。http://fec.mofcom.gov.cn/article/xgzz/xgzxfwydyl/202406/20240603515623.shtml（2024年12月31日最終閲覧）。

の権限（これに関しては，中国本土で初めて緊急仲裁人手続が適用された事件を検討する），②暫定措置の執行の問題を検討し，第三に，（3）改正案に対する実務上の課題から見た場合の問題点を指摘し，検討することとしたい。

以上の検討は，日本で2023年2月28日に「仲裁法の一部を改正する法律案」が第221回国会に提出され，4月21日に可決，成立したところ，比較法的意味もあると考える[5]。また，日本企業による中国における国際商事仲裁申立も増えることが予想される中で，暫定措置の利用可能性とその効果についてのヒントを与えることもできると考える。

以下，（1）暫定措置の概念，（2）改正案における重要論点，（3）改正案の実務上の課題について順番に検討をする。

II　暫定措置の概念

1　暫定措置の意義

暫定措置とは広範な概念であり，各国でその定義も異なる[6]。中国においては，暫定措置について，現行仲裁法において関連規定は存在しないが，仲裁法改正案第43条第2項で「暫定措置とは財産保全，証拠保全，行為保全及び仲裁廷が必要と認めるその他の一時的措置である。」と規定している。これは，UNCITRAL モデル法第26条第2項が規定する暫定措置の概念，すなわち，（1）仲裁判断が示されるまでの現状維持又は原状回復，（2）現在又は急迫の損害若しくは仲裁手続を害する行為の防止，又はか

---

[5] 仲裁法の一部を改正する法律案要綱（https://www.moj.go.jp/content/001391913.pdf），同法律案・理由（https://www.moj.go.jp/content/001391914.pdf），同法律案新旧対照条文（https://www.moj.go.jp/content/001391915.pdf），また，法務省法制審議会の仲裁法制部会資料2「仲裁法等の改正に関する論点の検討（2）」https://www.moj.go.jp/content/001333276.pdf.

[6] 胡海帆「国際商事仲裁中臨時措施可執行性問題研究」仲裁与法律（総第129期）62-83頁

かる事態を生じさせる恐れのある行為を差し控えるための措置（行為保全），(3) 将来の仲裁判断を実現するための資産を保全する措置，(4) 紛争解決に関連し，かつ重要である可能性のある証拠を保全する措置の4つに対応しようとするものであると考える。

　暫定措置を規定する意味は，当事者間で紛争が生じた場合，一方の当事者が財産を逃避させるなどの行為をすることがあり，このときにもう一方の当事者にとって損害が大きくなることがあり得，このために財産保全，証拠保全など損害の発生を回避するために措置を講じる必要性があると考慮されるからである[7]。中国民事訴訟法（2021年改正）第103条は行為保全について，「人民法院は，当事者の一方の行為又はその他の原因により判決の執行を困難にするか，又は当事者にその他損害をもたらす事案について，もう一方の当事者の申立てにより，その財産を保全し，一定の行為を譴責又は禁止する。」としている。しかし，この条文が仲裁に適用されるかどうかは明らかではない。そこで，仲裁法に暫定措置を規定しようとするものである。

　中国において，暫定措置に関する規定は，徐々に拡大してきている。1991年民事訴訟法第74条は証拠保全を規定し，第9章は財産保全と事前執行を規定している。1994年仲裁法では，第28条で財産保全，第46条で証拠保全，第68条で渉外関係仲裁における証拠保全を規定している。また，2012年の改正民事訴訟法では，当事者に一定の作為・不作為を命じる行為保全が追加された。海事訴訟特別手続法[8]は，財産保全，証拠保全，行為保全を規定している。

7）例えば，高楊「中国法下仲裁保全和臨時措施制度之研究：現状，問題及新発展」北京仲裁（2021年第2輯，総第116輯，98頁），また，前掲注3）ほか。
8）海事訴訟特別程序法（2000年7月1日施行）http://www.jincao.com/fa/22/law22.15.htm，(2023年2月13日最終閲覧)。

2 暫定措置申立の受理可能性

　暫定措置の申立前提条件として，仲裁合意がある必要がある。この場合，いかなる仲裁合意が交わされていれば暫定措置の申立てを受理するのか。仲裁合意は，各当事者が自ら各当事者間で生じた紛争を仲裁機関に申し立て，かつその仲裁規則により仲裁による解決を図ることを表明する意思表示である。しかし，暫定措置を申し立てる場合に，いかなる仲裁合意が必要であるかについては，仲裁法において特段の規定は存在しない。例えば，日本の仲裁法は，「仲裁廷は，当事者間に別段の合意がない限り，その一方の申立てにより，いずれの当事者に対しても，紛争の対象について仲裁廷が必要と認める暫定措置又は保全措置を講ずることを命ずることができる。」（新仲裁法第24条1項）と規定するにとどまる。では，この場合，暫定措置に関する合意の必要性はどのように解されるのか。仲裁地の仲裁法が，暫定・保全措置の内容を具体的に規定していない場合，暫定・保全措置の内容は，各仲裁廷の合理的な裁量により決定されることとなる。中国も後述する暫定措置に関する事例及び仲裁法改正案における仲裁合意に関する改正内容からすると日本の仲裁法と同様であり，暫定措置を取ることについて特段言及する仲裁合意の存在を求めてはいない。それでも，CIETAC仲裁規則第5条で規定する「当事者が契約において明確に定める仲裁条項又はその他の方式で締結した仲裁に付託する旨の書面による合意」がなければ仲裁機関が申立てを受理することはできないであろう。

　ICC仲裁規則は，2012年に改正される以前は，暫定措置申立手続については，オプトイン方式であり[9]，このために実際に暫定措置申立が適用されることはほとんどなかったところ[10]，2012年の改正により，当事者が

---

9) オプトイン方式のモデル条項として，ICCにより，例えば以下の条項が示されている。"Any party to this contract shall have the right to have recourse to and shall be bound by the Pre-Arbitral Referee Procedure of the International Chamber of Commerce in accordance with its Rules for a Pre- Arbitral Referee Procedure." ICC PRE-ARBITRAL REFEREE RULES, https://iccwbo.org/wp-content/uploads/sites/ 3 /2012/03/1990-Rules-for-a-Pre-Arbitral-Referee-Procedure-ENGLISH-1.pdf.

積極的にオプトアウトしない限り暫定措置申立てが許容されるようになった。中国仲裁法改正案は，この点に関する言及はないが，オプトインとする規定は見られないことからすると，ICC仲裁規則と同様にオプトアウト方式を採用しようとしているものと考える。

3　暫定措置発令の主体

現行法の枠組みでは，一方の当事者がもう一方の当事者に対する暫定措置を請求する場合には，仲裁機関に対して申立てをし，これを受けて仲裁機関が法院に移送し，法院が最終的に決定するという手続になっている（現行仲裁法第46条）。すなわち，暫定措置を取る権限は仲裁廷ではなく法院にある[11]。この制度は，仲裁の効率的な紛争解決機能を制限し，仲裁地としての中国の魅力を弱める。そこで，この点に関して，改正案第43条第1項で「仲裁手続開始前，又は進行中において，当事者は仲裁手続の継続，係争事実の解明，又は判断の執行のため，紛争の対象について暫定的，緊急的措置を講ずることを人民法院又は仲裁廷に申し立てることができる。」と規定し，さらに第2項で「仲裁手続開始後に当事者が保全措置を申し立てる場合には，保全対象の財産所在地，証拠所在地，履行地，被申立人所在地又は仲裁地の人民法院に申し立てるか，又は，仲裁廷に申し立てることができる。」とし，暫定措置を発令できる主体として法院の他に仲裁廷にも権限が付与されるようになっている。暫定措置の申立てがあった場合，その認否について，仲裁廷はかかる措置を講ずる際の必要性及び実行可能性を総合して速やかに判断を示さなければならない（第48条第1項）。また，仲裁廷を組織することにも一定の時間がかかることを勘案し，仲裁廷が組織される前に当事者が緊急仲裁人を指定し暫定措置を申し立て

---

10) *See* supra note 2, para2.
11) これを法院専属モデルという（徐偉功「論我国商事仲裁臨時措施制度之立法完善"―以《国際商事仲裁示範法》為視角」政法論壇，2021年第5期，140頁。国際的に採用されているのは，仲裁廷と法院の権限併存モデルである。本文で言及するが，中国も仲裁法改正により仲裁廷と法院の権限併存モデルへと移行しようとしている。

る必要のある場合には，仲裁規則に従い，仲裁機関に緊急仲裁人の指定を申し立てることができる（改正案第49条第2項前段）。ただし，緊急仲裁人の権限は仲裁廷が構成されるまでとされる（改正案第49条第2項後段）。

4　暫定措置発令の要件と内容

　暫定措置発令の要件は，仲裁法改正案によれば，他方の当事者の行為又はその他の原因により，判断の執行が不能であるか，若しくは困難である場合，又は自らにその他の損害を与える恐れがある場合（改正案第44条），及び証拠が滅失し，又は後からでは取得が困難になる恐れがある場合（改正案第45条）である。ただし，一般的には暫定措置発令の実質的要件として，①一応の管轄権があること，②請求が認容される合理的な可能性があること，③緊急性があること，④救済が認められない場合，回復不能な損害が生じ得ること（重大な危害のリスク），⑤紛争悪化のリスクがあること，⑥当事者間の比較衡量を検討することがあげられる[12]（ここでは項目のみの例示にとどめ，後述の事例研究Ⅲ-2-(3)のところで補足をする）。実務上は，この①～⑥の要件についても審理されることになる。

　以上の要件が一応認められる場合，緊急仲裁廷・緊急仲裁人は，（1）反訴訟/反仲裁命令，（2）遅延ペナルティの適用，（3）資産又は財産の現状維持及び保全を目的とする措置，（4）契約上の義務に違反しているとされる特定の製品の販売を制限する措置，（5）契約上の義務の履行を請求する措置，（6）企業内の個人の復職，取締役会の地位又は雇用から

---

12) *See* supra note 2, para33,para151.and RAYMOND GAO, Bridging an Access-to-Justice Gap for International Commercial Dispute Resolution: Recent Developments of Interim Measures in Cross-Border Chinese Arbitration, COLUMNBIA JOURNAL OF TRANSNATIONAL LAW, 2021 (https://static1.squarespace.com/static/5daf8b1ab45413657badbc03/t/611d7bc19ec35802ae410050/1629322178698/59-3%28g%29+Gao+Article.pdf). また，小原淳見氏は，①仲裁廷の管轄，②申立人の不利益と被申立人の不利益の比較考量，③本案の請求権の疎明をあげている（小原淳見「暫定措置」谷口安平・鈴木五十三編『国際商事仲裁の法と実務』丸善雄松堂，2016年，329-331頁）。

の個人の解任,株主総会の開催,取締役会決議の可決及び取締役会への参加を請求する措置,(7)銀行保証の執行を禁止する措置,及びそのような保証の潜在的な執行の濫用の宣言的命令,(8)保証を命じる措置,及び相手方当事者が履行保証金を引き出すことを禁止する措置,(9)第三者に影響を与える措置を発令することができる[13]。

5 暫定措置発令の効果

　人民法院又は仲裁廷により暫定措置が発令されると,保全措置が講じられることになる。当事者が,人民法院に保全措置を申し立てる場合には,人民法院は関連の法律法規に従い,速やかに保全措置を講じなければならない(改正案第47条第1項)。また,仲裁廷に保全措置を申し立てる場合には,仲裁廷は速やかに判断を示し,かつ当事者に対して担保を提供すべきことを命じ,保全措置を講ずる旨の判断が仲裁廷又は当事者経由で人民法院に提出された後には,人民法院は関連の法律規定に従い,速やかに執行しなければならない(同第47条第2項)としている。

　次に,暫定措置に関する主な論点について検討する。

Ⅲ 暫定措置改正案における重要論点

1 仲裁廷及び緊急仲裁人の権限

　上述したとおり,現行法の下では,人民法院のみが保全措置を決定する権限を有し,仲裁廷は暫定措置を発令する権限はない。

　しかし,仲裁法の規定に反して,実務では一部仲裁機関が,仲裁規則を改正し,暫定措置を発令できる規定を定めている。例えば,CIETAC仲裁規則[14],北京仲裁委員会仲裁規則[15],中国(上海)自由貿易試験区仲

---

13) *See* supra note 2, para179.

規則[16]，深圳国際仲裁院仲裁規則[17]において，暫定措置の発令が規定されている。このうち，CIETAC仲裁規則は，以下のとおり規定している。

第23条　保全及び暫定措置
1　当事者が，中国の法律の規定に従って保全の申立てをする場合，仲裁委員会は，法律に基づき，当事者の保全の申立てを当事者が指定した管轄権を有する人民法院に移送しなければならない。
2　準拠法又は当事者間の約定に基づき，当事者は「CIETAC緊急仲裁人手続」（本規則付属文書3）により，仲裁委員会仲裁院に緊急の暫定的救済を申し立てることができる。緊急仲裁人は，必要又は適当な緊急的暫定的救済措置を取ることを決定することができる。緊急仲裁人の決定は双方当事者に拘束力がある。
3　一方の当事者の申立てにより，仲裁廷は，準拠法又は当事者の約定に基づき，必要又は適当であると認める暫定措置を取ることを決定することができ，かつ暫定措置の申立てをした一方当事者に適切な担保を提供させることを決定する権限を有する。

第77条　暫定措置及び緊急的救済
1　当事者間に別段の約定がある場合を除き，一方の当事者の申立てにより，仲裁廷は適当と認める暫定措置を取ることを決定する権限を有する。
2　仲裁廷の構成前においては，当事者は「CIETAC緊急仲裁人手続」（本規則付属文書3）に従い，緊急的暫定救済を申し立てることができ

14）中国国際貿易促進委員会/中国国際商会　2014年11月4日改正・採択，2015年1月1日施行，http://www.cietac.org/index.php?m=Article&a=show&id=2706（2023年2月13日最終閲覧）．
15）http://www.bjac.org.cn/page/data_dl/zcgz_cn_2022.pdf.
16）https://www.amt-law.com/asset/pdf/bulletins7_pdf/141226_14.pdf.
17）https://www.scia.com.cn/index.php/Home/index/rule/id/815.html（last visited February 18, 2024）．

る。

　上記第77条の規定で見られるとおり，仲裁廷又は緊急仲裁人は暫定措置を発令することができるとしている。このとき，暫定措置を発令するのは，実際上の問題として，仲裁廷であるよりも緊急仲裁人であることが多い。それは，通常，仲裁廷を組織するまでにそれなりの時間がかかり，この間に証拠や財産を逃避させる行為が行われ兼ねないからである。このため，最近では多くの仲裁機関の仲裁規則に緊急仲裁人に関する規定が設けられるようになっている。

　では，緊急仲裁人はどのように任命され，いかなる機能を有し，いかなる権限で暫定措置を発令することができるのか。次にこの点について検討する。

　緊急仲裁人制度が設けられた趣旨は，暫定措置を講じるに際して，迅速に対処し，当事者の救済を得られやすくすることにある[18]。では，このために緊急仲裁人に関していかなる規定を設けることが適切であるのか。CIETACは，仲裁規則の付属文書で「CIETAC緊急仲裁人手続」[19]を定め，概略が以下のように定められている。まず，申立ての受理及び緊急仲裁人の選任について，申立人が提出した申立書に基づき，仲裁合意及び証拠資料は，仲裁委員会仲裁院が予備審査の後，緊急仲裁人手続を適用するか否かを決定し，緊急仲裁人の手続を適用することが決定された場合には，仲裁委員会仲裁院院長が申立人が予納した緊急仲裁人手続費用を受領した日から1日以内に緊急仲裁人を選任し（第2条第1項），緊急仲裁人は，緊急仲裁人として任命された後15日以内に暫定措置を発令するか否かの決定をしなければならない（第6条第2項）。緊急仲裁人の決定は，当事者双方を拘束する。当事者は，執行地国又は地域の関連法規に従って，管轄法院に強制執行を申し立てることができる（第6条第4項）。一方の当事者が緊

---

18) *See* supra note 2, para179.
19) http://www.cietac.org/Uploads/201703/58c0f233588ca.pdf.　なお，本章の末尾に「中国国際経済貿易仲裁委員会緊急仲裁人手続」仮訳を示した。

急仲裁人の管轄権に異議を申し立てた場合にはどうするか。この点に関しては，当事者の請求及び理由の説明により，緊急仲裁人又は構成された仲裁廷は，緊急仲裁人の決定を修正，一時停止，又は終了する権利を有するとされる（第6条第4項）。なお，緊急仲裁人の権限及び緊急仲裁人手続は，仲裁廷が構成された日に終了する（第5条）。

　緊急仲裁人が暫定措置を決定する際に考慮すべき要素については，各仲裁機関が規則において緊急仲裁人に大きな裁量を与えており[20]，緊急仲裁人は，暫定措置を承認する際に，事件の実情に基づいて権限を行使する必要がある。

　実務において具体的に事件のいかなる実情を考慮するのかについては，北京仲裁委員会が2017年末に緊急仲裁手続を適用した中国本土で最初の事件を扱っているので，以下でこれを見てみたい[21]。

---

20) ICC仲裁規則においても緊急仲裁人にかなりの程度の裁量と柔軟性を与えている（*See* supra note 2, para7）。なお，CIETACは，仲裁人についてリストを設けている（http://www.cietac.org/index.php?m=Article&a=show&id=20060, last visited February 18, 2024）。仲裁当事者は，この仲裁人リストから仲裁人を選任することも，また，自らこのリストの他から仲裁人を選任することもできる。CIETACの2023年活動報告によると，指名された仲裁人数は延べ7,926人でこのうち，実際に仲裁人を引き受けた人数は1,010人，うち外国籍の仲裁人は延べ136人で125件の審理に参加している。外国籍仲裁人だけで仲裁廷が構成された事件数は90件に上り，当事者が仲裁人リスト以外から仲裁人を選任したのが22件あった（中国国際経済貿易仲裁委員会2023年工作報告, http://www.cietac.org/index.php?m=Page&a=index&id=27, last visited February 18, 2024）。緊急仲裁人は，上記の仲裁手続同様にCIETAC仲裁人リストから指名することも，また，リスト以外から独自に選任することができる。

21) http://www.bjac.org.cn/news/view?id=3330, 及びhttps://www.lexology.com/library/detail.aspx?g=933634ca-da9e-45f2-b001-4554d355ae27（2023年2月17日最終閲覧）。

2 緊急仲裁人の権限，暫定措置発令の実質的要件に関する実務の展開——中国本土で初めて緊急仲裁人手続が適用された事件（GKML事件）[22]

（1）事件の概要

　この事件は，4億人民元にのぼる投資契約をめぐる紛争である。申立人は，香港法人であるA社及び自然人Bであり，被申立人は，ケイマン諸島に設立された資産管理会社C社及び中国内地の自然人Dである。なお，Dは，C社の支配株主であり，その主な資産は香港にある。

　A・Bは，2012年にCに株式投資を行うことを計画し，A・B及びC・C社全株主（Dを含む）との間で「投資契約」が締結された。投資契約には，「以下の事由が生じた場合には，A・Bは，C・DにA・Bの株式買取を請求する権利がある。……(10) 第4.2.2条で株式上場前に約定した毎年の最低純利益がいずれの年も達成されないとき，……(15) Cとその関連会社がA及びBの取引又は担保に損害を与える行為を行ったとき」という規定がある。

　2015年，A・Bの法定代表者甲は，自らの名義でC及びCが支配する資金に対する本件以前の投資紛争について，Cと「和解契約」を締結した。この合意によれば，当事者は，特定の補償が履行された後，双方は紛争に関するいかなる法的義務からも解放され，当事者間で相手方（相手方の親会社，子会社など関連会社を含む）に対して，いかなる主張をする権利も放棄するとされている。そして，この新たな投資計画が完了したときに，投

---

22) この事件は，GKML事件として知られている。本文は，李海峰「中国第一起緊急仲裁員程序審査標準分析」，https://cn.linkedin.com/pulse/ 中国第一起緊急仲裁員程序審査標準分析-haifeng-li（2023年2月20日最終閲覧），また，First Emergency Arbitration Procedure in China（https://www.herbertsmithfreehills.com/notes/arbitration/2018-10/first-emergency-arbitration-procedure-in-china/ 19 OCTOBER, 2018），First Emergency Arbitrator Proceedings in China and Enforcement in Hong Kong，（https://www.lexology.com/library/detail.aspx?g=933634ca-da9e-45f2-b001-4554d355ae27 China, Hong Kong October 9 2018）を整理して叙述したものである。

資契約は終了すると約定された。この和解契約を締結した日にCの株主（申立人及びDを含む）は，株主総会決議に署名し，新たな投資計画（Cの上場など）を実行することを決定した。

契約の履行中に，Cは合意された年間純利益の目標を達成できず，上記の株主総会の決議で決定された投資計画及び分配計画も完全には履行できず，さらに現金の一部をZ社に貸与するということをした。そこで，2017年8月に，A・Bは，C・Dに株式の買取を請求した。

2017年9月，A・Bは，北京仲裁委員会に仲裁申立書並びに緊急仲裁人及び暫定措置申立書を提出した（以下，「申立書」という）。申立書において，申立人は次のとおりの請求をした。

（1）被申立人は財産情報を開示すること。
（2）被申立人の資産処分を制限すること。これには，C及びZ社（訴外）に対する3億香港ドルの融資債権，Z社の株式又は他の香港上場会社の株式及び銀行口座にある資産を含む。
（3）被申立人は，いかなる法域においてもこの決定の執行を妨げるいかなる行動もとらないこと。
（4）被申立人は，暗示，奨励などの方式でこの決定に関わる暫定措置に関して，その他の者及びDが代理して行動すること許してはならないこと。

投資契約によれば，紛争は北京仲裁委員会に仲裁付託し，中国法が適用されることになっている。仲裁判断の執行を保証するために，申立人は，香港及びその他の関連する法域で被申立人が資産を処分することを制限するために暫定措置を講じることを希望した。ここに，申立人の代理人となった法律事務所が作業チームを編成し，対策の検討にあたった。対策としては，以下の3つが検討された。第一に，(1) 北京仲裁委員会で緊急仲裁人に暫定措置発令の申立てをした後，香港とケイマン諸島で執行申立をすること，第二に，(2) 北京仲裁委員会に仲裁付託し，仲裁廷の暫定措置の決定を得て，香港等で執行の申立てをすること，第三に，(3) 香港

法院に暫定措置を直接申し立てることである。申立ての難易度，時間，執行可能性などの要素を総合的に勘案した上で，第一の選択肢が選択された[23]。

2017年9月末，10日余の手続を経て，申立人が担保を提供した後，北京仲裁委員会は，申立人の申立書に従って「緊急仲裁人決定書」を発令した。その後，香港高等法院に執行申立がなされ，香港高等法院は仲裁条例第22B条に基づき資産凍結命令（Mareva命令）を発令し，執行が許可された。香港高等法院は，被申立人が資産を処分することを禁止するほか，いかなる第三者も被申立人がこの禁止令に反する行為をすることを支援しないようにも命じた。被申立人は，この決定に異議申立をしなかったので，14日の猶予期間を経た後に差止命令は発効した。

（2）緊急仲裁人の検討内容

本件の「緊急仲裁人決定」に際して，緊急仲裁人は，以下の①～④の争点について検討をしている[24]。具体的には，以下のとおりである。

①申立人の請求が認容されるという合理的な可能性があるか否か

この基準の下で，緊急仲裁人は次の3つの問題に焦点を当てて検討した。

第一に，ⅰ）投資契約に規定された買戻条件に適うか否かについて，第二に，ⅱ）和解契約が申立人の買戻請求権の放棄を構成するか否か，第三に，ⅲ）株主総会の決議及びその履行が投資契約の終止，そして買戻義務を消滅させるか否かである。ⅰ）～ⅲ）の各々については，次のとおり認定された。

ⅰ）買戻条件が充足されるか否かについては，双方当事者の主な争いがCに買戻義務を負わせることが有効であるか否か，及び買戻義務がCが上場したことですでに消滅していると言えるか否かが問題となる。緊急仲裁人は，これが第一の争点であるとして，買戻条項の効

---

23) 同前，李論文。
24) 同上。なお，「緊急仲裁人決定書」の内容についての紹介はされていない。

力には実務上で大きな争いがあるところ，これに関しては，仲裁廷に判断を委ねるべきであるとした。しかし，緊急仲裁手続において，この点の争いは，申立人の仲裁請求が認容される可能性を否定するには十分でないと考えた。第二の争点は，予備的証拠に基づいて，Cが上場を完了したことが買戻義務を消滅させるか否かである。この問題についても，仲裁廷によって判断されるべき問題であるとした上で，この争いも，申立人の仲裁請求が認容される可能性を否定するには十分でないとした。

ⅱ）「和解契約」が申立人の買戻請求権の放棄を構成するかどうかに関して，双方当事者間の主な争点は，「和解契約」の範囲が投資契約に含まれるか否かにある。緊急仲裁人は，和解契約の範囲について，不明確なところがあり，仲裁廷によって判断されるべき問題であるとするが，緊急仲裁人手続においては，和解契約によっても申立人の仲裁請求が認容される可能性を否定することはできないとした。

ⅲ）株主総会決議及びその履行により買戻義務が消滅したか否かについて，緊急仲裁人は，初歩的な証拠によれば，Cの株主総会決議の履行は完全ではなく，買戻義務は消滅していないとした。

緊急仲裁人は，上記の３つの主要な争点を審査して，申立人は給付請求権を得る合理的な可能性を証明しているものと認め，一方で被申立人の主張は納得できるものではなく，申立人は第一の基準を満たしていると判断した。

②暫定措置が取られない場合に回復不能な損失をもたらすような緊急の事態があるか否か

緊急仲裁人は，はじめに被申立人のいかなる行為が申立人に損害を与えるかについて検討した。この問題に関して，申立人は，被申立人の悪意による財産処分として，２つの行為を挙げた。１つは，Cが保有する株式を第三者に譲渡することである。もう１つは，Cが第三者と融資契約を締結することである。緊急仲裁人は，第三者に株式を譲渡する株主総会決議は悪意のある資産処分ではなく，申立人に損害を与えるものではないとした。しかし，債権譲渡の客観的効果としては，Cの財産が譲渡される可能性が

生じる懸念があり，ひいてはその債務償還能力に影響を与え，申立人に損害を与える可能性があると考えられる。さらに，緊急仲裁人は，申立人と被申立人の損失を比較衡量すると，暫定措置（すなわち，Ｃによる財産処分を制限すること）をとった結果，被申立人の取引を中断，遅延させることになると考えられるが，一方で暫定措置をとらなければ，債権譲渡は，客観的にはＣの資産の譲渡となり，その債務償還能力に影響を与えることになる。したがって，申立人の損害は，被申立人の損害よりもはるかに大きくなると考えられる。総じて，申立人の請求は 第二の基準を満たしている。

③申立人が請求する暫定措置が合理的で執行可能性があるか否か

暫定措置の執行可能性を検討する際，緊急仲裁人は，申立人によって提案された暫定措置の範囲は複数の法域に及ぶものの，被申立人の主な財産は香港にあるため，執行可能性を考慮した場合，香港法を重視するとした。これに基づいて，緊急仲裁人は次のように判断した。

ⅰ) 資産情報の開示を強制する暫定措置は，実行するのに不合理で不便である。なぜならば，申立人が被申立人に争いとなっていない一般的資産情報を開示するよう請求するからである。この目的は，その後の財産保全を容易にするためである。これは「緊急」要件を満たしておらず，緊急仲裁手続の当初の狙いには合致しない。さらに，資産の開示は，香港法の仲裁条例に規定する暫定措置の類型に属さず，したがって，香港法院の執行を得ることは困難である。

ⅱ) 財産処分を制限するという請求に関しては，この請求は香港法に基づく暫定措置の一種であり，Ｃが単独で保有する資産（すなわちＺ社に対する債権及びＤが有するＺ社の株式）に対しては許容されるべきである。ただし，申立人が記載していない一般的な資産については，申立てが承認されたとしても，その執行は困難である。また，被申立人に過度で，不合理な義務を課すことになる。したがって，この請求は認められない。

ⅲ) 本決定の執行手続については，第一に，被申立人の基本的手続法上の権利が緊急仲裁人の手続により制限されず，第二に，被申立人が

法院に訴訟するなどの手続は，管轄地の法律に基づき適法・正当になされることゆえに，緊急仲裁人が申立人の請求を認容し，相応の決定を下したとしても，法院でその決定を執行することには困難があると言える。

iv）緊急仲裁人の決定の円滑な執行を担保するために，被申立人は，暗示，奨励，その他の手段によって，第三者が自らに代わって制限された行為を実行することをさせてはならない義務がある。

④暫定措置が認められた場合の申立人による担保提供の要否及びその額の決定方法

　上記の３つの基準の議論に加えて，緊急仲裁人は担保の問題も検討した。本件においては，申立人が仲裁で請求した金額を上回る金額を担保として自主的に納付した。被申立人は，この金額は被申立人に生じ得る損失をカバーするのに十分な金額ではないと主張したが，緊急仲裁人は，暫定措置は，訴訟における訴訟保全と同様であると考え，担保については，中国の訴訟保全（訴訟前保全ではない）の規則を準用できるとした。最高人民法院の「人民法院が暫定保全事件を処理する若干の問題に関する規定」[25]第５条は，担保は，保全を請求する金額の30％を超えてはならないと規定しており，本件申立人が納付した担保は，この要件を満たすのに十分であり，合理的である。

　以上の検討により，総じて緊急仲裁人は最終的に申立人の主張を認めた[26]。

　こうして暫定措置が発令されたわけであるが，以上の説明に関連して，以下で暫定措置請求を審査する実質的要件について若干の補足的検討をしたい。

---

[25] 最高人民法院関于人民法院弁理財産保全案件若干問題的規定，https://www.court.gov.cn/fabu-xiangqing-30101.html（2023年５月３日最終閲覧）。

[26] 具体的な暫定措置の発令内容についての叙述はないが，基本的には申立人の請求内容がそのまま認容されたということであろう。

（３）暫定措置発令要件の再検討

　北京仲裁委員会仲裁規則[27]第63条[28]は，緊急仲裁人が申立人の暫定措置に関する請求を審査する基準については規定していない。緊急仲裁人には，比較的に大きな裁量権が与えられている。そこで，以下では，前述した一般的な暫定措置発令の実質的要件として挙げられる６つの要件，①一応の管轄権，②請求が認容される合理的な可能性，③緊急性，④救済が認められない場合の回復不能な損害発生のリスク，⑤紛争悪化のリスク，⑥当事者間の比較衡量について，いかなる判断がなされたのか，一般的な判

---

27) http://www.bjac.org.cn/page/data_dl/zcgz_cn_2022.pdf.
28) 北京仲裁委員会仲裁規則第63条（緊急仲裁人）
（１）仲裁廷構成前に，当事者が暫定措置を申し立てる必要がある場合には，関連法規に従って緊急仲裁人の選任を求める申立書を委員会に提出することができる。同意するか否かは本会が決定する。
（２）当事者の申立書には，当事者の基本情報，暫定措置を申し立てる相手方当事者の有効な送達方法，緊急仲裁人の選任及び暫定措置の採用を申し立てる理由，暫定措置申立書の具体的な内容，その他必要な内容を記載しなければならない。
（３）本会が緊急仲裁人を指名することに同意する場合には，当事者は本規則別表２の基準に従って相応の料金を予納した後２日以内に，仲裁人名簿から緊急仲裁人を指名し，当事者に通知する。
（４）当事者間で別段の合意がない限り，本会又は緊急仲裁人は，関連文書を電子的送達により当事者に送達することができる。
（５）情報開示，緊急仲裁人の解任等については，本規則第22条及び第23条の規定を参照して処理する。
（６）緊急仲裁人は，当事者の暫定措置の申立てを適切な方式で審査する権利を有する。ただし，当事者が合理的な陳述を行う機会を保証しなければならない。
（７）緊急仲裁人は，任命された日から15日以内に関連の決定，命令又は裁定を下し，その理由を説明しなければならず，これには緊急仲裁人が署名し，本会が押印した後に当事者に送達する。
（８）当事者は，緊急仲裁人による関連決定，命令又は裁定に異議がある場合には，関連決定，命令又は裁定の受領日から３日以内に緊急仲裁人に関連決定，命令，又は裁定の修正，一時停止，又は取消を申立てをする権利を有し，同意するか否かは緊急仲裁人が決定する。
（９）当事者間で別段の合意がない限り，緊急仲裁人は，暫定措置の申立てに関する紛争の仲裁人に任命されない。
（10）上記手続において緊急仲裁人によって下された関連決定，命令又は裁定は，仲裁廷に対する拘束力を有さない。仲裁廷は，緊急仲裁人によって下された関連決定，命令，又は裁定を修正，一時停止，又は取り消すことができる。

断基準の検討と併せて見てみたい。

①**一応の管轄権**

　管轄権が肯定されるためには，当事者間で仲裁合意があることが必要であるが，本件においてこの点の言及はない。事例紹介の文章では，「投資契約によれば，紛争は北京仲裁委員会に仲裁付託し」とあるので，投資契約において紛争発生時には北京仲裁委員会に仲裁を申し立てる合意が，当事者間にあるものと考える。

　なお，仲裁廷が構成される前に緊急仲裁人が任命され，仲裁合意の有効性を判断する場合には，仲裁機関における仲裁合意の有効性の判断基準と同じであるか否かという問題が生じるものと思われる。この点においては，緊急仲裁人は，仲裁機関の仲裁規則における仲裁合意の有効性の要件に対して，管轄権の有無の判断に大きな裁量権を有していると考えられる。

②**請求が認容される合理的な可能性**

　請求が認容される合理的な可能性については，以下の3点が検討課題として指摘できる。

　第一に，本件判断は，初歩的な証拠に基づくものであり，詳細な審理をし，判断を示すものではなく，仲裁廷の実体的判断を制限するものではないということである。本件「緊急仲裁人の決定」で述べられているとおり，仲裁人による事件の分析と検討は，その後の仲裁廷による事件の審判に影響を与えることがあるが，一方，緊急仲裁人は，事件に関連する複数の法的問題を分析するものの，その結論を表明する立場にはなく，そこで，持分の買戻条項の有効性や投資協定の解釈などの問題については，後に正式に構成される仲裁廷に判断を委ねるべきであるとしている。このことから，緊急仲裁手続における「請求の認容可能性」の要件は，実質的な問題を過度に事前審理するというものではないということが言える。

　第二に，申立人の請求が認容される可能性があるかどうかを立証する責任は，申立人にあることである[29]。「緊急仲裁人決定書」によると，申立人は，請求が認容される可能性があることを証明する予備証拠を提出する必要があり，被申立人は，申立人の請求が認容される可能性がないことを

証明する証拠を提出する必要がある。

　第三に，申立人の請求が認容される可能性は「合理的な程度」にとどまることである。つまり，緊急仲裁手続の申立人は，「合理的な」可能性がある限り，実質的な問題で明確な優位性を有する必要はない。暫定措置発令において，「合理的」基準の明示は必ずしも求められず，したがって，請求が「合理的」であるかどうかは，緊急仲裁人の裁量に大きく依存する。緊急仲裁人としては，暫定措置の発令は，本質的に実体法の問題ではないと認識し，適用実体法に拘束されることはないからである[30]。

③緊急性

　緊急性については，ICC規則第29条第1項に規定されているように，請求された措置が，仲裁廷の構成を待つことができない状況であると言えるか否かかが判断の基準になるであろう。緊急仲裁人を任命する場合の「緊急性」は，より高い基準であるということになる[31]。

④救済が認められない場合の回復不能な損害発生のリスク

　この問題の判断基準の1つは，被申立人が悪意のある財産処分をするか否かである。UNCITRALモデル法第26条第2項において，紛争が解決される前の間の現状維持又は原状回復が基本であるということになる。そこで，回復不能とは，通常，保証できない損害を言う[32]。この点は，ICC仲裁規則によっても確認されることである[33]。したがって，被申立人の財産処分等の行為が契約上の義務等の正常な行為である場合には，当該行為が被申立人の財産を客観的に減少させるものであっても許容されるということになろう。

⑤紛争悪化のリスク（取り返しのつかないリスク）

　これは，「回復不能な損害」とは異なり，より深刻で実質的な危害が及

---

29) *See* supra note 2, para 27.
30) *See* supra note 2, para79.
31) 小原淳見「暫定措置」谷口安平・鈴木五十三編『国際商事仲裁の法と実務』丸善雄松堂，2016年，354頁。
32) *See* supra note 2, para157.
33) *See* supra note 2, para106.

ぶことを言う。この問題は，緊急性及び救済が認められない場合の回復不能な損害発生のリスクと強く関連づけられるものである。速やかに暫定措置が発令されない場合，被申立人が財産を逃避・処分することがあり，現状維持又は原状回復が困難となり，さらには金銭による補償自体も困難になる事態を言う[34]。このような状況が生じれば，当事者間の争いはエスカレートすることになり，仲裁による紛争解決という利点もなくなりかねない。GKML 事件では，緊急仲裁人は紛争悪化リスクという表現で争点を取り上げることはなかった。紛争悪化のリスクまではなかったということであろう。

⑥当事者間の比較衡量

　この基準を満たすための前提は，原告の損失が被申立人の損失よりも「著しく大きい」ことである。「著しく大きい」という特定の基準は，緊急仲裁人の裁量に大きく依存するということが言える。そうであるから，暫定措置は限定的であるべきであり，この範囲は厳密に管理されるべきであると考えられる。申立人と被申立人のリスクは平等の関係でなければならないというのが比較衡量の考え方である。暫定措置の目的は，財産の譲渡その他の相手方の権利利益を害する行為を防止することであるので，この範囲と程度は，当事者が責任を回避する危険性と損害の可能性に応じたものでなければならない。したがって，緊急仲裁人は，暫定措置の範囲と内容を厳密に把握し，申立人が暫定措置申立を悪用して，被申立人の通常の事業運営に影響を与え，不必要な損失を引き起こすことを防止する必要もある[35]。このため，暫定措置の申立てにあたっては，申立人が仲裁機関に担保を提供することになるのである。

---

34) 紛争を悪化させないために暫定措置として，被申立人に①妨害禁止命令，②強行禁止命令，③契約履行継続（製品の継続的供給，建設工事の続行等）命令，④パフォーマンスボンドの実行を禁止する命令，⑤ bank guarantee の延長命令，⑥株主間契約に則った議決権の行使を命じる措置，⑦秘密保持義務の遵守命令を発することがある（前掲注31），小原333頁）。

35) 注14）に同じ。また，霍偉・陳新平「緊急仲裁員制度之我見」https://www.zhonglun.com/Content/2019/01-09/1428373345.html　（2023年5月2日最終閲覧）

こうして，緊急仲裁人又は仲裁廷が，暫定措置を発令した場合，どのように執行されることになるのか。次にこの点について検討する。

3 暫定措置の執行

　暫定措置の機能が発揮されなければ，暫定措置を申し立てた当事者の利益は確保されないことになる。このために暫定措置の執行が確実になされる必要がある。この問題は，グローバリゼーションや国際協調主義を背景として，国際商事紛争を解決する有効な手段としての国際商事仲裁が利用されるか否かという問題にとっても重要な問題である。

　UNCITRAL モデル法は，暫定措置の執行について，第17H条第1項で「仲裁廷によって発令された暫定保全措置は，拘束力を有するものとして承認されなければならず，仲裁廷が異なる判断をした場合を除き，それが発令された国にかかわらず，第17I条の規定に従うことを条件として，管轄権を有する裁判所に対する申立てに基づいて，執行されなければならない。」と規定している。この点は特に重要である。また，第17J条は，裁判所の命令による暫定保全措置について，「裁判所は，仲裁地がこの国の領域内であるか否かにかかわらず，裁判手続における場合と同様に，仲裁手続に関して暫定保全措置を発令する権限を有する。裁判所は，国際仲裁の特質を考慮しつつ自らの手続に従って，その権限を行使しなければならない。」と規定している。ただし，第17I条で承認又は執行の拒絶事由について規定し，「外国仲裁判断の承認及び執行に関する国際条約」（ニューヨーク条約）に同様の事由を挙げている。

　暫定措置の執行については，①中国国内仲裁機関の緊急仲裁人決定の中国国内における執行問題，②中国国内仲裁機関の緊急仲裁人決定の中国国外における執行問題，③外国仲裁機関の緊急仲裁人決定の中国国内における執行問題という3つの類型が考えられる。それぞれについて，中国は，どのような考えであるのだろうか[36]。

①中国国内仲裁機関の緊急仲裁人決定の中国国内における執行問題

　この問題について，第48条第3項は，「暫定措置に人民法院の協力が必要である場合には，当事者は人民法院に執行の協力を申し立てることができる。人民法院が協力可能と認める場合には，関連法規に従って執行する。」と規定している。この規定からすると，仲裁廷及び緊急仲裁人により発令された暫定措置を執行するか否かは，結局のところ人民法院の判断に委ねられるということである。これは，UNCITRAL モデル法第17H条第1項が「仲裁廷によって発令された暫定保全措置は，拘束力を有するものとして承認されなければならず」としているのと比べると，いかにも暫定措置発令の法的効果として弱い規定である。

②中国国内仲裁機関の緊急仲裁人決定の中国国外における執行問題

　この問題について，第49条第1項は，「暫定措置が中華人民共和国の領域外で執行される必要がある場合には，当事者は管轄権を有する外国裁判所に執行を直接申し立てることができる。」と規定している。この点に関しては，上述の UNCITRAL モデル法第17J条及び第17I条と同様に外国裁判所の判断に委ねられることになる。

③外国仲裁機関の緊急仲裁人決定の中国国内における執行問題

　この問題については，第48条第3項が適用されるということになろうが，仲裁法改正案が，外国仲裁機関の緊急仲裁人決定の中国国内における執行問題について，どこまで考慮しているのかは判然としない。第48条第3項は，単に国内の暫定措置発令に対応する規定であるとも考えられ，国際商事仲裁における仲裁廷及び緊急仲裁人の暫定措置に対応するものか否かは明確ではない。実務上は，外国仲裁機関（仲裁廷）及び緊急仲裁人によって発令された暫定措置決定の承認・執行は，ニューヨーク条約又は相互の保証の原則により判断されることになる[37]。

---

36) この問題に関する香港と中国との間の関係については，前掲注12) RAYMOND GAO 論文を参照。
37) 中国の外国仲裁に対する司法審査，及び相互主義の問題について，詳しくは，拙著『中国における国際取引紛争解決法』（日本評論社，2022年）の第10章「中国の外国仲裁に対する司法審査」及び第11章「外国判決の承認と相互主義」を参照いただきたい。

Ⅳ　まとめ——仲裁法改正案に存在する課題

　仲裁法改正案は，暫定措置に関する規定を新たに設け（第3節第43条〜第49条），仲裁廷に暫定措置を取る権限を与えた（第43条第1項）。また，暫定措置の内容については，財産保全，証拠保全，行為保全及び仲裁廷が認めるその他一時的暫定措置とした（第43条第2項）。さらに，暫定措置に関連して，緊急仲裁人に関する規定が設けられた。仲裁廷が組織される前に当事者が暫定措置を講じる必要がある場合には，緊急仲裁人を指名し，暫定措置を申し立てることができるとした（第49条第2項）。

　この制度は，中国における仲裁の利用可能性を増すことになると考えられる。ただし，実際に仲裁法改正案では，緊急仲裁人の性質や権限に関する具体的な規定はなされておらず，判然としないことが多い。また，中国がこのような規定を設けたところ，では外国の仲裁機関が外国において暫定措置を講じる決定をし，この執行を中国の法院に求めた場合に，仲裁法改正案第49条の規定が適用されるのかについては規定が存在しない。

　実務上の問題として，以下の3点を指摘できよう。

　第一に，一般的な暫定措置発令の実質的要件として挙げられているそれぞれの問題，①請求が認容される合理的な可能性，②緊急性，③回復不能な損害が生じるリスク，④紛争悪化リスク，⑤当事者間の比較衡量，といったそれぞれの判断基準が示されているわけではない。結局は，仲裁廷及び緊急仲裁人の裁量に委ねられることになる。

　第二に，仲裁廷・緊急仲裁人と人民法院との間の関係についても整理が必要になる。人民法院は，司法審査制度により仲裁を支援し，監督するが，ここでは，一般的な暫定措置発令の実質的要件の1つである仲裁機関の管轄権，仲裁合意の有効性についての審査も重要な論点となる。また，民事訴訟法（2021年）第84条及び第103条には，仲裁廷成立前，訴訟前の一時的救済措置として，それぞれ証拠保全，財産保全に関する規定がある。当事者は，仲裁廷による暫定措置申立てと人民法院に対する保全請求のいずれを選択するのが有効かを考えなければならない。このとき，仲裁法改正案における暫定措置制度では，結局のところ人民法院に執行するか否かの

判断権があるので，暫定措置が形骸化することにもなりかねない。

　第三に，上記の問題との関連で緊急仲裁人の効率・緊急性が発揮されないのではないかということがある。人民法院が，暫定措置執行の申立てを受理した場合に，暫定措置決定に対する介入があるとすれば，仲裁の優位性がなくなる。

　以上の問題が指摘できるが，暫定措置発令の有効性について，高楊氏は，以下のような見解を述べている[38]。

　　現在，人民法院による執行は困難であり，仲裁暫定措置の有効性を不完全なものにしているが，仲裁廷又は緊急仲裁人からの暫定的救済は決して役に立たないわけではない。実際に相手方当事者が自発的に遵守する可能性があり，仲裁の暫定措置は依然として申立人に効果的な法的救済を提供する可能性がある。自発的履行がなされるのは，相手方が実質的な問題が裁判に影響を与えることへの懸念，すなわち正当な理由なく暫定措置の履行を拒否することは，仲裁廷の最終判断に悪い印象を与えるのではないかという懸念があると考えられることである。非公式な手段を通じて，仲裁廷又は緊急仲裁人は，暫定措置の履行を遵守しない相手方当事者に一種の「ソフト制裁」を課すことになり，暫定措置を自発的に履行するよう促すことができる。

　実際問題としては，今後の運用を待たなければわからないということになろう。改正案は，原則のみを定めているので，緊急仲裁人の手続要件や実質的な審査基準については規定しておらず，各仲裁機関が仲裁規則において具体化する必要がある。今後生じるであろう事件を研究すること，また，各仲裁機関による規定の制定を待ち，更なる検討をしたいと考える。

---

38) 前掲注7) 高楊，107頁。

追補：
　2024年11月4日に公表された改正案において，仲裁地に関する規定として，第78条及び第79条の2条を新たに設けたとの説明がなされている。それぞれ，以下のとおりである。

　第78条　当事者は，書面により仲裁地を約定することができ，仲裁手続の適用法及び司法管轄法院の確定の根拠とする。仲裁判断は，仲裁地により示されたものとみなす。
　2　当事者に約定がないか，又は約定が不明確な場合には，仲裁規則が規定する地を仲裁地とする。仲裁規則に規定がない場合には，仲裁廷が紛争解決の便宜の原則により仲裁地を決定する。
　第79条　渉外海事において生じた紛争，又は国務院の認可を得て設立した自由貿易試験区内に設立登記した企業間に生じた渉外的要素のある紛争で，当事者が書面により仲裁を約定したものは，仲裁委員会で行うことを選択することができ，また中華人民共和国国内の約定した地点で，この法律第20条の規定する要件の人員で仲裁廷を組織し，約定した仲裁規則により行うこともできる。当該仲裁廷は組織をしたのち3業務日内に当事者の名称，約定地，仲裁廷の組織状況，仲裁規則を仲裁協会に届け出る。

〈参考資料〉
仲裁法改正案：第4章第3節「暫定措置」
第43条　仲裁手続開始前，又は進行中において，当事者は仲裁手続の継続，係争事実の解明，又は判断の執行のため，紛争の対象について暫定的，緊急的措置を講ずることを人民法院又は仲裁廷に申し立てることができる。
2　暫定措置とは財産保全，証拠保全，行為保全及び仲裁廷が必要と認めるその他の一時的措置である。
第44条　一方の当事者は，他方の当事者の行為，又はその他の原因により，判断の執行が不能又は困難になり，若しくは自らにその他の損害を与え

る恐れがある場合には，財産保全及び行為保全を申し立てることができる。

第45条　証拠が滅失し，又は後からでは取得が困難になる恐れがある場合には，当事者は証拠保全を申し立てることができる。

第46条　人民法院に保全措置を申し立てる場合には，人民法院は，関連の法律法規に従い，速やかに保全措置を講じなければならない。

2　仲裁廷に保全措置を申し立てる場合には，仲裁廷は速やかに判断を示し，かつ当事者に対して担保を提供すべきことを命ずる。保全措置を講ずる旨の判断が仲裁廷又は当事者経由で人民法院に提出された後，人民法院は関連の法律規定に従い，速やかに執行しなければならない。

3　申立てに誤りがある場合には，申立人は被申立人がかかる誤りにより被った損失を賠償しなければならない。

第47条　仲裁手続開始前に当事者が保全措置を申し立てる場合には，関連の法律規定に従い，直接人民法院に申し立てる。

2　仲裁手続開始後に当事者が保全措置を申し立てる場合には，保全対象の財産所在地，証拠所在地，行為履行地，被申立人所在地又は仲裁地の人民法院に申し立てることができる。かかる申立ては仲裁廷に対してもすることができる。

第48条　当事者がその他の暫定措置を申し立てる場合には，仲裁廷はかかる措置を講ずる際の必要性及び実行可能性を総合して速やかに判断を示さなければならない。

2　前項の暫定措置が講じられた後，一方の申立てにより，かつ仲裁廷が必要と認める場合には，かかる措置を変更，中断又は解除することができる。

3　人民法院の協力が必要の場合には，当事者は人民法院に執行の協力を申し立てることができる。人民法院が協力可能と認める場合には，関連の法律規定に従い執行する。

第49条　暫定措置に中国外の執行が必要の場合には，当事者は直接管轄権のある中国外の裁判所に執行を申し立てることができる。

2　仲裁廷が構成される前に当事者が緊急仲裁人を指定し暫定措置を申し

立てる必要のある場合には，仲裁規則に従い，仲裁機関に緊急仲裁人の指定を申し立てることができる。緊急仲裁人の権限は仲裁廷が構成されるまでとする。

(筆者仮訳)

中国国際経済貿易仲裁委員会（CIETAC）緊急仲裁人手続
第1条　緊急仲裁人手続の申立て
1．当事者が緊急の暫定的救済を必要とする場合には，準拠法又は当事者の合意に従って，緊急仲裁手続を申し立てることができる。
2．緊急仲裁人手続を申し立てる者（以下，「申立人」という）は，仲裁廷が構成される前に，事件を管轄する仲裁委員会仲裁院又は支局／仲裁センター仲裁院に緊急仲裁人手続申立書を提出しなければならない。
3．緊急仲裁人手続の申立書には，以下の内容が含まれなければならない。
　（1）関係当事者の名称及び基本情報。
　（2）申立ての基礎となる紛争及び緊急暫定救済を申し立てる理由。
　（3）申し立てた緊急暫定救済措置及び緊急救済を受ける権利の理由。
　（4）緊急暫定救済の申立てに必要なその他情報。
　（5）緊急仲裁手続の準拠法及び言語に関する意見。申立人は，申立書を提出するときに，根拠となる証拠及び仲裁合意書，紛争の元となった有効な契約書その他の証明資料を添付しなければならない。申立書及び証拠資料は，一式3通とし，多数当事者の事件では部数を増やさなければならない。
4．申立人は，事前に緊急仲裁人手続費用を納付しなければならない。
5．当事者が仲裁言語について約定している場合には，緊急仲裁人手続の言語は，当事者が約定した仲裁言語とする。当事者が約定をしていない場合には，仲裁委員会仲裁院が，適用する手続言語を決定する。
第2条　申立ての受理及び緊急仲裁人の選任
1．仲裁委員会仲裁院は，申立人が提出した申立書に基づき，仲裁合意及び証拠資料を予備審査した後，緊急仲裁人手続を適用するか否かを決定する。緊急仲裁人の手続を適用することが決定された場合には，仲裁委

員会仲裁院院長は，申立書及び申立人が予納した緊急仲裁人手続費用を受領した日から1日以内に緊急仲裁人を選任するものとする。
2．仲裁委員会仲裁院院長が緊急仲裁人を選任した後，仲裁委員会仲裁院は，直ちに受理通知及び申立人の申立書類一式を，選任された緊急仲裁人及び緊急暫定措置の被申立人に交付しなければならず，かつ，受理通知の写しを各当事者及び仲裁委員会主任に送付する。

第3条 緊急仲裁人の開示と忌避
1．緊急仲裁人はいずれの当事者も代表せず，すべての当事者から独立し，すべての当事者を平等に扱う。
2．緊急仲裁人は，任命を受諾する際に声明書に署名し，仲裁委員会仲裁院に対して，その公平性及び独立性について合理的な疑いを生じさせる可能性のある事実又は事情について開示する。緊急仲裁人手続中に開示されるべきその他の事情が生じた場合には，緊急仲裁人は直ちにこれを書面で開示しなければならない。
3．緊急仲裁人の声明書及び／又は開示された情報は，仲裁委員会仲裁院が各当事者に移送する。
4．当事者は，緊急仲裁人の声明書及び／又は書面による開示を受領した後，緊急仲裁人が開示した事実又は事情により仲裁人の忌避を請求する場合には，緊急仲裁人の書面による開示を受領した後2日以内に書面で提出しなければならない。期限内に忌避を申し立てないときには，緊急仲裁人が開示した事実を理由として忌避申立てをすることはできない。
5．当事者は，任命された緊急仲裁人の公平性及び独立性について合理的な疑いがある場合には，緊急仲裁人の忌避を書面により申し立てることができる。ただし，忌避申立ての根拠となる具体的な事実及び理由を述べ，かつ証拠を提出しなければならない。
6．緊急仲裁人の忌避申立は，受理通知を受領した後2日以内に書面により提出しなければならない。その後に忌避理由が判明した場合には，その理由を知った日から2日以内に提出することができる。ただし，仲裁廷が構成されるまででなければならない。
7．緊急仲裁人を忌避するか否かは，仲裁委員会仲裁院院長が決定する。

緊急仲裁人の忌避が決定された場合には，仲裁委員会仲裁院院長は，忌避決定後1日以内に改めて緊急仲裁人を任命し，かつ決定の写しを仲裁委員会主任に送付する。緊急仲裁人を忌避するか否かを決定する前において，忌避申立をされた緊急仲裁人は引き続きその職務を遂行するものとする。開示及び忌避手続は，新たに選任された緊急仲裁人にも適用される。
8．当事者に別段の約定がある場合を除いて，緊急仲裁人は，関係事件の仲裁廷の構成員として選任され，又は指名を受けてはならない。
第4条　緊急仲裁手続の場所は，当事者が別途約定した場合を除いて，事件の仲裁地を緊急仲裁手続の場所とする。事件の仲裁地の決定は，本仲裁規則第7条の規定を適用する。
第5条　緊急仲裁人手続
1．緊急仲裁人は，任命された後2日以内に緊急仲裁人手続事項の策定に努めなければならない。緊急仲裁人は，暫定措置の類型及び緊急性を考慮し，合理的方式で関連手続を実施し，かつ，関連当事者に合理的な弁明の機会を与えなければならない。
2．緊急仲裁人は，暫定措置を申し立てる当事者に対し，暫定措置の前提条件として適切な担保を提供するよう請求することができる。
3．緊急仲裁人の権限及び緊急仲裁人手続は，仲裁廷が構成された日に終了する。
4．緊急仲裁人手続は，当事者が準拠法に従って管轄法院に暫定措置を請求する権利に影響を与えることはない。
第6条　緊急仲裁人の決定
1．緊急仲裁人は，必要な暫定措置決定を下す権限を有し，かつ，下された決定が適法かつ有効であることを保証するために合理的努力をしなければならない。
2．緊急仲裁人の決定は，緊急仲裁人として任命された後15日以内に行わなければならない。緊急仲裁人が決定を下す期限の延長を請求した場合には，仲裁委員会仲裁院院長は，合理的であると判断したときにのみ承認する。

3．緊急仲裁人の決定には，暫定措置の理由を記載し，緊急仲裁人が署名し，仲裁委員会仲裁院又は支局／仲裁センター仲裁院の押印がなければならない。
4．緊急仲裁人の決定は，当事者双方を拘束する。当事者は，執行地国又は地域の関連法規に従って，管轄法院に強制執行を申し立てることができる。当事者の請求及び理由の説明により，緊急仲裁人又は構成された仲裁廷は，緊急仲裁人の決定を修正，一時停止，又は終了する権利を有する。
5．緊急仲裁人は，暫定措置を講じる必要がないか，又は暫定措置を諸般の事由により講じることができないと認める場合には，申立人の申立てを棄却し，緊急仲裁手続を終了することができる。
6．緊急仲裁人の決定は，以下の事由がある場合には，その効力を失う。
（1）緊急仲裁人又は仲裁廷が，緊急仲裁人の決定を終止したとき。
（2）仲裁委員会仲裁院院長が，緊急仲裁人の忌避を決定したとき。
（3）仲裁廷が，最終的判断を下したとき。ただし，緊急仲裁人の決定が引き続き有効であると認める場合を除く。
（4）申立人が判断が示される前にすべての仲裁請求を取り下げたとき。
（5）緊急仲裁人の決定後90日以内に仲裁廷が構成されないとき。この期限は，当事者の合意によって延長することができ，仲裁委員会仲裁院も適切と認める状況下で期限を延長することができる。
（6）仲裁廷が構成された後，仲裁手続が60日間中断されたとき。

第7条　緊急仲裁手続の費用
1．申立人は，緊急仲裁人手続費用30,000人民元を予納しなければならず，当該費用には緊急仲裁人の報酬及び仲裁委員会の管理費が含まれる。仲裁委員会仲裁院は，申立人にその他の追加的合理的な実費の予納を請求する権利を有する。当事者は，仲裁委員会香港仲裁センター（訳註：CIETACが香港に設立した支局）に暫定措置を申し立てる場合には，中国国際経済貿易仲裁委員会仲裁費用表（3）（仲裁規則付属文書2）の規定に従って緊急仲裁手続費用を予納する。
2．各当事者が負担する緊急仲裁人手続費用の割合は，緊急仲裁人が決定

する。ただし,仲裁廷が一方の当事者の請求により費用分担を決める最終判断には影響しない。
3．緊急仲裁人手続が判断が示される前に終了した場合には,仲裁委員会仲裁院は,申立人に還付する緊急仲裁人手続費用の額を決定する権利を有する。

第8条　その他
　　仲裁委員会は,この緊急仲裁人手続について解釈する権利を有する。
（筆者仮訳）

（初出：梶田幸雄「中国国際商事仲裁における暫定措置」（法学新報　第130巻第3・4号，1-31頁）を一部加筆修正した。）

第4章

中国国際商事仲裁における並行的手続と訴訟差止命令

I　はじめに

　国際取引契約において，紛争発生時の解決法として広く国際商事仲裁が選択されている。そして，国際取引の当事者間で仲裁合意があると，関連の紛争が生じたときには裁判所の管轄権が排除される。このように言えるのは，国際条約や各国の仲裁法において，このことが規定されているからである。国際条約では，「外国仲裁判断の承認及び執行に関する条約」（以下，「ニューヨーク条約」という）がある。同条約は，加盟国に外国仲裁判断を執行することを主たる目的とするものであるが，同条約第2条第3項は，「当事者がこの条にいう合意をした事項について訴えが提起されたときは，締約国の裁判所は，その合意が無効であるか，失効しているか，又は履行不能であると認める場合を除き，当事者の一方の請求により，仲裁に付託すべきことを当事者に命じなければならない。」と規定し，仲裁合意の履行を保障している。各国仲裁法では，例えば，日本仲裁法第14条は，「仲裁合意の対象となる民事上の紛争について訴えが提起されたときは，受訴裁判所は，被告の申立てにより，訴えを却下しなければならない。」と規定している。中国仲裁法第5条は「当事者が仲裁合意に至り，一方が人民法院に訴えを提起した場合，人民法院はこれを受理しない。ただし，仲裁合意が無効のときを除く。」と規定している。そうであれば，仲裁合意の存在により，国際商事仲裁と国際民商事訴訟との間に原則として並行的手続は存在しないことになると思われる。ところが，現実には少なからず国際商事仲裁と国際民商事訴訟の並行的手続が存在する。

　並行的手続が行われることは，国際商事仲裁制度の優位性・利便性を阻害し，紛争の解決を遅らせ，訴訟経済という側面からは，時間，コストの浪費にもつながる[1]。それにもかかわらず，なぜ国際商事仲裁と国際民商事訴訟の並行的手続が存在するのか。並行的手続を許容することに問題はないのか。並行的手続を回避する手段はあるのか。国際取引から生じた紛

---

1) Nadja Erk, Parallel proceedings in international arbitration: a comparative European perspective, Kluwer Law International, 2014, p.1.

争の解決法として，企業に仲裁を推奨する上で，こうした問題を検討する実務的意味があるであろう。

並行的手続を回避する手段の1つとして，英米法を中心に一部の国で訴訟差止命令（Anti-suit Injunction）制度が存在する。中国にもこれに類似した制度が特許法，海事訴訟手続法においてあるところ，さらに仲裁法改正により国際商事仲裁においても当該制度を立法化しようとする動きがある。

そこで，本章では，並行的手続と訴訟差止命令について，それぞれがどのような関係に立ち，各制度は実務上どのように機能しているのかを主に検討する。並行的手続と訴訟差止命令の問題の検討に際して，第一に，中国における並行的手続及び訴訟差止命令のそれぞれについて，（1）その概念と存在理由，（2）中国法における法整備の現状を考察し，（3）並行的手続及び訴訟差止命令に関する事例を検討し，（4）以上の検討から導かれる並行的手続及び訴訟差止命令に関する課題について述べ，さらに，並行的手続を回避する手段として，訴訟禁止令は有効たり得るのか，その展望について考えてみたい。

以上は，主に中国に関する研究を主体とするが，このことを検討することにより，中国法の今後の動向を予測するのみならず，日本においても議論されている問題であるところ，日本法整備という側面でも何らかの示唆が得られるものと考える。

Ⅱ　並行的手続

1　意義と法制の現状

国際商事仲裁における並行的手続について，明確な定義はないが，一般に仲裁機関において仲裁手続が行われていると同時に，裁判所において訴訟手続が行われていることをいう。国際法協会（ILA）は，2006年のLis Pendens and Arbitrationに関する最終報告書の中で，「並行的手続とは，現仲裁廷で争われている仲裁と当事者及び1又は複数の問題について，同一又は実質的に同一の手続が，国内裁判所又は別の仲裁廷で争われること

をいう。」と定義している[2]。

　並行的手続はなぜ存在するのか。指摘される問題として，ニューヨーク条約の不明確さということがある[3]。ニューヨーク条約第2条第3項は，前述のとおり，裁判所は仲裁合意に基づき，紛争を仲裁に付託すべきことを命じなければならないと規定している。ところが，ニューヨーク条約は，有効な仲裁合意の要件については何も規定していない。したがって，この規定によれば，裁判所が仲裁付託を当事者に命じるのは，仲裁合意が無効，失効，又は履行不能であると判断しないという要件が満たされる場合ということになる。そして，この要件に該当するか否かは，裁判所が判断する。すなわち，裁判所が仲裁合意の有効性について実質的審査を行うということになる。このとき，仲裁廷は管轄権の問題において絶対的な優先権を有していない。ニューヨーク条約で有効な仲裁合意の要件の規定がないところ，仲裁合意の有効性要件は国によって異なっている。したがって，一般に仲裁申立を受理する仲裁廷及び仲裁人の実務的観点からすると，各国の仲裁法には，仲裁廷及び仲裁人が仲裁申立に関する管轄権，又は管轄に対する異議申立に対して裁定を下す基準ないし指針が十分ではないということが言えそうである。

　日本国際商事仲裁協会は，仲裁条項として，「この契約から又はこの契約に関連して生ずることがあるすべての紛争，論争又は意見の相違は，一般社団法人日本商事仲裁協会の商事仲裁規則に従って仲裁により最終的に解決されるものとする。仲裁地は東京（日本）とする。」と書くことを推奨している。そして，「仲裁条項の内容が不明瞭であると，契約違反の有無だけではなく，仲裁条項の不備までもが紛争の原因となる可能性があります。」と述べている[4]。仲裁と訴訟の並行的手続が生じるゆえんである。中国は，仲裁法第16条後段で仲裁合意の内容には，（1）仲裁申立の意思表示，（2）仲裁事項，（3）選定した仲裁委員会について記載しなければ

---

2 ）Nadja Erk, *See supra* note 1, p.16.
3 ）Nadja Erk, *See supra* note 1, p.127.
4 ）https://www.jcaa.or.jp/arbitration/clause.html（2023年8月31日最終閲覧）。

ならないと記載事項に関する要件を規定している。そして、仲裁法第17条に規定される仲裁合意無効の要件、すなわち、（1）仲裁事項が法律の規定する仲裁範囲を超えているとき、（2）無能力者又は制限行為能力者が仲裁合意を締結したとき、（3）一方が強迫により仲裁合意の締結を強制されたとき、の3つの要件を裁判所が判断する。さらに、第18条は、「仲裁合意に仲裁事項若しくは仲裁委員会の選定に関する約束がない場合、又は不明確な場合は、当事者が合意を補充することができる。補充合意が成立しない場合、仲裁合意は無効とする。」と規定している[5]。また、仲裁法第20条は、当事者は、仲裁合意の効力に異議がある場合には、仲裁委員会又は人民法院に裁定を求めることができ、一方の当事者が仲裁委員会に請求をし、もう一方の当事者が裁判所に裁定を請求したときには、裁判所が裁定をするものとすると規定している。この規定によれば、仲裁委員会よりも裁判所の裁定が優先するということになる。中国仲裁法において並行的手続が存在し得る問題は、上述の仲裁法の規定により、仲裁合意の効力を法院が判断することにある。このことは、最高人民法院による「仲裁合意の効力を確認する幾つかの問題に関する回答」[6]においても明確に確認されている。この回答第3条は、人民法院が仲裁合意の効力についての異議申立を受理する前に仲裁機関が仲裁合意の効力について決定をしていないときには、人民法院がこれを受理し、同時に仲裁機関に仲裁の終止を通知すると規定している。仲裁法第26条においても「当事者が仲裁合意を

5）仲裁法改正案では、第35条第3項において「仲裁合意の仲裁機関の約定が不明確である場合において、適用する仲裁規則の約定があり、仲裁機関を確定することができるときには、当該仲裁機関が受理する。仲裁規則の約定もない場合には、当事者が補充合意をすることができる。補充合意もないときには、最初に申立てがなされた仲裁機関が受理する。」とし、さらに第4項で「仲裁合意に仲裁機関の約定がなく、当事者の補充合意も調わない場合には、当事者は共通の住所地の仲裁機関に仲裁を申し立てることができる。当事者に共通の住所地がない場合には、当事者の住所地以外の最初に申立てがなされた第三地の仲裁機関が受理する。」と規定している。このように中国は、仲裁法改正により、仲裁合意書に仲裁機関を明示する義務を撤廃しようとしている。

6）最高人民法院の「関于確認仲裁協議効力几个問題的批復」（1998年）、https://cicc.court.gov.cn/html/1/218/62/84/671.html（2024年12月31日最終閲覧）。

達成し,一方が人民法院に仲裁合意のあること宣明せずに提訴し,人民法院が受理した後,他の一方が最初の開廷前に仲裁合意を提出したときは,人民法院は,訴えを却下しなければならない。ただし,仲裁合意が無効である場合を除く。他の一方が最初の開廷前に人民法院に当該事件の受理に対する異議を申し立てなかった場合には,仲裁合意を放棄したものとみなし,人民法院は,継続して審理する。」と同様の規定を置いている。そこで,仲裁廷による仲裁合意の有効性の判断権限を強化し,裁判所は仲裁合意の有効性確認訴訟が提起された場合には,仲裁法第17条の要件審査をするのではなく,単に第16条に規定する仲裁合意の有無のみを審査するようにすべきであるという指摘がなされている[7]。しかし,現在,中国で仲裁法改正案が審議されているところであるが[8],改正案においても上述の規定についての変更は予定されていない。

また,一部の仲裁機関の仲裁規則のみが,並行的手続の除外を規定しているのみであるという問題もある。例えば,ロンドン国際仲裁裁判所(LCIA)仲裁規則第23.4条は,「仲裁廷は,状況に応じて適切であると判断した場合,管轄権若しくは権限に関する裁定において,又はその後の実体問題に関する裁定において,その管轄権若しくは権限に対する異議について裁定することができる。」と規定している。しかし,日本も中国も並行的手続の除外規定は存在しない。

以上のとおりであるので,ニューヨーク条約は,仲裁と訴訟の並行的手続を完全に排除するものとはなっていない。このときに仲裁機関と裁判所が同一の紛争を受理するという並行的手続が生じることになる。

---

7) 涂広建「論国際民商事仲裁与訴訟的平行程序」南大法学,2021年第4期(総第8期),29頁。
8) 関于《中華人民共和国仲裁法(修訂)(徴求意見稿)》的説明,https://m.thepaper.cn/newsDetail_forward_29326972(2024年12月31日最終閲覧)。仲裁法改正の動向については,梶田幸雄「中国仲裁法改正の動向と実務への影響」法学新報,第130巻第1・2号,1-38頁。

2　実務の動向——並行的手続の事例

法制度の現状は，上述のとおりであるが，実務においてはどのように処理されているのであろうか。次にこの点を見てみたい。

（1）恒光公司 v. 超級汽車公司事件[9]

恒光公司 v. 超級汽車公司事件は，恒光公司（香港法人。訴訟の一審被告，仲裁申立人）が2010年3月に香港国際仲裁センターに仲裁申立をする一方，超級汽車公司（中国法人（但し，バージン諸島に登記）。訴訟の一審原告，仲裁被申立人）が，同年4月に広東省高級人民法院（以下，「広東高級法院」という）に訴訟を提起したという事件である。恒光有限公司は，超汽車投資有限公司ほか香港のコンサルティング会社と株式譲受契約履行をめぐり紛争になり，広東高級法院で争い，（2010）粤高法民四初字第1号民事判決を得ていたが，これを不服として，中国最高人民法院に控訴した。この事件の過程で，恒光有限公司は，香港国際仲裁センターに仲裁申立をした。仲裁廷は，2011年4月から2014年12月までの間に3回の判断を示し，恒光公司の請求内容を支持する判断を示した[10]。その後，恒光公司は香港高等法院に仲裁判断の執行を申し立て，2015年6月に執行認容判決を得た。一方，この仲裁と同時並行的に広東高級法院における訴訟手続も継続されていた。2011年5月に恒光公司は，香港で仲裁手続が進められていることを理由に広東高級法院に審理の中止を申し立てたが，仲裁条項に基づく法院の管轄権に対する異議は申し立てていなかったので[11]，広東高級

9）「恒光有限公司，超級汽車投資有限公司股権転譲糾紛二審民事判決書」，最高人民法院（2013）民四終字第3号（https://cicc.court.gov.cn/html/1/218/347/329/333/1499.html，2024年6月9日最終閲覧）。

10）仲裁廷は，2011年4月14日に最初の仲裁判断を示し，仲裁廷が本件に対する管轄権を有することを確認し，超級汽車有限公司の管轄権に対する異議申立てを却下した。次いで，2014年1月25日には第2回仲裁判断を示し，恒光公司の請求を認容し，当事者間の契約の有効性を認め，超級汽車有限公司の抗弁を退けた。さらに，2014年12月16日に第3回仲裁判断を示し，超級汽車公司他被申立人は引き続き契約を履行すべきであるとの判断を示した。

法院は，恒光公司の審理中止申立を承認しなかった。広東高級法院は，2012年8月28日に判決を下したが，この内容は香港仲裁判断の内容と完全に相反するものであった。そこで，恒光公司は控訴した。最高人民法院は，2018年8月に一審判決を覆し，香港の仲裁判断と同様の最終判決を下した。最高人民法院は，この判決において国内訴訟と海外仲裁の並行的手続問題については，「渉外及び香港が関わる民商事訴訟から生じた並行的紛争解決の現象であり，国内法院が法により管轄権を行使することは，域外の判断がすでに国内の法院で承認・執行されている場合を除いて，当事者の域外紛争解決手続の影響を受けることはない。」と指摘した。最終判決の内容は，仲裁判断と同じであったが，注目すべき点は，恒光公司が海外での手続が行われていることを理由に中止を申し立てたために，広東高級法院及び最高人民法院は，仲裁合意の有効性について審査をすることはなく，香港の仲裁手続の存在を知りながら実体問題について審理をしたということである。このことは，仲裁判断を承認したということではなく，あくまで法院が独自に認定して判決を下したということである。すなわち，一審法院が訴訟手続の中止に同意しなかったことも正しいと認定されたということである。

（2）泰州浩普公司 v. Swiss Wicor Holding Company 事件[12]

　泰州浩普公司（中国法人。原告）と Swiss Wicor Holding Company（ス

---

11) この表現からすれば，管轄権の異議申立をすれば，これが受理された可能性があるということになるのであろうか。
12) Wicor Holding AG，泰州浩普投資有限公司等申請承認与執行法院判決，仲裁裁決案件，仲裁程序案件民事裁定書，江蘇省泰州市中級人民法院（2015）泰中商仲審字第00004号（https://www.lexology.com/library/detail.aspx?g=ce814566-edd0-4ac1-9da9-d1fc84fc9823，及び，https://jusmundi.com/en/document/decision/zh-wicor-holding-a-g-v-taizhou-hope-investment-co-ltd-tai-zhong-shang-zhong-shen-zi-di-00004hao-thursday-2nd-june-2016，2023年6月18日最終閲覧），また，「最高人民法院関于不予執行国際商会仲裁院第18295/CYK 号仲裁裁決一案請示的復函」，最高人民法院（2016）最高法民他8号民事判決書（https://m.055110.com/law/1/13388.html，2023年9月14日最終閲覧）。

イス法人。被告。以下,「Wicor」という)は,合弁契約において紛争解決条項が約定したが,同条項には単に ICC 仲裁調停規則に従って解決するとのみ記載され,仲裁機関は明示的に合意されていなかった。2011年5月20日,泰州浩普公司は泰州市中級人民法院に契約不履行に対する損害賠償請求の訴えを提起した。一方,Wicor は,有効な仲裁合意が存在するという理由で法院の管轄権に異議を申し立てた。これに対して,泰州市中級人民法院及び江蘇省高級人民法院は,いずれも仲裁合意の無効を認定し,最高人民法院に上申した[13]。これを受けて,2012年3月30日に最高人民法院は,仲裁合意には仲裁機関が指定されていないという理由で仲裁合意は無効であると裁定した。中国で訴訟が行われる一方,ICC 仲裁裁判所は,2011年11月4日に Weick Company による仲裁申立を受理し,仲裁合意は有効であるとした。そして,ICC 香港事務所(アジア事務所)は,2012年1月12日に本件の仲裁地を香港と決定し,2014年7月18日及び11月27日に泰州浩普公司に給付義務を課す2件の仲裁判断を示した。Wicor は,泰州市中級人民法院に ICC 仲裁裁判所の仲裁判断の承認・執行申立てをしたが,同法院は,2件の仲裁判断は,2012年12月11日に江蘇省高級人民法院が下した仲裁合意の無効裁定と相反し,仲裁判断を承認・執行することは公序に反するという理由で執行を拒否した[14]。

(3) 並行的手続事例の評価

涂広建教授は,上記の事件から中国法院の海外仲裁と国内訴訟の並行的

---

13) 最高人民法院は地方人民法院が外国仲裁判断の承認・執行拒否をする場合に最高人民法院に事前報告(上申)をし,最高人民法院の同意がなければ承認・執行拒否裁定を認めないという制度をとっている。この報告制度は,最高人民法院の「人民法院の渉外仲裁及び外国仲裁事項にかかわる問題の処理に関する通知」(1995年8月28日,法発[1995]18号)による。
14) 例えば,スイス魏克持株有限公司 v. 泰州浩普投資有限公司事件でも,仲裁と訴訟の競合があった。先に法院に対する訴えがあり,裁定も法院の方が先に示していることから,仲裁判断の承認・執行の申立ては,公序に反するという裁定が最高人民法院によって示された(梶田幸雄『中国における国際取引紛争解決法』日本評論社,2022年,221-223頁)。

手続に対する基本的な姿勢について，以下の3点を指摘している[15]。

　第一に，中国法院は，国内訴訟と国外仲裁が同時に行われることを許容している。最高人民法院は，恒光公司事件において海外仲裁手続が国内訴訟手続の継続に影響を与えないという基本的立場を明確にしている。最高人民法院の「中国民事訴訟法の適用に関する解釈」[16]第531条第1項は，中国法院及び外国裁判所が共に管轄権を有し，一方が外国裁判所に提訴し，もう一方が人民法院に提訴した場合，人民法院はこれを受理するとし，さらに，中国法院による判決が下された後に，外国裁判所又は当事者が人民法院に対して外国裁判所の判決，裁定の承認及び執行を申し立てた場合には，これを認めないと規定していることもその根拠と言えるだろう。

　第二に，中国法院は，仲裁管轄の問題に関する仲裁地裁判所の優先権を認めていない。上述の事例において，現地の裁判所が国外の仲裁判断又は管轄権決定を認めたとしても（執行の取消及び拒否を含む），中国法院は，これだけで仲裁廷の管轄権を直接承認することはなく，仲裁管轄権の問題を独立して判断し，最終的に仲裁管轄権が有効か否か，及び仲裁判断が中国本土で承認・執行を認容するか否かを決定する。

　第三に，中国法院は，仲裁管轄権について，外国の仲裁廷の優先性を認めていない。海外における仲裁手続がすでに開始されているか否かにかかわらず，中国法院は，仲裁合意の有効性を含む管轄権の問題を独自に審理し，裁定する権利を有するとしている。この原則は，（1）仲裁合意の有効性の問題が実体問題を訴訟によって解決するための先決問題である場合（泰州浩普公司 v. Swiss Wicor Holding Company 事件）や，（2）仲裁合意の有効性について単独で確認する訴訟（例えば中軽三聯 v. Tata Co. 事件[17]）においても体現されている。

---

15) 涂，前掲注7），31-32頁。
16) この解釈は，2022年改正のものであるが，改正前にも同様の規定がある。http://www.ssf.gov.cn/portal/rootfiles/2022/05/31/1655612237313322-1655612237326712.pdf

3　課題の存在

　上記のような事例があるところ，並行的手続には，実務上，どのような問題が存在するだろうか。

　仲裁と訴訟が並行的に行われることに関しては，以下の問題点を指摘できよう。第一に，国際商事仲裁制度の優位性・利便性を阻害し，紛争の解決を遅らせる。このことは，訴訟経済という側面からは，時間，コストの浪費にもつながるものである。第二に，仲裁と訴訟の並行的手続が行われることは，仲裁と訴訟で異なる判断・判決が示されることにもなり，当事者をして困惑させることになる。フォーラムショッピングという問題も発生することになるかも知れない。第三に，並行的手続は，国際司法援助，特に仲裁判断の承認と執行に困難をもたらす。同一問題について自国で判決を言い渡した裁判所が，他国で行われた仲裁判断を承認・執行するとは考えにくいのが現状である。

　並行的手続は，仲裁合意の履行を強く妨げようとする手段であるから，容易に認められるべきではない[18]。この場合，現時点において並行的手続を禁止する規定がないところ，これを回避する手段はあるだろうか。並行的手続を解決するための手段として機能しているものに，訴訟差止命令がある。以下，訴訟差止命令について検討する。

---

17)「中軽三聯国際貿易有限公司申請確認仲裁協議効力民事裁定書」北京市第四中級人民法院（2017）京04民特26号。中軽三聯は，天津麦哲思国際貿易有限公司の委託を受けて臭化ナトリウムを Tata Co. に輸出することを約し，中軽三聯と Tata Co. のとの間で輸出入契約を交わし，紛争発生時には仲裁により解決する合意がなされたが，契約の履行の過程で紛争が生じ，Tata Co. が SIAC に仲裁を申し立て，これに対して，中軽三聯は，自らは本件契約の代理人にすぎず，当事者ではなく，また，仲裁合意には瑕疵があるので無効であると主張して，北京法院に仲裁合意無効の申立てをしたものである。この事件は，主に渉外仲裁合意の有効性を判断する準拠法の選択について争われた。この事件の詳細については，第2章を参照。

18) Nadja Erk, *See supra* note 1, p.137.

III 訴訟差止命令（Anti-suit Injunction）

1 意義

訴訟差止命令（中国語では「禁訴令」という）とは，主に英米法の制度であり，裁判所又は仲裁廷が当事者に別途訴訟を提起することを禁止する命令を発することをいう。

裁判所による訴訟差止命令は，もともとは英国で国内の並行訴訟を解決するための手段であった[19]。かつてはコモンロー特有の制度として認識されていたが，近年では訴訟又は仲裁の差止命令が広範囲に発令されるようになっている[20]。英国における訴訟差止命令は，英国以外の他の国の裁判所に訴訟を提起し，又は訴訟を開始しようとしている訴訟当事者を直接対象とし，当該当事者が外国の裁判所で訴訟を開始又は継続することを禁止するものである。英国裁判所は，仲裁地が英国ではない場合においても訴訟差止命令を発令できるとしている[21]。一方，中国においては，訴訟差止命令は，民事訴訟法上の規定としては存在しない。遠藤誠弁護士は，中国の「禁訴令」は，従前から民事訴訟法100条（改正民訴法103条）・101条（改正民訴法104条）に規定されている「行為保全」（日本法でいう仮処分）の一適用例にすぎないと指摘している[22]。

---

19) イギリスの裁判実務においては仲裁合意を貫徹させるために訴訟差止命令が有効な手段であったことは，仲裁判断と国家裁判所の判決の衝突を減少させることによって法的安定性が促進されること，さらに仲裁合意のための訴訟差止命令を他の締約国が許容することによって，EUの仲裁地としての国際的競争力が向上することが，その理由として挙げられている（安達栄司「仲裁合意を貫徹するための訴訟差止命令の可否」国際商事法務，Vol.37, No.9（2009），1257頁。
20) MATTHIAS SCHERER & WERNER JAHNEL "ANTI-SUIT AND ANTI-ARBITRATION INJUNCTIONS IN INTERNATIONAL ARBITRATION: A SWISS PERSPECTIVE", International Arbitration Law Review Vol.12 Issue4, 2009, p.6.
21) Olivier Luc Mosimann, "Anti-Suit Injunctions in International Commercial Arbitration" Eleven International Publishing, 2010 p.25.
22) 遠藤誠「中国における「禁訴令」（Anti-suit Injunction）について」特許ニュース，No. 15460. 2頁。

仲裁廷が訴訟差止命令を発令することに関して，直接的根拠となる規定を設けているケースは僅かである[23]。訴訟差止命令について直接的に規定しているものとしては，SIAC 仲裁規則[24]第30条が，暫定救済及び緊急暫定救済に関して訴訟差止命令を発令することを規定している。しかし，このように仲裁廷に訴訟差止命令を発令する権限を付与しているものはほとんどない。例えば，米国仲裁協会（AAA）商事仲裁規則第37条は，仲裁人は必要な暫定措置を講じることができ，これには財産保全などの措置を講じることができると規定している。国際連合国際商取引法委員会（UNCITRAL）国際商事仲裁モデル法においても直接的に訴訟差止命令についての規定はなく，暫定措置に関する規定があるだけで，僅かに第17B条第1項に予備保全命令を発令する権利があることを規定しているにとどまる。UNCITRAL 国際商事仲裁規則第26条第2項（b）では，当事者の一方の要請に応じて，仲裁廷は紛争の主題に関して必要とみなす暫定措置を講じることができると規定している。さらに，ICC 国際仲裁裁判所，ストックホルム商工会議所仲裁研究所，及びロンドン国際仲裁裁判所の仲裁規則の暫定措置条項もほぼ同様の規定を設けている。訴訟差止命令については，多くの国において仲裁法や仲裁規則に訴訟差止命令を直接的に発令する規定は存在しないので，暫定措置の枠組みにおいて発令されているのが現状であるということである。

　では，中国においてはどうであるのか。第3章「中国国際商事仲裁における暫定保全措置」で全般的問題については叙述したので，本章では訴訟差止命令に関しての中国における法整備の現状と実務の動向について検討をすることとする。

---

23) 仲裁廷が訴訟差止命令を発令した事例を紹介しているものに，中野俊一郎「国際仲裁と外国訴訟差止命令」（国際商事法務，Vol.35, No.12（2007）1627-1634頁）がある。
24) https://siac.org.sg/wp-content/uploads/2022/06/SIAC-Rulebook-Japanese-revised-Rule9-1-on-April-2017.pdf

2 法制の現状と実務の動向

　中国において，近年，訴訟差止命令が制度化されつつある[25]。これまでに訴訟差止命令が発令されているのは，知財紛争及び海事紛争においてである。仲裁に関わる訴訟差止命令ではないが，例えば，知的財産権に関わる訴訟に関連して訴訟差止命令が制度化されている。特許法第72条は，「特許権者又は利害関係者が，他者が権利侵害行為や当該権利の実現を妨害する行為を行使しているか，又は行使しようとしていることを証拠により証明し，それを速やかに制止しないとその適法な権益に回復し難い損害が生じるおそれがあるときには，提訴前に法に基づいて人民法院に財産保全措置，特定行為の行使命令又は特定行為の行使禁止命令を出すよう申請することができる。」と規定している。また，海事特別訴訟手続法[26]第51条は，「海事強制令は，海事法院が海事申立人の申立てに基づき，適法な権益が侵害されることを防ぎ，被申立人の作為又は不作為を命じる強制措置である。」と規定し，第52条は，「当事者による訴え提起前の海事強制令申立は，海事紛争発生地の海事法院に提出しなければならない。」と規定している。

---

[25] 2004年の中国国際私法学会年次総会及び2005年の「国際商事審判における国際私法問題シンポジウム」において，訴訟差止命令に関する討論が行われた際に，大多数の学者が訴訟差止命令制度の導入に賛成であったという（欧福永「論禁訴令解決中国内地与香港民商事管轄権積極冲突中的運用」時代法学，2009年第4期，92頁）。

[26] 中華人民共和国海事訴訟特別程序，https://www.waizi.org.cn/law/9455.html（2023年6月18日最終閲覧）。
　最高人民法院の「中華人民共和国海事訴訟特別手続法の若干の問題の適用に関する解釈（関与適用中華人民共和国海事訴訟特別程序法若干問題的解釈）」第41条は，「訴訟又は仲裁の前に海事強制令（差止命令）を申し立てる場合には，海事訴訟特別手続法第53条の規定を適用する。外国裁判所が関係海事事件をすでに受理している場合，又は関係紛争が仲裁に付託されている場合には，関係当事者が中華人民共和国海事法院に海事強制令を申請し，かつ法院に海事強制令を執行する関連証拠を提出したときに，海事法院は申立てを受理するものとする。」と規定している。なお，海事訴訟特別手続法第53条は，「海事強制令は，海事請求権に関する当事者間の訴訟管轄権合意又は仲裁合意の拘束は受けない。」と規定している（http://gongbao.court.gov.cn/Details/24e9880f44face1516a20ca832a3cb.html，2024年12月31日最終閲覧）。

海事強制令が発令された事件に，例えば，「KEN SIRIUS 号」事件がある[27]。「KEN SIRIUS 号」事件は，次のような事件である。2017年6月2日，X保険会社（中国法人。海事強制令の申立人。以下，「X」という）は，Y傭船会社（ギリシャ法人。海事強制令の被申立人。以下，「Y」という）に対し，船舶「KEN SIRIUS 号」による海上貨物輸送紛争に関連して，武漢海事法院に予備的な保全請求として，傭船会社の所有する船舶（当該船舶は中国の鎮江港に停泊している）の差押えを求めた。武漢海事法院はこの船舶差押を認容する裁定を下した。2017年6月8日，Xは，海上貨物輸送に関わる紛争を理由に，Yを武漢海事法院に訴え，損害賠償と訴訟費用の負担を請求した。Yは，本件契約書には仲裁条項が存在するとして，香港法院に対して訴訟差止命令の発令を申請し，認容された。2017年6月29日，香港法院は，訴訟差止命令を発令し，保険会社に対して前述の訴訟を取り下げることを命じ，かつ，中国本土で海上輸送契約から生じる紛争に関して追加的訴訟手続を開始することを禁止するよう命じた。そのため，Xは，武漢海事法院にYが香港法院に対して申し立てた訴訟差止命令を取り下げるよう求める海事強制令の発令を請求した。武漢海事法院は，審理の結果，予備的保全（船舶の差押）手続に基づいて管轄権があると判断し，また，Yが法院の通知を受領した後，答弁期間内に有効な管轄権に関する異議を提起していないことから，Yが香港法院に訴訟差止命令を請求した行為は，Xの合法的権益を侵害したと判断し，(1) Xの海事強制令請求を認め，(2) Yに対し，直ちに香港法院に対して申し立てた訴訟差止命令発令の請求を取り下げるよう命じる裁定を下した。

　上述の事件が中国企業に関わる訴訟差止命令に関する典型的な事例であるが，これは，中国本土外の裁判所が先に中国企業に対して訴訟差止命令を発令したものである。中国の法院が先に訴訟差止命令を発令した事件と

---

[27] 同様の事件に「新泰海号」事件（張衛生「我国禁訴令的建構与実施」https://www.gzhsfy.gov.cn/web/content?gid=93982&lmdm=1029（2023年9月3日最終閲覧））、「深圳市粮食集団有限公司訴美景冧恩伊公司（FUTURE E.N.E）提単運輸貨物損害糾紛案」（青島海事法院民事裁定書（2004），青海法海商初字第245号），https://www.110.com/panli/panli_158277.html（2023年9月3日最終閲覧）などがある。

しては，知財関係で，2020年9月23日に武漢中級人民法院が，シャオミ v. インタデジタル事件[28]において保全措置の枠組みに基づき，訴訟差止命令を発令したものがある。なお，現時点において中国の仲裁廷が訴訟差止命令を発令した事件，また，外国の仲裁廷が中国企業の仲裁事案に関連して中国企業に訴訟差止命令を発令した事件は存在しない[29]。

現状は上述のとおりであるが，仲裁法改正案第43条が，「当事者は，仲裁手続が行われる前，又は手続が行われている期間中に，仲裁手続の進行を保障し，紛争事実又は判断の執行を明らかにするため，人民法院又は仲裁廷に係争目的物に関係する臨時的，緊急的措置を講じるように請求することができる。臨時措置には，財産保全，証拠保全及び仲裁廷が必要と認めるその他の短期的措置が含まれる」と規定し，仲裁廷に訴訟差止命令を発令する権限を与えようとしている。この草案が採択された場合，中国の仲裁手続の当事者は，裁判所に訴訟差止命令を申請するか，仲裁廷に訴訟差止命令を申請することができるようになるだろう。

では，このときに訴訟差止命令の発令要件は，どのように考えられるのであろうか。次にこの点を検討する。

---

28) 武漢市中級人民法院（2020）鄂01知民初169号之一民事裁定書。この場合の訴訟差止命令の根拠は民事訴訟法第100条（改正民訴法103条）である。この事件を論評した論文に，馮茜「訴訟差止命令に関する中国の裁判実務─シャオミ vs. インタデジタル事件」（JCAジャーナル，70巻1号［2023.1］50-56頁）がある。
29) 仲裁実務においては，国際投資仲裁における仲裁廷による訴訟差止命令の発令は多い。しばしば紹介されているものに，E-Sysyems Inc. v. Iran 事件，Holiday Inns S.A. and others v. Morocco 事件，Tokios Tokelés v. Ulraine 事件，Plama Consortium Ldt. v. Rupublic of Bulgaria 事件などがある。投資仲裁では，訴訟差止命令の請求は，通常，他の請求とともに暫定措置請求に含まれており，すべての暫定措置請求に占める反訴訟の差止め請求の割合が比較的高い。実証研究によると，受入国における国内並行訴訟の中止要請は暫定措置要請全体の30.5％を占め，国内刑事訴訟中止要請は暫定措置全体の21％を占めている（寧紅玲・魏丹「論禁訴令在国際投資仲裁中的運用」国際法研究，2023年 第4期，128頁，https://guojifayanjiu.ajcass.com/Admin/UploadFile/Issue/201707170003/2023/8//20230807023712WU_FILE_0.pdf）。

3　訴訟差止命令発令の要件

　法院が訴訟差止命令を発令する要件については、ファーウェイ v. Conversant 事件[30]が参考になる。この事件において、中国最高人民法院は、ファーウェイがドイツ連邦共和国デュッセルドルフ地方裁判所の判決執行を差し止める請求は、性質上は行為保全の請求であると認定し、Conversant は最高人民法院が本件事件についての終局判決を下す前に、デュッセルドルフ地方裁判所の下した一審判決の執行申立をしてはならないという判決を下した[31]。この際に最高人民法院は、訴訟差止命令を発令するか否かを判断するのに、(1) 被申立人が国外の裁判所に申立てをした場合の中国における訴訟への影響、(2) 行為保全の確実な必要性の有無、(3) 申立人と被申立人の利益衡量、(4) 行為保全措置の公共利益への損害の有無、(5) 国際礼譲の5項目について検討をしている[32]。

　仲裁廷が訴訟差止命令を発令する要件はどうであろうか。UNCITRAL 仲裁規則第26条第3項は、暫定措置適用の要件について、(1) 暫定措置が発令されなかった場合、損害賠償の裁定によって十分に回復できない損害が生じる可能性があり、同損害が、措置が認められた場合に措置の対象となる当事者に生じる可能性が高い損害を大幅に上回ること、及び (2) 請求当事者の請求が認容される合理的な可能性があること、を挙げている。暫定措置を請求する当事者が、このことを仲裁廷に対して証明できたときには、仲裁廷が暫定措置を講じる。ただ、このように暫定措置発令の要件

---

30) 華為技術有限公司等与康文森無線許可有限公司確認不侵害専利権及標準必要専利許可糾紛案、http://gongbao.court.gov.cn/Details/5555e9be08ce2e65fb6c560368abdc.html（2023年9月16日最終閲覧）。また、英文資料に Anti-Suit Injunction Issued in China: Comity, Pragmatism and Rule of Law, https://conflictoflaws.net/2020/anti-suit-injunction-issued-in-china-comity-pragmatism-and-rule-of-law/（last visited June 9, 2024）がある。
31) LG Düsseldorf, 27.08.2020 - 4b O 30/18（事件番号 Az. 4b O 30/18、2018年4月20日訴え提起、2020年8月27日判決）、https://dejure.org/dienste/vernetzung/rechtsprechung?Gericht=LG%20D%FCsseldorf&Datum=27.08.2020&Aktenzeichen=4b%20O%2030/18、及び https://d-prax.de/?p=8586（last visited June 9, 2024）。

を規定する仲裁法や仲裁規則は、多くの国・仲裁機関において存在しないのが現状である。

　上記のような実務の動向などに鑑み、仲裁法改正案では、前述した第43条に続けて、第44条で「一方当事者は、もう一方の当事者の行為又はその他の事由により、判断が執行ができなくなるか、執行が困難になり、当事者にその他の損害を及ぼすおそれがある場合には、財産保全及び行為保全を申請することができる。」とし[33]、第45条で「証拠が滅失するか、又は以後においては取得が困難になる場合には、当事者は証拠保全の申し立てをすることができる。」という草案を示している。ただし、一般的には暫定措置発令の実質的要件として、①一応の管轄権があること、②請求が認容される合理的な可能性があること、③緊急性があること、④救済が認められない場合、回復不能な損害が生じ得ること（重大な危害のリスク）、⑤

---

[32] 最高人民法院は、5つの要件のうち、「①について、同最高法院裁定は、以下の理由を述べてドイツでの判決執行手続は中国訴訟の審理又は判決の執行を困難にすると認めた。すなわち、まず、中国訴訟とドイツ訴訟の当事者がほぼ同じである。次に、特許侵害行為を差し止めるというドイツ裁判所の判決は、特許権者のライセンス料に関する申込がFRAND条件に従うものであると認めることを前提とする。したがって、中国のライセンス料率紛争事件とは審理対象が一部重複している。最後に、ドイツ判決が一旦執行されれば、中国訴訟の審理を妨害する可能性があり、審理と判決の意義がなくなる。②については、ドイツ判決が一旦執行されれば、実施者にとってはドイツ市場から退出するか、もしくは特許権者が示した価額を受け入れるかの2つの選択肢しかない。いずれも実施者に修補できない損害をもたらすといえる。⑤については、国際礼譲を考慮する際に、事件の受理時間、管轄の当否、外国裁判所の審理及び判決への影響等の要素を考慮することができる。」と述べている（馮茜「訴訟差止命令に関する中国の裁判実務―シャオミvs.インタデジタル事件」（JCAジャーナル、70巻1号［2023.1］54頁）。

[33] 全国人民代表大会において中国司法部が行った「仲裁法（改正）意見徴収稿に関する説明」によると、暫定措置に関する条文を加えたのは、仲裁手続を迅速に進め、紛争解決効率を高め、司法の仲裁に対する支援姿勢を示し、中国の仲裁地としての競争力を強化し、既存の仲裁保全内容とその他の暫定措置をまとめて、整合的なものにし、行為保全と緊急仲裁人制度を強化し、仲裁廷に暫定措置を発令する権限があることを明確にし、かつ、暫定措置の行使を統一して規律するためであるという（司法部による「仲裁法（改正）意見徴収稿に関する説明」関于《中華人民共和国仲裁法（修訂）（征求意見稿）》的説明、https://m.thepaper.cn/newsDetail_forward_29326972（2024年12月31日最終閲覧）。

紛争悪化のリスクがあること，⑥当事者間の比較衡量を検討することが挙げられる[34]。

4　訴訟差止命令発令の制度化に関する議論

　仲裁は，国際取引活動の活発化に伴い，そこから生じる紛争の解決のための手段として，19世紀末以降に注目されるようになった。そして，ニューヨーク条約は，現代の国際商事仲裁の法と実務の基礎となっている[35]。しかし，このニューヨーク条約に仲裁手続における訴訟差止命令の発令を許容する規定は存在しない。では，この場合，中国において，このような訴訟差止命令の制度化を進める論拠はどこに求められるのか。以下，中国における議論について，若干の整理をする。

　訴訟差止命令発令の肯定派からは，以下の諸点がその理由として挙げられる。第一に，（1）中国と諸外国の双方が管轄権を有する状況下で，外国の裁判所が訴訟差止の手段を有し，中国の裁判所がこの手段を有していない場合，管轄権をめぐる競争において中国の裁判所が不利になることは避けられない。訴訟差止命令の対象となる当事者は，通常，差止命令を発行した国の司法当局に異議を唱えることはなく，ほとんどの当事者は，訴訟差止命令を自発的に遵守する[36]。したがって，訴訟差止命令は間違い

---

34) *See supra* note 2, para33,para151.and RAYMOND GAO, Bridging an Access-to-Justice Gap for International Commercial Dispute Resolution: Recent Developments of Interim Measures in Cross-Border Chinese Arbitration, COLUNBIA JOURNAL OF TRANSNATIONAL LAW, 2021（https://www.jtl.columbia.edu/volume-59/bridging-an-access-to-justice-gap-for-international-commercial-dispute-resolution-recent-developments-of-interim-measures-in-cross-border-chinese-arbitration-1）．また，小原淳見氏は，①仲裁廷の管轄，②申立人の不利益と被申立人の不利益の比較考量，③本案の請求権の疎明を挙げている（小原淳見「暫定措置」谷口安平・鈴木五十三編『国際商事仲裁の法と実務』丸善雄松堂，2016年，329-331頁）。

35) 谷口安平・鈴木五十三「国際商事仲裁の概念・歴史・理論」谷口安平・鈴木五十三編『国際商事仲裁の法と実務』丸善雄松堂，2016年，14頁。

36) 欧福永「論禁訴令在解決中国内地与香港民商事管轄権積極冲突中的運用」時代法学，第7巻第4期，2009年8月，91頁。

なく管轄権を拡大するためのツールとなる。第二に, (2) 法院には仲裁合意に基づき, 仲裁を維持するために, 訴訟差止命令を発令する権限がある[37]。この権限が認められる根拠は, 仲裁手続において妨訴抗弁が認められることにある。具体的には, ニューヨーク条約第2条第3項の規定が挙げられている。ニューヨーク条約に反訴訟差止命令の発令に関する規定が存在しないことをもって, これが禁止されているとは言えないということである[38]。

これに対して, 訴訟差止命令発令否定派からは, 以下の諸点の指摘がなされている。第一に, (1) 当事者が仲裁合意を遵守させるために訴訟差止命令を発令することは, 仲裁手続を損なう可能性がある[39]。これは, 仲裁は本質的には私的な取決めであり, 法院の介入は可能な限り避けるべきであるとするからである。第二に, (2) ニューヨーク条約は, 各締約国間の協力と信頼, 国際的な相互譲歩を促進することを目的としているのに対して, 訴訟差止命令は法院の管轄権を争奪するものであり, 国際商事仲裁が依拠する国際協調の考え方とは大きく異なるため, 国際商事仲裁制度とは相容れない。さらに, 各国の国内法及び司法実務において, 仲裁合意の有効性と執行可能性には大きな違いがあり, 特に, 紛争の仲裁可能性や公序の解釈においてこれが顕著であり, 訴訟差止命令はこのような法的衝突を緩和する助けにはならず, 逆に対立を激化させる可能性がある[40]。例えば, ある国の法院が仲裁管轄権を支持するために訴訟差止命令を発令し, それによって他国の司法管轄権を制約する場合, ある国は自国の司法管轄権を維持するために仲裁を阻止することがあると, これにより, 二国間で司法による命令の衝突が生じる。第三に, (3) ニューヨーク条約は, 国

---

37) 龍威狄「国際商事仲裁協議的妨訴効力――以我国立法司法実践为中心」政治与法律, 2010 年第 11 期, 第33頁。
38) Nadja Erk, *See supra* note 1, pp.127-128.
39) S I Strong, "Anti-Suit Injunctions in Judicial and Arbitral Procedures in the United States" 66(1) *The American Journal of Comparative Law* (2018), p.153.
40) 張建「国際商事仲裁中禁訴令的適用問題研究―兼論我国仲裁禁訴令制度的立法構建」国際法学刊, 2021年第3期, 61-62頁。

際商事仲裁の分野ですべての国に広く受け入れられている多国間条約として，締約国と国際社会の間の協力と相互信頼を促進することを目的としているのに対し，訴訟差止命令は，管轄権を争うという特性があり，国際商事仲裁が依拠する国際礼譲の概念から大きく逸脱しており，商事仲裁制度と相容れない[41]。仲裁人は訴訟差止命令を発行する際に国際礼譲の原則を考慮すべきである。裁判所は当事者の利益だけでなく，国の利益も考慮すべきであり，表面上，訴訟差止命令は当事者を対象としているが，本質的には当事者が他国の裁判所で救済を求めることを妨げるものであり，本質的には外国の裁判所を対象としている。今日の国際社会では国際礼譲が重視されているところ，訴訟差止命令は，自国の法的見解を他国の裁判所に押しつける一定の攻撃性を有しており，他国の主権への干渉とみなされやすく，ひどい場合には国家間の政治的交流に影響を与える可能性がある[42]。

上記の否定派の見解に対して，肯定派は，以下のように反論する。第一に，(1) 訴訟差止命令発令は訴訟手続の一環であり，このプロセスで両当事者は意見を十分に表明する機会がある。訴訟差止命令を発令するかどうかを決定する際，裁判所は，訴訟差止命令発令の利益とその結果として生じる不利益を比較検討している[43]。第二に，(2) 訴訟差止命令は，仲裁合意に基づく当事者間の約定を維持するために発令されるものであり，各国の裁判所が自らの管轄権を固守するために発令する訴訟差止命令とは性質を異にする[44]。第三に，(3) 国際法における competence-competence の原則（Kompetenz-Kompetenz Doctrine）は，仲裁廷が当事者によって提起された管轄権に対する異議に対して管轄権を有すると主張することである[45]。国際仲裁では司法当局間の協調性を考慮する必要はないという見解もある。その理由は，仲裁廷がその権限を仲裁当事者から得

---

41) Trevor C. Hartley, "Comity and the Use of Antisuit Injunctions in International Litigation" 35(3) *The American Journal of Comparative Law* (1987), p.487.
42) 黄暁敏「国際商事仲裁語境下的禁訴令問題研究」法学之窓，2011年7月，24頁。
43) 龍，前掲注37)，37頁。

ているからであり,この点は,その権限が国家に由来する裁判所とは異なる。

5 実務上の課題の検討

上述のとおりの議論が戦わされているところ,実務上の課題として,訴訟差止命令発令の効果がどこまであるのかという問題も検討すべき点である。この点について,西霞口公司事件[46]を題材として検討してみたい。

2006年,栄成市西霞口船業有限公司(売主。以下,「西霞口公司」という)は,オランダのSpliethoff Shipping Company(買主。以下,「Spliethoff」という)と造船契約を締結し,同時に「船舶のエンジンにはWärtsiläのものを使用すること」とする補充契約を締結した。この合意に基づき,西霞口公司とWärtsilä Finland Co., Ltd.(以下,「Wärtsilä Finland」という)は,船舶用エンジンの売買契約を締結した。このうち,西霞口公司とSpliethoffの契約ではロンドンでの仲裁が約定され,西霞口公司とWärtsilä Finlandとの契約ではパリでの仲裁が約定されていた。Spliethoffは,西霞口公司が契約で約定した期限内に船舶を引き渡せなかったため,

---

44) 換言すれば,前者は国家間の司法協力を必ずしも損なうものではなく,むしろ各国の司法が当事者の意思自治の原則を尊重し合うことを示すものである。逆に,国際商事仲裁を支持するために法院が発行する訴訟差止命令は,自身の司法管轄権を維持するために発行する訴訟差止命令よりも受け入れられやすいとされている。これは,前者の訴訟差止命令は違約者に対して救済措置を提供するものと理解できる。仲裁合意は双方当事者の合意に基づく取決めであり,それに違反して裁判所に訴訟を起こす行為は違約行為となる。特定の状況では,大陸法系の国の裁判所でも違約行為の被害者に対して一時的な救済措置を与えることがあり,違約した当事者に対して損害賠償を求めることもある。そのため,仲裁合意に反して外国に直接訴訟を起こすことを禁止する訴訟差止命令が国際礼譲に根本的な損害を与えるとは言い難い。したがって,訴訟差止命令の正当性を否定する理由として国際礼譲にかなわないということを挙げることは説得力に欠ける(Emilia Onyema, *International Commercial Arbitration and the Arbitrator's Contract*(Routledge research in international commercial law, 2010, p.9.)。
45) 黄,前掲注42),24頁。
46) 雷,前掲注27)。

2つの契約を相次いでキャンセルし、ロンドンで仲裁を開始した。この事件では、ロンドン仲裁手続と国内訴訟手続が同時に行われ、中国での訴訟を回避するために、Spliethoff は英国裁判所に訴訟差止命令の発令を請求し、これが認められ、英国裁判所による西霞口公司に対する中国での訴訟差止命令が発令された。仲裁裁判所は、Spliethoff による契約解除は有効であると認定し、西霞口公司に前払金の返還を命じる判断を示した。ロンドンでの仲裁が進められる中、西霞口公司は青島海事法院に訴訟を起こし、Spliethoff と Wärtsilä Finland が共謀して中古の船舶用エンジンを西霞口公司に提供したため、海上試運転の結果、不合格と判断し、引渡しを拒否したものであると主張し、両社に損失賠償を請求した。なお、仲裁の管轄権に対する異議についても、係争中の事件は仲裁合意の範囲を超えており、したがって仲裁条項は拘束力を持たないと主張した。しかし、中国最高人民法院は、両社間に共謀の意図はないとみなし、西霞口公司の請求を認めなかった。なお、最高人民法院は、英国裁判所が西霞口公司に発令した中国での訴訟差止命令について考慮することはなく、西霞口公司の訴えについて、それが認容されるか否かを独立して判断したものである[47]。

さて、英国裁判所は、仲裁地が英国ではない場合においても訴訟差止命令を発令できるとしている[48]。しかし、仲裁廷の発令する訴訟差止命令における大きな欠点は、上記の事件でも見られるように強制力がないことである。したがって、海外での強制執行は管轄裁判所の理解がなければ可能ではない。しかしながら、ニューヨーク条約は暫定措置には適用されないという議論があり、統一的判断基準を設定するような国際条約は存在しない。一方、仲裁地ではない管轄裁判所に暫定措置を申し立てることにも問題がないわけではない。外国の仲裁手続を支援する暫定措置を国内裁判所に命令する権限を与えた条約も存在しない[49]。そもそも英国裁判所は、

---

47) 同様の事件に、"FORTUNE CLOVER" 輪案、"新泰海" 案などがある。英国裁判所による訴訟差止命令が発令されても中国国内の法院でこれが有効とされたケースは存在しない（雷、前掲注28）。
48) Olivier Luc Mosimann, "Anti-Suit Injunctions in International Commercial Arbitration" Eleven International Publishing, 2010, p.25.

訴訟差止命令が他国で承認されるとは期待していないとも言われる[50]。さらに，EU のブリュッセル I 規則など，訴訟差止命令の廃止を目的とした国際条約も登場している。欧州司法裁判所の2004年の Turner 事件先決裁定は，英国の裁判所が，スペインで競合する訴えを提起した当事者に対して訴訟差止命令を発令することが問題となった事件で，他の構成国での訴訟を開始または続行することをある者に禁止する訴訟差止命令は，たとえその者が既存の手続を妨げようとして悪意で行動しているとしても，ブリュッセル I 規則から許容されないとした[51]。

IV　まとめ

中国は，2023年に民事訴訟法を改正し，第281条において，人民法院は，訴訟を受理したときに，当事者が，人民法院の訴訟受理より前に，外国裁判所が同一の訴訟を受理していることを理由に，人民法院に訴訟の中止を申し立てた場合，（1）当事者が人民法院の管轄権を選択することに同意したとき，又は紛争が人民法院の専属管轄権に属するとき，（2）人民法院が事件を審理する方が明らかに条理にかなうとき，又は合理的な期限内に訴訟を終結させることができないときを除いて，人民法院は訴えの審理を一時停止することができると規定し，先訴優先主義を採用した。先訴優先主義は，国際的に広く採用されており，中国の民事訴訟法改正は，これに倣ったものである。これが，国際商事仲裁にも適用されるか否かについての解釈はないが，国際商事仲裁においても実質的に同様の運用がされることも期待できる。ただ，人民法院は，国家主権，国家の安全，公序（社会公共利益）を守るため，又は司法公正を確保する必要がある場合には管轄権を行使するとしているので，この要件の概念が曖昧であれば，先訴優

---

49) Comparison of anti-suit injunctions issued by state court and by arbitral tribunals Olivier p.171-175
50) Olivier・*See supra* note 46, pp.88-89.
51) 中西康「仲裁合意を支援するための訴訟差止命令とブリュッセル I 規則」貿易と関西（2009.12）74頁。

先主義もどこまで採用されるのか判然としない。

　訴訟差止命令については，多くの国において仲裁法や仲裁規則に訴訟差止命令を直接的に発令する規定は存在しないので，暫定措置の枠組みにおいて発令されているのが現状である。中野教授は，「外国での訴訟提起が仲裁による迅速な紛争解決を阻むケースは希ではなく，わが国における国際仲裁の迅速性・実効性確保という政策的観点からすると，この問題に対処する有効な武器を仲裁廷に与えておくのが望ましい。」という[52]。仲裁廷による訴訟差止命令の発令はどうか。仲裁を支援するために裁判所が発行する訴訟差止命令と比較して，自らの管轄権を擁護するために仲裁廷が発行する訴訟差止命令は，理論的にも実務的にも議論の余地がある[53]。理論的には，仲裁人及び仲裁廷が他国の国内裁判所の管轄権に直接干渉したり制限したりする権利はなく，したがって，裁定が取り消されるか，裁判所によって強制されないリスクがある。しかし，実務的には，仲裁人は当事者の合意に基づいて選任されるため，仲裁人が発令する訴訟差止命令は裁判所が発令するものよりも穏当なものであるとも考えられる[54]。

　訴訟差止命令が国際商事仲裁に及ぼすプラス効果とマイナス効果を基準として，仲裁を支援する訴訟差止命令と，仲裁を促す訴訟差止命令と，仲裁を阻む訴訟差止命令とを区別する考え方もある[55]。仲裁廷に訴訟差止命令を認めようとする立場からは，訴訟差止命令の性質を区別して，訴訟差止命令を承認する基準を検討することも必要であるかも知れない。

---

52) 中野俊一郎「国際仲裁と外国訴訟差止命令」（国際商事法務，Vol.35, No.12（2007）1632-1634頁）がある。
53) 張，前掲注40），63-64頁。
54) ウエスト・タンカー事件において，EU 司法裁判所は，仲裁合意を貫徹するために締約国の裁判所が訴訟差止命令を発令することの是非について，これを明確に否定した。しかし，EU 司法裁判所の判決が，EU 加盟国の裁判所が当事者に対して反訴の差止命令を出すことを禁止しただけで，仲裁裁判所が訴訟差止命令を発令することも禁止したということにはならない（安達栄司「仲裁合意を貫徹するための訴訟差止命令の可否」国際商事法務，Vol.37, No.9（2009）p.1256-1260頁）。
55) S I Strong, "Anti-Suit Injunctions in Judicial and Arbitral Procedures in the United States" 66（1）*The American Journal of Comparative Law*（2018), P.67.

(初出:梶田幸雄「中国国際商事仲裁における並行的手続と訴訟差止命令」(法学新報,第130巻第11・12号, 1-26頁)を一部加筆修正した。)

第 5 章

国際仲裁における第三者資金提供の論点

I　はじめに

　国際投資・商取引において紛争が生じたときに，当事者が仲裁による解決を選択することが増える中で[1]，仲裁にかかる費用の増加という問題が生じている。この問題への対策として，日本ではあまり聞くことはないが，第三者資金提供（Third-Party Funding）の利用が国際仲裁の特徴になりつつある[2]。ロンドンのクイーン・メアリー大学が実施したアンケート調査によると，2018年の時点で回答者の97％が第三者による資金提供を受けて仲裁を行った経験があるか，又はその存在を認識しており，第三者資金提供仲裁に肯定的であるという[3]。調査では回答者の16％が仲裁に際してノンリコース（non-recourse）の第三者資金提供を受けたことがあり，26％が使われるのを見たことがあるとのことであった。クイーン・メアリー大学は，2015年にも仲裁における第三者資金提供問題について調査を実施しているが，この時よりも第三者資金提供仲裁に関する注目度は高まっている。

　仲裁とは，一般に契約当事者間で紛争が生じた場合に，当事者が合意の上で当該紛争を利害関係のない第三者（国際仲裁機関又は臨時仲裁廷）に委

---

1) As of June 30, 2022, ICSID had registered a total of 888 cases under the ICSID Convention and Additional Facility Rules since the first case was registered in 1972. ICSID registered 50 new cases in FY2022 (July 1, 2021-June 30, 2022) (https://icsid.worldbank.org/news-and-events/news-releases/icsid-releases-new-caseload-statistics-2022-fiscal-year, last visited December 27,2022), UNCTAD "Investment Dispute Settlement Navigator (https://investmentpolicy.unctad.org/investment-dispute-settlement, last visited December 27,2022), In 2021, the Secretariat of the ICC International Court of Arbitration registered 853 new cases in total, comprising 840 cases filed under the ICC Arbitration Rules and 13 under the Rules od IDD as Appointing Authority (https://iccwbo.org/news-publications/news/icc-unveils-preliminary-dispute-resolution-figures-for-2021/, last visited December 31,2024).
2) 例えば，緑川芳江「アジアに進出を始めた Third Party Funding～訴訟・仲裁費用を投資でカバーする時代～」国際商事法務，43巻7号（2015）966頁。
3) The Queen Mary University of London 2018 International Arbitration Survey: The Evolution of International Arbitration, 2018-International-Arbitration-Survey---The-Evolution-of-International-Arbitration-(2).PDF.

ね，第三者が中にたって是非の判断を示し，この判断は終局的なものとして当事者に対して等しく法的拘束力を有し，当事者は任意に判断を履行する義務を負うというものである。

　仲裁費用の高額化に伴って，紛争処理資金を用意できない当事者にために仲裁費用保険[4]などがあるが，中小企業などの場合，保険料などの負担も軽減したいということもあり，また，対象となる保険金の範囲もある程度限定されるなどの問題があり，十分には機能しないという事情があるところ，第三者資金提供という仕組みが考案された[5]。しかし，紛争当事者の一方が，第三者から費用提供を受け，仲裁手続を進めた場合，新たに検討すべき問題が生じると考える。いかなる問題があるかと言えば，仲裁手続において，紛争当事者，紛争当事者の弁護士，仲裁人といったステークホルダーに加えて資金提供する第三者が加わった場合，各当事者間に何らかの利害関係や利益相反関係が生じることはないか，又は，仲裁人及びもう一方の当事者が，第三者資金提供の存在自体を認知しているか否か，認知した場合には，いつ認知したのかなどにより仲裁判断に影響が生じることがあり得る。資金提供を受ける当事者と第三者の資金提供者との間の関係も考慮の対象となるだろう。さらに，仲裁人は，衡平な判断をすることができるか。すなわち，後述するが，第三者資金提供を受けた当事者に理があるという意識を仲裁人が持つことにならないかという問題も生じそうである。第三者資金提供を受けた当事者は，当事者間で武器対等の関係に立つ以上に，そもそも対等な契約関係にあった当事者の一方が第三者資金提供を受けたときには，より強い武器を手に入れたということになるかも知れない。このようなことが考えられるとこり，仲裁人が，衡平な判断をするために，制度上どのような取決めが必要になるであろうか。国際仲裁

4）中村達也「第三者資金提供と仲裁手続」國士舘法學第50号（2017.12）1頁。
5）国際商取引契約において，契約当事者が常に対等な関係であるということはないだろう。中堅・中小企業の多い日本の場合，国際商取引に必ずしも精通せずに契約をし，トラブルになるということもある。この場合，紛争処理費のことまでは想定せずに契約をしていることが多い。このような当事者を保護しようという意図から，第三者資金提供という仕組みが考案されたという側面がある。

における第三者資金提供について，衡平という観点から実務の展開における問題について考える必要があるであろう。このことを考える上で，以下，第一に，（1）第三者資金提供の概念を明らかにし，第二に，（2）香港及びシンガポールの制度の概要，第三に，（3）第三者資金提供に関する主な論点，第四に，（4）第三者資金提供と衡平の問題について検討をする。

第三者資金提供の概念は，必ずしも共通の概念があるわけではない。それでも，まず国際仲裁における第三者資金提供の基本的な概念を明らかにする必要があるだろう。次に，各国，各仲裁機関において実務上の取扱いも多様であるところ，日本企業が商事仲裁において利用することが比較的多いと思われる香港とシンガポールの第三者資金提供に関する規定について若干の紹介をする。これにより第三者資金提供の比較もある程度しつつ，実務上の課題が明らかになると考える。そこで，この課題として最も重要であるのが第三者資金提供と衡平の問題であるので，この問題に内在する諸課題について検討し，これに対して仲裁機関はいかなる制度整備をする必要があるのかを検討する。以上の順番での検討を通じて，今後の第三者資金提供の制度整備のあり方について考察することができるものと考える。

Ⅱ 第三者資金提供の概念

第三者資金提供とは，いかなる概念であるのか。現時点において各仲裁機関などにより取扱いの違いなどがあり，必ずしも明確な概念があるわけではない。クイーン・メアリー大学が実施したアンケート調査では，ノンリコースの第三者資金提供という言い方がされていたので，ノンリコースローンに近い概念であるように思われる。ノンリコースローン（non-recourse loan）とは，貸し手側が原資の返済を融資対象の資産以外に求めない資金融資方法である。債権者が債務者の人的責任を追及しないからノンリコース（非遡及）であり，日本では責任財産限定特約付金銭消費貸借と称されている[6]。しかし，日本のノンリコースローンの仕組みでは，「モノ」や「プロジェクト」が自ら融資を受けるために特別目的事業体を新設して，融資の対象となる財産をこの事業主体に移転するものであり[7]，国

際仲裁における第三者資金提供とは異なる。そこで，国際仲裁における第三者資金提供の概念をはじめに明確にする必要がある。

仲裁における第三者資金提供とは，一般には，紛争の当事者ではない自然人又は組織が，仲裁手続に関わる当事者の費用の全部又は一部をカバーするために，当事者との合意を通じて，当事者に資金を提供することをいう[8]。この概念において，第三者資金提供者，提供される資金，資金提供を受ける仲裁の当事者の概念がそれぞれ問題となる。これに関して，国連国際法取引委員会（United Nations Commission on International Trade Law；UNCITRAL）では，国際投資仲裁手続における第三者資金提供について，ワーキンググループ（Ⅲ）がその定義を試みている[9]。そして，国際投資仲裁手続における第三者資金提供に関わるアクターについて以下のように定義している。

1．「第三者資金提供者」とは，国際投資紛争（IID）手続の当事者ではないが，手続に資金を提供するか，又はその他の方法で資金を提供する契約を締結する自然人又は法人をいう。
2．「被資金提供者」とは，第三者の資金提供の恩恵を受けるIID手続の当事者をいう。

6）若木裕「ノンリコースローンを巡る課税上の諸問題について―債務免除益課税を中心に―」https://www.nta.go.jp/about/organization/ntc/kenkyu/ronsou/77/02/01.pdf。
7）同上。
8）ICSID Review - Foreign Investment Law Journal, Volume 38, Issue 1, Winter 2023, pp.113-139.
9）UNCITRAL Working Group III "Possible reform of investor-State dispute settlement (ISDS) Draft provisions on third-party funding", "Possible reform of investor-State dispute settlement (ISDS) Draft provisions on procedural reform" (https://uncitral.un.org/sites/uncitral.un.org/files/media-documents/uncitral/en/wp_219_-_draft_provisions_on_procedural_reform_.pdf) "Initial Draft on the regulation of third-party funding Compilation of comments" (https://uncitral.un.org/sites/uncitral.un.org/files/media-documents/uncitral/en/compilation_of_comments_tpf_1.pdf).

3.「第三者資金」とは，手続の結果に応じた報酬と引換えに手続の当事者ではない自然人又は法人（第三者資金提供者）によるIID手続の当事者（被資金提供者）への直接的又は間接的な資金提供又は同等の支援を提供することをいう。

　第三者資金提供に関する上述の定義においても，それぞれの概念は明確であるとは言えそうにない。なお明らかにすべき争点には，(1) 第三者の概念，(2) 被資金提供者，(3) 資金提供の範囲，(4) 資金提供契約の内容がある。以下，これらの問題点を指摘する（その内容の検討はⅣで行う）。

　第一に，(1) 第三者の概念である。一般的には法的な利害関係を有さない者ということになるであろう。しかし，この概念は曖昧であり，UNCITRAL ワーキンググループ（Ⅲ）は，この概念を実務の動向からもう少し広げて考えようとしている。そこで，第三者をより具体的に定義する必要がある。第三者には，主に，①クライアントから委任を受けた弁護士法人，②保険会社，③外部の機関—企業，銀行，その他金融機関がある[10]。

　第二に，(2) 被資金提供者についてであるが，紛争当事者であればいかなる者でも良いのか。紛争当事者の範囲が問題となるが，広範に捉えると紛争が増えるということが十分に考えられ，リスクが高くなるという懸念も生じる。では，資金提供を受けられる当事者を限定する必要があるとすれば，どのような当事者であれば資金提供を受けられるとするのか。同時に，資金の提供源についての検討も必要であろう。

　第三に，(3) 資金提供の範囲である。一般に第三者が負担する費用には，広義では訴訟保険，訴訟貸付，弁護士リスク，弁護士からの資金提供などに代表される有償資金・無償資金を含め，法的な利益を得ることなく第三者（紛争には関係のない親族，友人，公益団体，その他の機関を含む）が当事者のために提供する紛争解決費用がある。ここでは訴訟における第三者資

---

[10] L.Bebch Nieuwveld & V. Shannon Sahani, Third Party Funding in International Arbitration, 2nd edn., Kluwer Law International BV, 2017, p.3.

金提供も含まれ，その概念は広すぎる。これに対して狭義の第三者資金とは，原則として有償資金のみを指し，資金提供者の性質や資金提供の目的等に制限があるものをいう。この概念では，主体や客体，資金提供の方式などが判然とせず，一般的概念としても，また，本章の課題である国際仲裁における概念としても用いることはできそうにない。そこで，国際仲裁に限定して言えば，例えば，中村達也教授は，「第三者による仲裁費用の提供には，代理人弁護士の全面成功報酬制（contingency fee arrangement），条件付成功報酬制（conditional fee arrangement）による場合のほか，仲裁費用保険等の利用があるが，これら以外に，資金提供者が当事者との資金提供契約に基づき，当事者に対し仲裁手続に必要な資金を提供し，当事者は，請求が棄却された場合には，資金提供者に対する支払義務はないが，請求が認容され，あるいは，和解が成立し，請求金額の全部又は一部を回収することができた場合には，約定の一定額を資金提供者に支払うという資金提供がある。」と資金提供の範囲について叙述している[11]。

第四に，（4）資金提供契約の内容である。資金提供する上で，契約自由の原則に完全に委ねられるのか。紛争当事者が仲裁手続費用を賄えないゆえに第三者から資金提供を受けるわけであるが，そうであると資金提供者の方が当事者よりも優位であり，不当な要求をする懸念はないか。一定の制約の必要性の有無，資金回収の範囲などを定める必要はないであろうか。

以上の争点について，Ⅳにおいて検討をするが，その前に香港及びシンガポールの制度についてその概要を見てみたい。

---

11) 中村達也「第三者資金提供と仲裁手続」國士舘法學，第50号（2017.12）3頁。ほかに第三者資金提供の概念について例えば，Rachale Mulheron, England's unique approach to the self-regulation of third party funding: a critical analysis of recent developments [J]. Cambridge Law Journal, 2014 (73), pp.570-597. がある。

Ⅲ 第三者資金提供制度の概要

1 第三者資金提供利用の概況

　現在，オーストラリア，英国，米国，香港，シンガポールなど多くの国・地域が，仲裁法又は仲裁規則で第三者資金提供を許容する仲裁制度を定めている。これらの国・地域では，仲裁の第三者資金提供の正当性を政府部門と仲裁機関が共に推進している。2015年に香港立法会仲裁小委員会は「仲裁の第三者資金提供に関する報告書」を提出した（2016年に最終協議報告書を提出）。これを受けて香港立法会は，2017年6月14日に香港仲裁条例の修正案を可決した。さらに，国際法曹協会や国際商事仲裁協議会（ICCA）などの主要な国際仲裁センターや機関も仲裁規則を改訂することにより，仲裁に第三者資金提供制度を導入している。2017年1月10日にシンガポールは改正民法，第三者資金提供規則，及び弁護士規則を採択し，仲裁当事者に対する第三者資金提供を認めた。

　以下，日本企業が商事仲裁において利用することが比較的多いと思われる香港とシンガポールの第三者資金提供に関する規定について，本章で取り上げる論点を中心に若干の紹介をする。なお，香港もシンガポールも第三者資金提供を多く利用していると言われるコモンロー諸国の制度と大きく異なることはなく，特異な制度内容とはなっていないので，制度の全体像の概略を把握する上でも適当であると考える。さらにシンガポールは，仲裁機関が第三者資金提供に関する先行例を参照しつつ，存在する懸念や課題に応えるような制度構築を目指していると評価されているので，ここで取り上げる意味もあると考える。

2 香港，シンガポールの制度概要

（1）香港

　香港国際仲裁中心（HKIAC）の2018年仲裁条例[12]は，第6章第44条において第三者資金提供について以下のとおり規定をし，これを認めること

した。

44.1 資金提供契約が締結された場合，資金提供を受けた当事者は，他のすべての当事者，仲裁廷，緊急仲裁人，及び HKIAC に，書面により以下の通知をするものとする。
（a）資金提供契約が締結されたという事実，及び
（b）資金提供を行う第三者の身元。

44.2 44.1で言及されている通知：
（a）仲裁開始前又は仲裁開始後に締結された資金提供契約は，緊急仲裁人の選任申請，仲裁通知，仲裁通知への回答，追加申立又はこれに対する回答の中で通知しなければならない。
又は，
（b）仲裁開始後に締結された資金提供契約について，資金提供契約が締結された後，速やかに通知しなければならない。

44.3 44.1の情報を開示した後に変更が生じたときには，資金提供者はこの変更について開示しなければならない。

また，HKIAC は，仲裁条例を補うために第三者の資金提供者及び潜在的な第三者の資金提供者を対象とした行動規範「第三者資金提供仲裁実務守則」（以下，「Code」という）を定めた[13]。以下その注目すべき内容をごく簡単に示しておく（以下，括弧内の数字は Code の条項である）。

ⅰ）資金提供契約に際して資金提供者は，資金提供を受けた当事者に，独立した法的助言を求める権利があることを周知させる必要がある（2.3

---

[12] 香港國際仲裁中心機構仲裁規則（2018）（https://www.hkiac.org/sites/default/files/ck_filebrowser/PDF/arbitration/2018%20Rules%20book/2018%20AA%20Rules_Simplified_web%20%28saved%20in%202019%20May%29.pdf）．なお，2019年2月1日に仲裁条例（Cap 609）（AO）の改正が発効している。

[13] 第三者資助仲裁實務守則, https://www.gld.gov.hk/egazette/pdf/20182249/cgn201822499048.pdf

（1））。

ⅱ）資金提供契約を交わすことのできる第三者に自己資本要件を定めた。これについて，資金提供者は，最低36ヵ月間にわたり資金調達契約に基づくすべての資金調達債務をカバーする能力を維持し（2.5（1）b），最低2,000万香港ドル以上の自己資本があること（2.5（2））が必要である[14]。このときに，仲裁の当事者若しくは当事者の可能性があるか，又は当事者のために活動する弁護士若しくは法律事務所による資金提供は認められない。これは，香港では成功報酬及び条件付報酬を受ける取決めが禁止されているからである。

ⅲ）利益相反に関して，資金提供者は，資金提供契約の期間中に資金提供契約に関連して資金提供者が行う活動に関連して発生する可能性のある利益相反を管理するための効果的な手続をしなければならない（2.6（1））。利益相反には，弁護士が資金提供者と被資金提供者の双方のために行動する場合，又はそのような当事者間に既存の関係がある場合が含まれる。このような利益相反があるときには，この情報を資金提供を受けた者に開示しなければならない（2.7）。

ⅳ）守秘義務と法律専門家の特権については，資金提供者は，香港の法律又はその他の適用法が許す範囲で，仲裁及び資金提供契約に関する情報及び文書の秘密を守らなければならない（2.8）。

ⅴ）情報開示に関しては，資金提供者は，資金提供を受けた当事者に第三者資金提供に関する情報を開示する義務があることを認識させなければならない（2.10）。同時に，資金提供を受けた当事者は，資金提供契約で要求された場合，又は仲裁機関によって命令された場合，若しくはその他の方法で要求された場合を除き，資金提供契約の詳細を開示する義務を負うことはない（2.11）。

ⅵ）資金提供契約において，資金提供者は，資金提供を受けた者に対して，①資金提供を受けた者が仲裁の結果，給付義務を負うことになった

---

14) 英国法の資本要件は，約200万ポンドであるのに対し，香港は500万ポンドと資本要件を重くしている。

きの費用，②保険に加入した場合の保険料，③その他の各種費用の負担や保証に対して，責任を負う (2.12)。香港では，敗者負担の原則が適用されているところ，仲裁廷は資金提供者などの第三者に対して管轄権を有してはいないので，直接に費用の負担を命じることができない。そこで，Code においてこのような規定を設けたものである。

　vii) 資金提供契約解除について規定したことも特徴と言える。資金提供者は，以下の4つの事由がある場合に資金提供契約を終止することができる。①仲裁又は調停のメリットについて合理的理由で納得できなくなったとき，②仲裁における資金提供を受けた当事者が極めて不利となる見通しが生じ，これを合理的に信じる理由が生じたとき，③紛争の全部又は一部を解決するための調停において，資金提供を受けた当事者が相手方当事者と何らかの合意に達し得る見通しに重大な不利となる変化があったと合理的に信じる理由があるとき，④資金提供を受けた当事者が資金提供契約に重大な違反を犯したと合理的に信じる理由があるときである (2.13)。これ以外の事由による資金提供者からの契約解除は認められない。

（2）シンガポール

　シンガポールでは，2017年に民事法（Civil Law Act）が改正され，国際仲裁における第三者資金提供が許容された[15]。さらに，2016年6月28日に民事法と第三者による費用負担に関する規則（Civil Law (Third-Party Funding) (Amendment) Regulations 2021）が施行され，①国際仲裁及び国内仲裁手続，②仲裁に関する裁判手続，③仲裁に関する調停手続，④シンガポール国際商事裁判所（SICC）における手続，⑤SICC における手続に関連した調停手続においても第三者資金提供が利用できるようになった。これに伴って，2014年弁護士法規則（Legal Profession (Representation in SICC) Rules 2014）も見直される予定であるという。弁護士職務規則の下で，実務家は，裁判所や仲裁廷及びいずれの係争当事者に対しても資金提

---

15) https://dentons.rodyk.com/en/insights/alerts/2021/july/7/singapore-third-party-litigation-funding-japanese（last visited January 21, 2023）.

供契約の存在及び費用負担者の住所を含めた情報を開示しなければならず，費用負担者と仲裁人の間の利益相反を回避することに努めなければならない。また，弁護士職務規則は，実務家に対して顧客との間で資金提供契約を締結しようとする第三者から委任を受けたり，当該第三者から持ち分を譲り受けたりすることを禁じている。なお，シンガポールでは，資金提供する第三者は，主たる事業として資金提供を行う者であることが求められ，非営利の資金提供（プロボノとしての資金提供や資金提供を本業としない個人や企業からの資金提供など）を排除している。

シンガポール仲裁人協会（SIArb）は，民事法改正を歓迎し，2017年5月に第三者資金提供に関するガイドライン「SIARB (*SINGAPORE INSTITUTE OF ARBITRATORS*) GUIDELINES FOR THIRD PARTY FUNDERS」（以下，「SIArb ガイドライン」という）を定めた[16]。これは，シンガポールに所在する国際仲裁の当事者に資金を提供しようとする資金提供者のベストプラクティスを促進することを目的とし，資金提供者と被資金提供者の間の透明性と説明責任を明確にし，資金提供者及び被資金提供者とその弁護士が SIArb ガイドラインに定められた推奨事項を資金提供契約に際しての参照に供するものである。以下，この SIArb ガイドラインの主要な内容の一部をごく簡単に示しておく（以下，括弧内の数字は SIArb ガイドラインの条項）。

ⅰ）契約準備段階において，資金提供に関心のある当事者及びその弁護士，その他の当事者に関連するか否かにかかわらず，合理的に予見可能な利益相反を引き起こす可能性がないことを確認し（2.1.2），資金提供に関心のある当事者が資金提供のメリットを評価する際に，法律で規定されている範囲のあらゆる情報及び文書の機密性及び／又は秘匿特権保護を遵守するものとする（2.2）。

ⅱ）第三者資金提供契約に関しては，資金提供契約は拘束力のある合意

---

16) SIARB (*SINGAPORE INSTITUTE OF ARBITRATORS*) GUIDELINES FOR THIRD PARTY FUNDERS (https://www.siarb.org.sg/images/SIArb-TPF-Guidelines-2017_final18-May-2017.pdf).

であり（3.1），①書面性，②被資金提供者に提供される資金の額の明示，③資金提供者の投資収益の明示，また，④被資金提供者のために明確かつ簡潔な方法で書かれることが要請される。また，資金提供者と被資金提供者との間で発生する可能性のある紛争につき，公正で透明性のある独立した紛争解決法を定めることも必要である（3.1.7）。さらに，資金提供者は，被資金提供者に対して，①不利な費用に対する責任を負い，②費用保険料を納付し，③費用保証，及び④その他金銭的責任を果たすものとする（3.2）。

　iii）資金提供は，紛争解決手続が終了するか，適法に終了するまで，適格な第三者資金提供者の資格及びその他の要件を引続き満たしていることを保証するために必要な措置を講じるものとする（4）。

　iv）資金提供者は，法律で規定されている範囲で資金提供者と被資金提供者の間で合意された機密保持契約に従うことを条件として，すべての情報及び文書の機密性及び/又は秘匿特権保護を遵守するものとする（5）。

　vi）利益相反に関しては，次のとおりである。第一に，資金提供者は，次のことを行うことを禁じられる（6.1）。①被資金提供者の弁護士がその義務に反する行為を行い，又は行う可能性のある措置を誘発又は講じること，②クライアント又は潜在的なクライアントの紹介を受けたか，又は紹介を受けるために，弁護士に手数料など収益の一部を支払うこと，③資金提供者を代表する弁護士が直接的又は間接的に資金提供者の株式などを保有することを故意に許可すること，④資金提供者に紛争の管理又は実施を譲渡するよう被資金提供者の弁護士に働きかけること，⑤当事者間で利益相反が生じた場合に資金を提供し続けること（資金調達の過程で，そのような紛争の可能性があると思われるときには，資金提供者は，注意を喚起し，生じる可能性のある紛争解決法についての説明義務を負う）。第二に，被資金提供者は，次のことを行うことが要請される（6.2）。①被資金提供者が弁護士費用の支払いを行う場合でも，被資金提供者の弁護士は，専門家としての倫理的義務及び資金提供者に対する忠誠義務と守秘義務を負っていることを認識すること，②資金提供者が紛争解決法案につき被資金提供者の弁護士と直接合意をするときには，事前に被資金提供者の同意を得ること，③資金提供契約に利益相反及び合理的に予見される利益相反に対処するた

めの効果的な手続が定められていることを確認すること。

ⅶ）契約の終止に関して，明確に規定された条件が生じた場合には，契約を終止することができるが，資金提供契約の終止にかかわらず，未払いの債務に対しては引き続き資金提供者が責任を負うものとする（7）。

ⅷ）開示に関して，資金提供者は，適用される規則，又は仲裁廷若しくは裁判所の命令により，資金提供に関する情報を被資金提供者及びその弁護士と協力して開示しなければならない（8）。

以上，主に第三者資金提供に関する香港及びシンガポールの制度を概観したが，現行の諸制度の内容を踏まえて，以下，第三者資金提供に関する個別の論点について確認する。

Ⅳ　資金提供者，被提供者，提供方式と範囲

第三者資金提供も一種の融資契約ということになろうから，資金提供者と被資金提供者はいかなる主体である必要があり，資金提供はいかなる方式と範囲でなされるのが適当であるかを検討する必要がある。

1　資金提供者

第三者資金提供の主体としての第三者には，民事訴訟・仲裁の当事者，当該紛争に関わって独立請求権を有する第三者，独立請求権を有しない第三者だけでなく，親族関係や資本関係，経済的パートナーシップから生じる利害関係のある者が除外されることになる。

Aceris Law LLC は，国際仲裁における第三者資金提供者として39の法律事務所などをリストアップしている[17]。中国には，Weian Legal Finance や Duomeng Litigation Funding などの大手資金提供者や法律事

---

[17] https://www.international-arbitration-attorney.com/third-party-funders-international-arbitration/ （last visited December 28, 2022）.

務所が設立したその他の第三者資金提供者が存在し，ほとんどの第三者資金提供者は，主に中国の著名な商業及び金融の中心地である北京，上海，深圳，広州に拠点を置いている[18]。このように，紛争当事者が選任する仲裁人には，大手法律事務所の弁護士であることが多い。資金提供者として登録する際に審査を経るのであり，このときに公正・衡平な業者であることが求められるゆえんでもある。

2 被資金提供者（紛争当事者，弁護士）

被資金提供者は，紛争当事者の一方である。また，当該紛争当事者が委任した弁護士も資金提供の重要な受け手である。なぜならば，弁護士は仲裁手続において委任者を支援する中で仲裁費用一部を支払うことがあるからである。これは，成功報酬（contingent fee）という考え方の存在による。しかし，現実には多くの法律事務所は成功報酬の取決めについて消極的である。仲裁におけるリスクを伴うために法律事務所は，可能な限りリスクを回避しようとしているからである。したがって，法律事務所としては，自らが費用を負担し，リスクを負うよりも第三者による資金提供を歓迎することであろう。

3 資金提供の方式と範囲

第三者資金提供は，仲裁費用，弁護士費用，専門家の招聘費用などの費用を含み，弁護士の成功報酬や訴訟保険制度に比べてカバーされる範囲は広く包括的なものである。第三者資金提供と類似の制度に訴訟保険があるが，これは当事者に事件の目的物に応じた保険金の支払いを要求し，当事

---

[18] Kent WOO　Xiaoliu BAI　Veronica LIN "Third Party Funding in China" Publications Articles Newsletters Zhong Lun Horizons Zhong Lun Annual Reports, https://en.zhonglun.com/research/articles/27099.html（last visited December 31, 2024）.

者の訴訟リスクの一部を移転するものである[19]。訴訟ローンもあるが，これは多くの場合，当事者が対応する資産を担保として提供することが要求されるのであり，当事者の資産，資金力がなければ利用できない。政府系の支援は，係争事件が公共のものであるか否か，当事者の資金力などに関して出捐要件がある。これらの一部は，間接資金の提供の概念に含まれるものもある。間接的資金提供とは，間接的という言葉が示すとおり，紛争当事者が資金提供をする第三者以外の者から資金提供を受けることをいう。例えば，紛争当事者の会社代表者や関連会社からの資金提供，エクイティファイナンスの利用，その他の第三者以外から財政的支援を受けることをいう。

　日本商事仲裁協会によれば，仲裁費用は大きく，①仲裁人報償金・経費，②管理費用，③代理人その他専門家の報酬及び経費のうち仲裁廷が合理的と認めるもの，④仲裁手続のための合理的な費用の4つに分類される[20]。①の仲裁人報償金は，時間単価制か固定額になり，当事者双方が納付する予納金から支払われるものであり，仲裁人経費は，仲裁人が作業をする中で必要な合理的経費，例えば，交通費（航空運賃はビジネスクラス料金とし，他の交通手段においてもこれに相当するクラスの料金とする），郵便，クーリエ，電話，コピーその他事件の特性により合理的に必要な経費として日本商事仲裁協会が認めるもの，また，宿泊を必要とする場合には，宿泊費（食事代その他の費用を含む）がある。②の管理費用は，仲裁機関の手数料として，紛争金額に応じた金額を申立人（反対請求については，反対請求申立人）に申立時に納付するものである。③の代理人その他専門家の報酬及び経費のうち仲裁廷が合理的と認めるものには，各当事者が，主張・立証活動のために支出した代理人弁護士の報酬・費用，必要な専門家・証人などの費用，通訳・翻訳費，交通費その他の費用がある。④の仲裁手続のた

---

[19] 例えば，日本商工会議所は，海外知財訴訟費用保険制度の利用を推奨し，いくつかの保険会社を紹介している https://www.ishigakiservice.jp/intellectual-asset （last visited January 2, 2023）。

[20] https://www.jcaa.or.jp/arbitration/costs.html （last visited January 2, 2023）

めの合理的な費用には，日本商事仲裁協会が，当事者からの依頼により審問会場や通訳者の手配等の各種サポートを行ったことにより，同協会が支払うこととなった実費（会場代，通訳料等）であり，当事者双方の予納金から支払われるものである。

V　第三者資金提供と衡平の問題

　仲裁人は，衡平及び善に基づいて，公正な判断をしなければならない。紛争当事者の請求，権利が平等に考慮され，判断を示すことが衡平の原則にかなうということになる。このとき当事者の一方に第三者からの資金提供があった場合に衡平性に関していかなる問題が生じるか。第一に，（1）仲裁人及び仲裁廷が，第三者資金提供に何ら影響を受けることがないように独立していなければならないという問題がある。仲裁人及び仲裁廷は，自らを規律するためにどのような問題について注意する必要があるだろうか。第二に，（2）仲裁人及び仲裁廷が独立を確保しているというためには，第三者資金提供があるという事実が仲裁人及び仲裁廷に開示されなければならないという問題がある。この問題に派生して，第三者資金提供の開示が仲裁人及び仲裁廷に対して行われれば良いのか，紛争当事者の相手方にも開示されなければならないのではないかという問題，このときに弁護士の守秘義務との角逐はないか，開示する対象，開示する時期，開示する方法，開示する範囲・内容はどうかという問題があることも想起できよう。仲裁人及び仲裁廷，又は仲裁手続上の規則として，紛争当事者に衡平であるために第三者資金提供に関してこれを受けた当事者，弁護士に開示を義務付けることができるかということも検討しなければならない。さらに仮に第三者資金提供が開示されなかった場合の効果についても検討する必要があるであろう。仲裁手続に関わる実務上の問題は極めて多岐にわたる。
　そこで，以下において第三者資金提供と衡平の問題について検討する。

1 仲裁における衡平の必要性

　第三者資金提供は，仲裁実務にいかなる影響を及ぼすだろうか。Teinver S.A, et al. v. アルゼンチン共和国事件[21]では，仲裁廷も被申立人も当初，第三者の資金提供者の存在を認識していなかった。しかし，メディアが事案の経過を報じるにつれ，申立人が第三者資金提供者から資金提供を受けていたことが明らかになり，被申立人がこの事実を開示することを要求することになった。以後，仲裁廷は，第三者資金提供が実施された時期や第三者資金提供契約の内容が本件に与える影響の有無についても検討した上で，仲裁判断を示すことになった。この意味で，この事件は，当事者に第三者資金提供がある場合には，利益相反の可能性を回避し，仲裁の衡平性と独立性を担保するために当該情報を開示する必要があるとして，第三者資金提供の開示義務を求めるきっかけとなった事件である。では，仲裁人は，第三者資金提供があることを知った場合，これを一方の当事者に開示する義務があるであろうか。この義務があるとした場合，仲裁人が開示義務を履行しなかったとき，後に仲裁判断の承認・執行につき裁判で争われることになると，このときに仲裁判断の有効性を判断することに影響が及ぶ可能性が生じる。すなわち，仲裁人が開示を怠ると，仲裁手続に瑕疵があるという一方当事者からの抗弁が生じることになり，仲裁判断が無効となり，又は承認・執行が拒否される可能性がある。

　そこで，米国では，こうした問題に対応すべく the appearance of bias の原則が確立されている。Commonwealth Continental Coating Corp v. Continental Casualty Co. 事件[22]がよく知られている。この事件で，被申立人は，指名・任命された仲裁人が所属する会社の以前からのクライアントであった。仲裁判断がなされた後に初めてこのことを知った申立人は，

---

21) Teinver S.A, et al. v. Argentine Republic, ICSID Case No. ARB/09/1, http://icsidfiles.worldbank.org/icsid/icsidblobs/onlineawards/c520/ds12192_en.pdf. また，井上葵「サード・パーティ・ファンディングと投資仲裁」JCA ジャーナル，67巻1号［2020.1］,47-54頁。

仲裁人が開示義務を遵守しなかったことは「明白な不正」であるとして，仲裁判断の取消しを請求した。地方裁判所及び控訴審裁判所は，仲裁人が開示義務を怠ったものの，事件全体を通じて仲裁人による事実上の不正はなかったと判断した。しかし，最高裁判所は，仲裁人の衡平性は裁判官よりも偏見の存在について注意を払うべきであるとして下級審の判決を破棄し，仲裁判断を無効とした。この事件は，第三者資金提供に関するものではなく，この原則が他国でも適用されているかというとそうではないが，仲裁人が第三者資金調達情報の開示義務を履行しない場合，仲裁人の信用に問題が生じることにはなるであろう。

英国においても議論はある。最高裁判所が Halliburton Company v. Chubb Bermuda Insurance Ltd. 事件[23]で仲裁人の the appearance of bias を審査するとした判決がある[24]。仲裁人が開示義務に違反した場合，仲裁判断の承認・執行が拒否される可能性も生じる。「外国仲裁判断の承認及び執行に関する条約」（ニューヨーク条約）第5条第1項（d）は，仲裁手続が当事者間の合意に反するか，又は合意がないときに仲裁判断の承認・執行を拒否することができるとしている。仲裁地の法律が仲裁人に第三者資金提供者との関係の開示を含む開示義務を履行することを要求しているにもかかわらず，仲裁人がこれに反したときには仲裁手続の正当性は

---

22) Roger C. Hartley, Note, Appearance of Bias as Grounds for Vacating an Arbitrator's Award – Implications of Commonwealth Coatings Corp. v. Continental Casualty Co. for Labor Arbitration（https://scholarship.law.edu/cgi/viewcontent.cgi?article=1620&context=scholar, last visited April 4, 2023）.
23) https://supremecourt.uk/uploads/uksc_2018_0100_judgment_a141cb5c92.pdf
24) Halliburton Company（Appellant）v. Chubb Bermuda Insurance Ltd（formerly known as Ace Bermuda Insurance Ltd）（First Respondent）（https://supremecourt.uk/uploads/uksc_2018_0100_judgment_a141cb5c92.pdf）. Supreme Court clarifies arbitrator bias test and arbitrators' duty of disclosure,（https://www.dacbeachcroft.com/es-ES/what-we-think/supreme-court-clarifies-arbitrator-bias-test-and-arbitrators-duty-of-disclosure（last visited December 31, 2024）. Bias by Arbitrators: The UK Supreme Court Clarifies the Law（https://www.sidley.com/en/insights/publications/2020/12/bias-by-arbitrators-the-uk-supreme-court-clarifies-the-law（last visited December 28, 2022）.

保証されず，承認・執行が拒否される可能性があることになる。

　では，第三者資金提供との関連で仲裁人はいかに独立を確保すべきであるのか，情報開示の問題についてどのように対処する必要があるのか。この問題について以下で検討する。

2　仲裁人の独立

　仲裁人の独立性と衡平性は，国際仲裁における最も基本的な原則の1つである。これは仲裁が私的な性質を有するがゆえである[25]。資金提供者の関与が仲裁人の独立性又は衡平性の問題を引き起こす可能性，すなわち仲裁人も利益相反を引き起こす可能性がある。国際仲裁は，非常に多く利用されているが，仲裁人になり得る人の数は事件件数の割には必ずしも多いとは言えず，国際仲裁を扱う法律事務所，弁護士も大手法律事務所及び所属の弁護士にある程度まで限られているということがある。また，国際仲裁事件に資金を提供している機関投資家（第三者資金提供）はさらに少ないという事実があることである。紛争当事者が選任する仲裁人には，大手法律事務所の弁護士であることも多い。大手法律事務所であると事務所内で紛争当事者のもう一方の業務を行っていることもしばしばあり，利益相反が容易に生じ得る。

　そうであるから，国際法曹協会（International Bar Association）の「国際仲裁における利益相反に関するガイドライン」（IBA Guidelines on Conflicts of Interest in International Arbitration；以下，「IBA ガイドライン」という）[26]は，仲裁人による情報開示について規定し，仲裁人がある事実又は状況を

---

[25] L. YU HONG and L. SHORE, "Independence, Impartiality, and Immunity of Arbitrators – US and English Perspectives", https://www.cambridge.org/core/journals/international-and-comparative-law-quarterly/article/abs/independence-impartiality-and-immunity-of-arbitratorsus-and-english-perspectives/314216A8041D69B3FA253FA8D4BC770F（last visited December 28, 2022）.

[26] https://www.ibanet.org/MediaHandler?id=1979E86D-1212-4BD6-8389-2959411F0A00 last visited April 4, 2023）.

開示するべきか疑義がある場合には，情報開示する方向で解決されるべきであると規定し（第1章3（d）），仲裁人は，利益相反事由及び仲裁人の公正性又は独立性に合理的疑いを生じさせるおそれのあるあらゆる事実又は状況を特定するための合理的な調査を実施する義務を負い，仲裁人がかかる合理的調査を怠った場合には，仲裁人は，不知を理由として利益相反の不開示の責任を免れることはできないとも規定している（第1章7（d））[27]。IBAガイドラインは，第三者資金提供が実務において利用されるようになる前に定められたものであるので，この問題について明示的に言及されているわけではない。それでも仲裁人の責務として考慮する必要があるであろう。

　では，第三者資金提供に関する情報開示はどのようになされるのか。次にこの問題について検討する。

3　情報開示

（1）情報開示する当事者

　上述したように第三者資金提供の存在について情報を開示することは，仲裁手続の衡平性を確保し，手続の透明性を向上させるために必要な条件である。では，情報開示は，誰が，いつ，誰に対して，どのような方法で，いかなる内容・範囲について行えば良いのか。仲裁手続において資金提供をする第三者，当該資金提供を受ける紛争当事者，当該紛争当事者の弁護士，仲裁人が情報を開示することのできる側の関係者として登場する。この各関係者は，それぞれどのような責務を担うことになるのだろうか。

　資金提供者が自らこの事実を仲裁人に開示することは考えにくい。また，第三者資金提供を受けた紛争当事者の代理人弁護士が仲裁人に情報を開示することも委任者との間の守秘義務との関係で考えにくく，ときには代理

---

[27] 公益社団法人日本仲裁人協会による日本語訳を参照。
https://www.ibanet.org/MediaHandler?id=1979E86D-1212-4BD6-8389-2959411F0A00（2022年12月28日最終閲覧）。

人弁護士が資金提供者になることもあるとすればなおさらである。そうであると利益相反が生じる可能性を防ぎ，仲裁手続の瑕疵発生を防ぐために，第三者資金提供を受けた紛争当事者が仲裁人に当該情報を開示する責務があるということになるのではないだろうか。そして，この場合に情報開示する範囲はどこまでかという問題が生じるであろう。

（2）情報開示の範囲

　情報はどこまで開示されるべきか。なぜ，情報開示の範囲が問題になるかとい言えば，関係当事者の守秘義務や仲裁人への予断の影響，外部への情報の漏洩などの懸念があることが考えられるからである。

　そこで，主要な仲裁機関の仲裁規則において第三者資金提供の情報開示に関する規定が加筆されつつある。いくつかの規定において，次のようなものが見られる。

　ICC は，2021年の仲裁規則第11条第7項において，仲裁の当事者ではない第三者が資金提供契約を締結し，仲裁事件の結論について経済的利害関係を有する場合には，当該資金提供を受けた当事者は，仲裁裁判所事務局，仲裁廷及びその他の仲裁当事者に対して，資金提供者の存在及び名称を速やかに通知しなければならないとした[28]。ICSID 仲裁規則2022年は，以前は資金提供者の存在が秘密にされており，潜在的な利益相反の問題があったところ，紛争当事者が第三者資金提供を受けた場合には，当該資金提供者の名称及び住所を開示する必要があるとした[29]。

　CIETAC が制定した「国際投資紛争解決仲裁規則（試行）」[30]第27条第2項は，第三者資金提供について「第三者資金を受け取る当事者は，資金提供契約に署名した後，速やかに相手方当事者，仲裁廷及び事件を管轄する

---

[28] https://iccwbo.org/content/uploads/sites/3/2020/12/icc-2021-arbitration-rules-2014-mediation-rules-english-version.pdf.
[29] https://www.acerislaw.com/wp-content/uploads/2022/05/Amendments-to-the-Regulations-and-Rules-for-ICSID-Arbitration-Proceedings.pdf.
[30]「国際投資争端仲裁規則（試行）」中国国際経済貿易仲裁委員会（中国国際商会）2017年9月12日採択，2017年10月1日施行。

紛争解決センター，又は香港仲裁センター[31)]に第三者資金調達契約の事実，性質，名称及び住所を書面で通知しなければならない。また，仲裁廷は，第三者の資金提供を受けた当事者による開示を命じる権限を有する。」と規定している。

　香港は，2017年6月23日に「2017年仲裁及び調停法例（第三者資金提供）（修正）条例」を発布した[32)]。これは，仲裁条例第609章第10部に第三者資金提供について加筆修正を加えたものである。ここで重要な点は，資金提供を受けた紛争当事者は，書面により一方の当事者及び仲裁機関，仲裁人又は仲裁廷に資金提供契約に調印したこと，資金提供をした第三者の氏名又は名称を通知しなければならないと規定していることである。

　シンガポールは，上述したが2017年民法改正により第三者資金提供について規定している[33)]。また，仲裁における第三者資金提供に関するSIArbガイドラインは，仲裁手続開始時，又は少なくとも開始後速やかに資金提供者の氏名及び住所について弁護士の主導により開示する義務に言及している。そして，「弁護士（法曹倫理）2015規則49A条」[34)]において紛争解決手続を行う際は，裁判所・仲裁廷及びすべての当事者に紛争に関連する第三者資金提供契約の存在及び資金提供者の特定を紛争の開始日まで又は可能な限り速やかに開示しなければならないと規定している。さらに，シンガポール国際仲裁センター投資仲裁規則（2017年）[35)]は，仲裁廷の権限（24(1)）として，当事者に第三者資金提供取決めの存在及び／又は第三者の身元を開示することを命じ，適当とみなされる場合には，第三者資金提供

---

31) この香港仲裁センターは，CIETACが香港に設立した支局である。香港の独立した仲裁センターではない。
32) 2017年仲裁及調解法例（第三者資助）（修訂）条例（https://www.doj.gov.hk/sc/legal_dispute/pdf/brief_note_tpf_sc.pdf）。
33) CIVIL LAW ACT (CHAPTER 43) CIVIL LAW (THIRD-PARTY FUNDING) REGULATIONS 2017, https://sso.agc.gov.sg/SL/CLA1909-S68-2017 (last visited December 30, 2022).
34) LEGAL PROFESSION ACT (CHAPTER 161) LEGAL PROFESSION (PROFESSIONAL CONDUCT) RULES 2015 (https://sso.agc.gov.sg/SL/LPA1966-S706-2015, last visited April 6, 2023).

者が仲裁手続の結果，享受する利益の詳細な内容の開示，及び／又は第三者資金提供者は不利な費用負担をすることを承諾しているか否かを開示することを命じることができるとしている。

　若干の規則を見たが，その他諸外国の仲裁規則や国際協定において第三者資金提供についての開示義務の傾向があることが認められる[36]。手続の透明性，衡平性の担保，利益相反の発見ということに関しては必要なことであろうと考えるが，現時点においては，多くが第三者資金提供の存在，その身元，住所という程度にとどまっている。シンガポールの場合にはこれよりも多少詳細な内容の要求がある。仲裁費用の紛争当事者の分担などを考慮する場合，第三者資金提供契約の内容についてもある程度まで知る必要があるという判断であるかも知れない。ただし，逆に契約内容まですべて知ってしまった場合，かえって仲裁人に予断を与えることにならないかという懸念も生じるであろう。開示された内容は，仲裁人にとどまるのか，どこまでもう一方の当事者に知らせるかという問題もある。今後なお検討されなければならない。

VI　第三者資金提供の効果

　ここまで（1）第三者資金提供の概念，（2）香港及びシンガポールの制度の概要，（3）第三者資金提供に関する主な論点，（4）第三者資金提供と衡平の問題について叙述してきたが，以上の問題を踏まえた上で改めて第三者資金提供制度の目的と効果について検討したい。この検討を通じ

---

35) INVESTMENT ARBITRATION RULES OF THE SINGAPORE INTERNATIONAL ARBITRATION CENTRE SIAC INVESTMENT ARBITRATION RULES（1ST EDITION, 1 JANUARY 2017）（https://siac.org.sg/wp-content/uploads/2022/06/SIAC-Investment-Arbitration-Rules-Chinese-Translation-Zhong-Lun-20200630_Final.pdf.）
36) 例えば，オーストラリア連邦裁判所 No. 17 実務ガイドライン，カナダと欧州連合の包括的経済貿易協定（CETA 協定），大西洋横断貿易投資パートナーシップ協定（TTIP 協定）も資金提供者の開示義務を規定している。

て，第三者資金提供に関する制度整備に何が求められるかの解答が多少なりとも得られるものと考える。

　第三者資金提供は，正当な権利を有するが訴訟・仲裁費用の捻出が困難なため訴訟・仲裁を断念せざるを得ない者の権利擁護に資するということがある。しかし，この場合に，（1）仲裁の商業化，（2）第三者による仲裁判断への干渉という問題が生じることになる。第三者資金提供の目的は，何よりも資金提供者がより高い経済的利益を得ることにあり，これはベンチャー投資，魅力的な投資になっているという側面が否定できない。資金提供者は，通常の場合に紛争への資金提供に伴うコストとリスクに応じて，被資金提供者が回収した金額の25％から45％の割合でのリターンを求めている[37]。また，中国では通常，40％であるという[38]。そうであるから，資金を提供するかどうかを決定する過程において，仲裁の申立て，給付請求が認められると判断される事件の一方に資金提供をすることになる。この限りにおいて，親族や友人の友情からの支援，慈善団体や公益目的に基づく公益団体の資金支援行動とは異なる。

　ニューヨーク市法曹協会（NYCBA）は，第三者訴訟の資金調達に関する正式な意見書を発行し，若干のメリットと主な懸念事項を明らかにしている[39]。ここで，「ノンリコースの訴訟資金調達は増加しており，一部の原告には，法的請求を追求するための費用を支払うための貴重な手段であり，和解又は判決が得られるまで基本的な手続費を維持するための貴重な手段を提供するものである。弁護士がそのような取決めについて助言したり関与したりすること自体は非倫理的ではない。しかし，これは弁護士に

---

[37] Third Party Funders for International Arbitration, https://www.international-arbitration-attorney.com/third-party-funders-international-arbitration/ (last visited April 3, 2023)
[38] See supra note 15.
[39] NEW YORK CITY BAR ASSOCIATION, "Formal opinion 2011-2: third party litigation financing", 2011, https://www.nycbar.org/wp-content/uploads/2023/05/20072132-FormalOpinion2011-2Third-partyLitigationFinancing.pdf (last visited December 31, 2024).

とってさまざまな倫理的問題を提起する可能性がある。例えば，秘匿特権の放棄や第三者による訴訟への干渉の可能性などである。 ノンリコース資金調達協定の当事者か，又は当事者になることを検討しているクライアントを代表する弁護士は，潜在的な倫理的問題を認識し，問題が発生した場合に対処する準備をしておく必要がある。」と述べている。

　さらにもう1つの懸念がある。すなわち，資金提供をした第三者は，当事者の意思に反して，提供をした元本の回収を当然ながら優先させるので，当事者が和解を望んでもこれに消極的であるということが生じ得る[40]。資金提供者は，仲裁手続の過程で当事者にリーガルサポートもすることが許されるからである。

　このような弊害をなくすため，例えば，英国では，事務弁護士行為規範2011年（The Solicitors Regulation Authority Code of Conduct 2011：以下，「SRAコード」という）が「公共の利益」のための資金提供であることを責務として定めている。SRAコードは，この点に関して「2以上の原則が対立する場合，優先されるのは，特定の状況における公共の利益，特に司法の適切な運営における公共の利益が最も優先される。」[41]としている。

　第三者資金提供の利用が増える趨勢にある。第三者資金提供を推奨する者は，仲裁費用などのコスト面で仲裁申立を断念していた当事者がアクセスしやすくなり，仲裁の利用が促進されるであろうことを最大の利点として主張する。しかし，若干の懸念について上述したが，これ以外の批判もある。第三者資金提供に反対する者は，利益相反が生じる懸念，手続が煩雑になること，濫訴，さらには，資金提供者がハゲタカ投資家[42]，ギャ

---

40) B.M. Cremades, Jr. "Third party litigation funding: investing in arbitration", TMD,Vol. 8, October 2011,p.36
　（Third Party Litigation Funding- Investing in Arbitration by B.M. Cremades, Jr. .pdf).and M. RODAK, "It's about Time: A System Thinking Analysis of the Litigation Finance Industry and Its Effect on Settlement",*UNIVERSITY OF PENNSYLVANIA LAW REVIEW*〔Vol.155, 2006,p.522〕（https://scholarship.law.upenn.edu/cgi/viewcontent.cgi?article=1264&context=penn_law_review, last visited April 6,2023）.

41) https://www.lfpro.co.uk/Uploads/medialibrary/sra_code_of_conduct.pdf

ンブラー[43]，ヤミ金融[44]となる懸念を指摘する。

　欧州議会は，2022年9月13日に民事訴訟に関する第三者資金提供により生じる可能性のある濫訴を防止するための新しい規制枠組みの導入を求める法務委員会の報告書（DRAFT REPORT with recommendations to the Commission on Responsible private funding of litigation（2020/2130（INL））[45]を承認した[46]。この報告者がまとめられたのは，上述したとおり，第三者資金提供には批判的な声もあり，これの規制を求める声が高まっているという事情もある。この報告書の内容，提言が国際仲裁の第三者資金提供問題にも影響を与える可能性がある。現在，主要な仲裁機関は，第三者資金提供について情報開示を義務付ける仲裁規則改正も行っているところである。しかし，なお十分に制度化され，国際的に統一されたモデルはない。報告書では，濫訴の防止が主たるテーマとなっており[47]，この点について資金提供者の利益回収に40％の上限を定め，敗訴した場合の資金提供者

---

42) M. KANTOR, "Third-party Funding in International Arbitration: An Essay About New Developments", 24 ICSID Rev. 2009, 66; S. MENON, "Some Cautionary Notes for an Age of Opportunity", Chartered Institute of Arbitrators International Arbitration Conference 22 August 2013, 9 and https://singaporeinternationalarbitration.com/wp-content/uploads/2013/08/130822-some-cautionary-notes-for-an-age-of-opportunity-1.pdf.

43) J. MOLOT, "Litigation Finance: A Market Solution to a Procedural Problem", 99 Geo. L. J. 2010, 96.

44) CATHERINE A. ROGERS, ETHICS IN INTERNATIONAL ARBITRATION (OUP 2014, forthcoming) "Gamblers, Loan Sharks & Third-Party Funders", Penn State Law Research Paper No. 51-2013 2013, 2 and http://papers.ssrn.com/sol3/papers.cfm?abstract_id=2345962（last visited April 3, 2023）.

45) https://www.europarl.europa.eu/doceo/document/JURI-PR-680934_EN.pdf.

46) TIMOTHY J. FEIGHERY, LEE M. CAPLAN, MAXIME JEANPIERRE, MAYA S. COHEN, "EU Parliament Voted To Regulate Third-Party Funding"（https://www.afslaw.com/perspectives/international-arbitration-dispute-resolution-blog/eu-parliament-voted-regulate-third（last visited December 30, 2022））.

47) コモンローの諸国では「訴訟幇助禁止の原則（Maintenance and Champerty）」により第三者資金提供を行うこと自体が不法行為に該当するものとされてきた。この「訴訟幇助禁止の原則」の趣旨は，経済的弱者が資金提供者によって搾取されるのを防ぎ，かつ濫訴を防止することで裁判所の負担を軽減することにあった。

の負担すべき費用も支払う義務，及び資金提供契約の開示を求めるとした。また，当該事件が第三者資金提供を利用していることについて外部に開示をしなければならないこと，弁護士は資金提供をする第三者の紹介について手数料等を請求してはならないという提言もしている。

Ⅶ まとめ

　今日，中小企業が国際取引契約に直接関わり，紛争当事者となることも多くなっている。そして，商事紛争解決においては仲裁が奨励される。この理由の1つに民事訴訟と比較した場合の廉価性が指摘されている。しかし，中堅・中小企業にとって国際仲裁を行う場合であっても紛争処理に際しては大きな費用負担が生じることは事実であり，国際取引の相手方に対する損害賠償請求を断念することもある。このときに第三者から資金提供を受けることができれば，仲裁遂行費用の不足を補い紛争当事者間の平等性の確保，正当な利益保護のための主張機会の提供，ひいては公正・衡平性が確保されることとなり，仲裁の利用度も増すことになるであろう。

　しかし，一方で資金提供をしようとする第三者は，ビジネスとして資金提供をする（より高い利益を得ようとする）のであるから，資金提供をする紛争当事者の請求が認容される見込みがなければ資金提供をしないということになる。そうであると仲裁の利用促進とは言いながら，必ずしも仲裁関係費用を必要とする紛争当事者に資金提供がなされるということにはならない。また，このようなビジネスであるから，第三者資金提供を受けた紛争当事者の主張に理があると仲裁人が予断を持つことにならないかという懸念も生じそうである。このような場合には，第三者資金を必要とする当事者と資金提供者との間の力関係が対等ではないということになる。こうした問題を回避するためには，資金提供者を登録制にするなどの対策も必要になるだろう。一方で，ビジネスを離れた立場から収益を目的としないNGOなど公益団体による資金提供も考え得る。第三者資金提供をどの範囲まで認めるかに関しても，今後，制度を構築する上での課題となる。

　さらに検討すべき課題として，第三者資金提供があるゆえに仲裁費用の

配分の問題，資金提供を受けていない当事者の権利と利益保護の問題（費用保証制度の適用），資金調達契約内容（弁護士費用，資金提供者の投資収益[48]），間接的資金提供の問題（紛争当事者の会社代表者や関連会社からの資金提供，エクイティファイナンスの利用，その他の第三者以外からの財政的支援）なども考えられる[49]。第三者資金提供の効果についてもさらに検証が必要であろうと考える。このような検証を通じて，第三者資金提供に関する制度の標準化を進める必要があるのではないか。

　基本的には国際商事・投資紛争については，国家権力による民事訴訟制度を利用するよりも仲裁という私的紛争解決法の方が紛争当事者にとって衡平性が確保でき，ウィンウィンの処理も期待できる。仮に日本の国際仲裁においても第三者資金提供を導入しようとするのであれば，本文で検討した各視点から第三者資金提供について議論する必要があるだろう。

（初出：梶田幸雄「国際仲裁における第三者資金提供の論点」（比較法雑誌，第57巻第2号，1-29頁）を一部加筆修正した。）

---

48) LAMM and HELLBECK refer to this inconvenient situation as a "Bermuda Triangle of divergent interests". C. LAMM and E. HELLBECK, "Third-party funding in investor-state arbitration" in B. CREMADES and A. DIMOLITSA (eds.), Dossier X: Third-party Funding in International Arbitration, Paris, ICC Publishing S.A., 2013, 107.

49) これらの問題については，UNCITRAL Working Group III において一部検討されている。"Possible reform of investor-State dispute settlement (ISDS) Draft provisions on third-party funding", "Possible reform of investor-State dispute settlement (ISDS) Draft provisions on procedural reform" (https://uncitral.un.org/sites/uncitral.un.org/files/media-documents/uncitral/en/wp_219_-_draft_provisions_on_procedural_reform_.pdf) "Initial Draft on the regulation of third-party funding Compilation of comments" (https://uncitral.un.org/sites/uncitral.un.org/files/media-documents/uncitral/en/compilation_of_comments_tpf_1.pdf).

第 6 章

人権保護と国際仲裁
―― 「ビジネスと人権仲裁に関するハーグ規則」の適用

I　はじめに

　国際貿易や投資は，イノベーションを促進し，持続的高度成長をもたらすものであると広く認識されている。先進資本主義国企業による発展途上国・後発国への直接投資は，雇用の創出，賃金，資本と技術の輸出，健康・教育プログラム，新製品・新サービスの提供などにより，投資受入国に利益をもたらしていることは，国連貿易開発会議（UNCTAD）の各種レポートでも言及されているところである[1]。しかし，一方で，現在の国際投資は人権保護に悪影響を及ぼしているとの批判も少なくない[2]。企業が関与する人権紛争には，環境汚染・破壊，土地収用等地元住民に対する人権侵害が典型的なものとして挙げられ[3]，地域的に見れば，国内裁判所が機能不全に陥っている地域，腐敗が蔓延している地域，政治的影響を受けている地域で生じる場合が多い[4]。企業が投資をするに際しては，人権への影響の疑いに対する対処にも緊急性があるということを十分に配慮すべきである。貿易・投資のグローバル化に伴って，世界の貧困層は減少してきていることは間違いないが，人権の貧困という問題は等閑にされているのではないかとも思う。

　この点に関して，2011年に国連の人権理事会において「ビジネスと人権に関する指導原則」（以下，「国連指導原則」という）[5]が全会一致で支持さ

---

1) 例えば，"Effectiveness of foreign direct investment policy measures"（https://unctad.org/system/files/official-document/c2em13d2_en.pdf）などがある。
2) James D. Fry, International Human Rights Law in Investment Arbitration: Evidence of International Law's Unity, *Duke Journal of Comparative & International Law*, Vol.18, 2007. p.78.
3) 横溝大「「ビジネスと人権に関する指導原則」と仲裁—「ビジネスと人権」仲裁に関するハーグ・ルールについて」法律時報，95巻1号（通巻1185号）（2023年）11-16頁。
4) Center for International Legal Cooperation, 'The Hague Rules on Business and Human Rights Arbitration'. https://www.cilc.nl/project/the-hague-rules-on-business-and-human-rights-arbitration/ last visited February 3,2024. 腐敗と投資仲裁問題については，梶田幸雄「腐敗問題が関わる国際投資仲裁の受理要件」（比較法雑誌，第55巻第1号，1-26頁）がある。

れて以降，企業には人権を尊重したグローバル事業展開をすることが一層強く要請されるようになってきている。2019年には，「ビジネスと人権仲裁に関するハーグ規則」(The Hague Rules on Business and Human Rights Arbitration：以下，「ハーグ規則」という)[6]が発布され，国家が人々を人権侵害から保護・救済する義務を有効に果たすルールが形成された。企業が国連指導原則にますますコミットするようになるにつれて，人権を尊重する企業の責任が貿易・投資を行う上で不可欠の要件として挙げられるようになりつつある。

　そこで，本章では，(1) ハーグ規則制定の機運として，企業の国際投資において人権問題がどのように扱われるようになってきたか，(2) ハーグ規則の特筆すべき特徴，(3) 課題の存在，(4) 今後の展望について検討をする。

II　ハーグ規則制定に向けた動きと特徴

1　人権尊重の機運の高まり

　国連指導原則の制定以降，国際仲裁においても人権尊重の機運は高まってきていることは間違いない。

　人権保護の問題が大きく取り上げられた有名な事件に，2007年にICSIDが受理したUrbaser（スペイン法人）v. アルゼンチン共和国事件がある[7]。これは，人権義務違反の疑いで国家が投資家に対する申立てをし，ICSID

---

5) https://www.unic.or.jp/texts_audiovisual/resolutions_reports/hr_council/ga_regular_session/3404/,last visited February 3, 2024.
6) https://www.cilc.nl/cms/wp-content/uploads/2019/12/The-Hague-Rules-on-Business-and-Human-Rights-Arbitration_CILC-digital-version.pdf
7) ICSID case No. ARB／07/26, Award, 8 December 2016 (*Urbaser v. Argentina*),*Urbaser S.A. and Consorcio de Aguas Bilbao Biskaia, Bilbao Biskaia Ur Partzuergoa v. Argentine Republic*, https://www.italaw.com/sites/default/files/laws/italaw6015%281%29.pdf

が最終的に,「水への権利」が国際法上の人権であることを確認する仲裁判断を示した事件である。この事件は, 以下のようなものである。ブエノスアイレス州における上下水道サービスの提供に関して, Urbaserは, 事業運営の利権を与えられたが,（1）州当局によって定められた規制により, 効率的で収益性の高い事業運営が妨げられており,（2）アルゼンチン政府の干渉も疑われると主張し,（3）水に関する人権保障は国家のみが負う義務であり, 企業が義務を負うものではないと主張した。これに対し, アルゼンチン政府は, Urbaserは飲料水と衛生設備という人権尊重を確保するための必要なレベルの投資をしていないと主張をした。ICSID仲裁廷は, これまでの事件においては, 国際人権法の適用においてあまり創造的ではなかったが, この事件において, これまでの判断を変え, 官民を問わずあらゆる者が人権を侵害する活動に従事してはならない義務があると述べ, 人権に基づくアルゼンチン政府の主張を認め,「水への権利」は国際法上の人権であることを認めた。

次にラナ・プラザ崩壊事故事件もよく知られる[8]。2013年4月24日にバングラデシュの首都ダッカから北西約20kmにあるシャバールで, 8階建ての商業ビル「ラナ・プラザ」が崩落した。死者1,127人, 行方不明者約500人, 負傷者2,500人以上が出た。ラナプラザには, 銀行や複数の店舗のほかに世界の著名アパレルメーカーなど27のファッションブランドの縫製工場が入っており, この事故で犠牲になった人の多くは, その工場で働いていた若い女性たちであった。労働者は低賃金, 安全対策も施されない劣悪な労働環境で労働を強いられていた。この事件では, バングラディシュ合意により国連国際商取引法委員会（UNCITRAL）仲裁モデル法に基づく仲裁による紛争解決が約定され, ハーグ常設仲裁裁判所のもとで仲裁が行われた。当事者は, この仲裁手続の過程で和解に至り, 事故から1カ月後,

---

8) Jaakko Salminen "The Accord on Fire and Building Safety in Bangladesh: A New Paradigm for Limiting Buyers' Liability in Global Supply Chains?" *The American Journal of Comparative Law*, Volume 66, Issue 2, June 2018, Pages 411-451, https://academic.oup.com/ajcl/article/66/2/411/5079089,last visited December 27, 2023.

H&MやZARAなどの親会社であるINDITEXをはじめとし，ヨーロッパ発祥のアパレルブランドの多くが，ずさんな安全対策を改善するための安全監視機関を設け，火災事故や崩落事故の再発を防ぐための協定，"The Accord on Fire and Building Safety in Bangladesh"[9)]に200以上の企業が署名をすることで決着した。この事件は，人権に関わる問題に関しても国際商事仲裁による解決が可能と判断された初のケースとなった。

多国籍企業は投資活動を行う過程で，安全，健康，環境などの分野で投資受入国の国民の人権を侵害することがあるのは周知のとおりである。このような侵害が発生すると，被害者はこれらの多国籍企業に対して苦情を申し立てるものの，被害者が自由に使えるのは主に国内裁判所に訴えるだけである。しかし，国内裁判所では，被害者の被害に対する補償の請求が認められないことがよくあり，被害者にとってはあまり効果がないという指摘がある[10)]。このような現状が，上述の事件のような形で変化しつつある。こうした機運が手伝って，ハーグ規則が制定されるに至った。

2　ハーグ規則の重要な特徴

ハーグ規則は，ビジネスが人権に及ぼす影響に関連する紛争を仲裁により解決するための一連の手順を提供するものである。すなわち，国連指導原則のⅢ「救済へのアクセス」では，ビジネスに関連した人権侵害から保護する義務として，国家は，侵害が生じた場合に，司法，行政，立法又はその他のしかるべき手段を通じて，影響を受ける人々が実効的な救済にアクセスできるように適切な措置を取らなければならないとして，苦情処理メカニズムを設けている。人権被害者の訴えをより受け入れやすくするために，仲裁という方式での対応を可能にしようとしたものであり，

---

9) http://bangladeshaccord.org, last visited February 3, 2024.
10) Van Der Plancke, V., Van Goethem, V., Paul, G., Wrzoncki, E., & Cadier, M. (2016). *Corporate accountability for human rights abuses: A guide for victims and NGOs on recourse mechanisms*. International Federation for Human Rights. https://www.fidh.org/IMG/pdf/corporate_accountability_guide_version_web.pdf

UNCITRAL 仲裁規則に適応したものである。この紛争処理メカニズムを有効ならしめるために幾つかの特筆すべき特徴がある（詳述できないが，若干の重要な特徴を示す[11]）。

（1）第三者の仲裁参加

　第一に特筆すべきことは，ハーグ規則に基づく仲裁は，投資家と国家の仲裁から排除されてきた企業活動によって被害を受けた人々やその他の利害関係者に仲裁手続参加及び保護の可能性を提供していることである。

　一般に，ハーグ規則に言及する協定又はその他の文書の当事者であれば（この要件が実務上満たされることは現時点においては容易ではない），いかなる利害関係者でも紛争を仲裁付託することができる。ここにいう協定や文書には，条約，契約，規則，決定，決議，機関の文書などあらゆる種類の文書が含まれる。したがって，当事者には，企業，個人，労働組合，国家，国際組織，市民団体などが含まれる可能性がある。そして，利害関係のある第三者が仲裁廷に参加し，仲裁廷において主張を述べることができるとしている（前文）。この点においては，アミカス・キュリエ（Amicus Curiae：法廷の友）の存在が重要になろう。国連人権理事会第54回会議（2023年9月11日から10月6日）の議題3 "Right to development in international investment law, study / by the Expert Mechanism on the Right to Development" において，アミカス・キュリエの役割についても中心的に取り上げられている[12]。

　また，仲裁廷は，関係する仲裁合意を含む基礎となる法的文書の当事者又は第三者受益者である場合に限り，1又は複数の第三者が当事者として仲裁に参加することを許可することができるとしている（第19条第2項）。

（2）武器の不平等への対処

　国連指導原則31（b）に準拠し，仲裁手続全体の公平性にマイナスの影

---

11) ハーグ規則の概要については，さらに横溝・前掲注3）を参照されたい。
12) https://digitallibrary.un.org/record/4017749/files/A_HRC_54_82-EN.pdf

響を与える可能性がある紛争当事者間の潜在的な武器の不平等に対処する規定がおかれている（第5条第2項）。武器の不平等とは，大規模な多国籍企業による地元の小規模事業者や地元住民など被害者との力関係の違いから生じる可能性のある問題である。例えば，多国籍企業に比べて，小規模事業者や地元住民など被害者には適切な代表者が欠如していたり，仲裁手続への無知，仲裁費用の捻出が困難であったり，報復への恐れなどが存在することである。こうしたことから，被害者には救済策へのアクセスに障壁があるという不平等に対処するため，必要な情報源，助言及び専門知識への正当なアクセスができるようにし，苦情当事者にその進捗情報を継続的に知らせ，透明性を高めるとしている。

（3）公開審理（Transparency）

第38条から第41条は，透明性に関する規定をしている。ここでは，仲裁通知や抗弁の主張や陳述書などの重要な手続文書に加えて，当事者名，紛争を証明する文書が原則として公開されることになっている。透明性を高めることが公共の利益にかなうとの趣旨である。当事者の陳述，審問も原則として公開で開催される。ただ，必要に応じて非公開とされる。この点については，仲裁廷に裁量権があるとされ，（1）仲裁手続に関与し，又は仲裁手続の影響を受ける当事者，証人，代理人，その他の者の安全，プライバシー，機密保持に関する懸念があるとき，（2）利害関係者間での紛争を悪化させる可能性があるようなとき，（3）全当事者が商業的性格を有する法人であり，紛争の性質が公共の利益に係るものではないと判断したとき，には非公開とされる。このような原則を定めるのは，ビジネスと人権に関する紛争の解決において，様々な正当な利益間のバランスが崩れる可能性があるからである。

（4）第三者の資金提供

第三者からの資金提供を認めている[13]。第55条は，当事者又は第三者が，仲裁手続へ参加するために何らかの方式の資金又は財政支援を得ている場合，当該当事者又は第三者は，他のすべての当事者及び仲裁廷に速やかに

この事実を開示するものとしている。この開示すべき内容は，資金又は財政支援者の氏名と連絡先の詳細である。なお，仲裁廷は，資金提供当事者の要請に応じて，かかる情報を他の当事者に開示しないか，又は一般に公開してはならないと決定することができるとしている。第三者の資金提供を許容するのは，武器の不平等を是正する措置のひとつと解される。

Ⅲ　課題の存在

　ハーグ規則には上述のとおりの特徴があるが，予期する効果が得られるか否かについては，課題がある。ハーグ規則の運用において，最も大きな課題として，（1）当事者間の合意文書の存在がなければならないこと，（2）その特徴として挙げられる第三者の仲裁手続参加，審問の公開の実行可能性がどの程度まで確保されるかということ，そして，（3）合意文書の当事者以外の第三者による仲裁申立ができるか，という点が指摘できるだろう。

　最も大きな問題は，第三者の仲裁参加について，当事者間の合意が得られるか否かという問題である。

　国際商事仲裁の場合には，機密保持の対象となることが通常である。したがって，人権侵害があったとしても，直接当事者ではない被害者は，自身に関連する仲裁手続が行われているとしても，これについて知る手段を持たない可能性がある[14]。ハーグ規則により，人権侵害があるという事実を認めて仲裁手続の透明性が高められるとしても，これにはやはり，事前又は事後の合意文書の存在がなければならないことに変わりはなく，事業を行う企業が事前又は事後にかかる合意をする可能性はあまり考えられないのではないだろうか。国際投資仲裁においても同様である。この場合，

---

13) 第三者資金提供問題について詳しくは，本書第5章参照。
14) June Yeum, 'Aligning Human Rights in Business with International Commercial Arbitral Rules', *Kluwer Arbitration Blog*, October9, 2021. https://arbitrationblog.kluwerarbitration.com/2021/10/09/aligning-human-rights-in-business-with-international-commercial-arbitral-rules/ last visited February 3,2024.

投資家の所在国と投資受入国との間で共通の国際条約に加盟しているか，又は二国間協定が締結され，この協定に人権侵害が生じた場合の処理に関する条項があることがハーグ規則適用の要件となるが，投資受入国が発展途上国や後発国である場合，投資誘致のために，人権侵害に関する措置を講じることを躊躇わせることもありそうである[15]。

　国際投資法に投資家の人権義務を課す試みのひとつは，条約法に関するウィーン条約第31条（3）（c）の適用を通じて間接的に行われている。この条項は，条約を解釈する際に「当事国間の関係において適用される国際法の関連規則」を考慮しなければならないとしている。この規定を利用すれば，投資家の人権侵害行為に応じて国家が実施した規制措置を反訴の形で防御することができる。しかし，Urbaser v. アルゼンチン事件で，仲裁廷は，投資家が国際法に基づく人権義務を負っていることまでは認めたものの，国際人権法が民間企業に必要なサービスを提供する契約上の義務を履行する義務を課しているという考えは否定した。そうであるので，こうした問題に対して，現在の国際法の下では，国際人権法は国内法を通じて「間接的に」民間企業の義務に影響を与えるだけであるとする仲裁廷の消極的な姿勢を払拭するものではないという指摘もあり[16]，また，国際人権法に基づく企業の義務が軽いという指摘もある[17]。Urbaser v. アルゼンチン事件において，スペインとアルゼンチンの二国間投資協定（BIT）には，投資を進める際にホスト国の法律を遵守するという投資家の義務は含まれていない[18]。そこで，アルゼンチン政府は，国内法違反

---

15) Luke Eric Peterson and Kevin R. Gray, International Human Rights in Bilateral Investment Treaties and in Investment Treaty Arbitration, https://www.iisd.org/system/files/publications/investment_int_human_rights_bits.pdf

16) Xuan Shao, "Environmental and Human Rights Counterclaims in International Investment Arbitration: at the Crossroads of Domestic and International Law" Journal of International Economic Law（2021, 24）pp.160-161.

17) The human rights case for robust "in accordance with domestic law" provisions in Africa's international investment law, https://www.iisd.org/itn/en/2022/03/30/the-human-rights-case-for-robust-in-accordance-with-domestic-law-provisions-in-africas-international-investment-law/, last visited February 8, 2024.

に反訴の根拠を置くことができなかったため、ウィーン条約第31条（3）（c）を引用して、国際人権法は考慮されるべきであると主張したものである[19]。これに対して、仲裁廷は、国際人権法の適用を認めたが、国際人権法は水への権利を侵害する活動を「控える」義務のみを課しているとしただけであり、Urbaser に積極的な人権義務を課すことはしなかった。

　上記の問題に関連して、（2）第三者の仲裁手続参加、審問の公開に関する問題がある。

　仲裁合意の問題にも関連するが、根本的には、仲裁自体がビジネス環境における人権問題に対処する適切な手段とはみなされない可能性があるという指摘がある。Bahia Tahzib-Lie 博士（オランダ人権大使）は、「仲裁は一般的に非公開の仕組みであり、……ハーグ規則にはこれに対処するための透明性に関する新たな規定が含まれているが、問題は依然として残っている。規則の透明性規定に基づいても、選択された法的弁論とともに、紛争に基づく文書の概要のみが公開される。企業の人権侵害者を"名指しし、中傷する"という公共の利益が失われるリスクがある。」という[20]。企業やその他の利害関係者が規則に参加しているかどうかに関係なく、残念ながら人権侵害の被害者となった個人や団体は、仲裁手続や仲裁を有利に利用する方法に精通していない可能性が高いという問題もあるだろう[21]。

　そして、（3）合意の当事者以外の第三者による仲裁申立ができるかという問題である。

　これに関しては、中国・カンボジアの関係の中で、実施されたチャイ・アレン水力発電所プロジェクトが想起される。チャイ・アレン水力発電所プロジェクトは、メコン川支流の川沿いに位置し、ダムサイトは中央カルダモン保護林の近くに位置している。カンボジアは、20世紀後半にこの建

---

18) Argentina–Spain BIT (1991) Art. I (2).
19) *See supra* note 7. paras 1206.
20) "海牙商業和人権仲裁規則"及其面臨的挑戦, https://www.kcwhitney.com/hague-rules-on-business-and-human-rights-arbitration-and-the-challenges-facing-the-rules/, 最終閲覧2024年2月3日。
21) 同上。

設構想を提案しており，総投資額は４億ドル，設備容量は10万8,000キロワット，年間発電能力は５億9,500万キロワット時に達すると試算されている。プロジェクトは，2006年から2015年にかけて，中国企業３社が相次いでプロジェクト開発ライセンスを取得し，投資・開発に BOT 方式を採用する計画を立てたことから始まった。2006年及び2010年に中国南方電力網有限公司と中国国電公司は，カンボジア鉱山エネルギー省（MME）とプロジェクトの実行可能性調査に関する覚書（MOU）を締結し，現地測量と地図作成の評価とプロジェクトの実行可能性調査を行った[22]。こうした中，このプロジェクトに対する外部からの反対の声が高まり続け，多くの NGO が連名でプロジェクトの中止を求める国民請願と評価報告書を提出し，抗議活動も行なわれた。こうしたことから，2015年にカンボジアのフン・セン首相はチャイ・アレン水力発電所プロジェクトを一時的に棚上げすると述べた。しかし，2014年に中国国務院国有資産監督管理委員会が監督する国有中央企業であるシノハイドロ海外投資有限公司は MME と実行可能性調査の再開に向けた MOU を締結し，建設が開始され，2018年にこのアジアで最も幅の広いダムの一つとなるプロジェクトは完成した。ダム・サイトの数万ヘクタールの森林が浸水し，先住民族や少数民族の約1,500世帯が強制移転させられ，彼らの生命と生計が損なわれていると，ヒューマン・ライツ・ウォッチは述べている[23]。ダムは中国，カンボジア，ベトナムの企業による合弁会社により運営され，中国政府系銀行が資金の大部分を提供し，予算は約８億ドルと伝えられている。カンボジア政府と

---

22) 葛昀「豆蔻森林中的水電開発――環境 NGO 柴阿潤水電站実地考察報告」http://www.xml-data.org/RWDL/html/20220208，2024年２月３日最終閲覧。

23) Cambodia: China's 'Belt and Road' Dam is a Rights Disaster Indigenous and Ethnic Groups Coerced, Poorly Compensated, https://www.hrw.org/news/2021/08/10/cambodia-chinas-belt-and-road-dam-rights-disaster, last visited February 3, 2024.

　Phak Seangly and Daphne Chen, "Sesan Dam Goes Online, While PM Dismisses Environmental Concerns," *Phnom Penh Post*, September 26, 2017 (https://www.mekongeye.com/2017/09/26/sesan-dam-goes-online-while-pm-dismisses-environmental-concerns/, last visited February 3, 2024).

中国政府との二国間合意文書[24]には，人権問題に関する取決めはなく，両国政府の関係は良いので，ダム建設による水没家屋に住み，移転を強いられる住民及び国際NGOなどが，ダム建設に反対の声を上げても取り上げられることはない。ハーグ規則が制定されても，投資プロジェクトの当事者（企業及び政府，政府間）の合意文書に人権・環境侵害に関する取り決めがなければ，第三者がハーグ規則があっても仲裁を申し立てることはできない。

以上のような問題に対して，ハーグ規則はどのように応えるのであろうか。

Ⅳ　今後の展望

紛争が生じる前の同意（仲裁条項）であっても，紛争が生じた後の同意（仲裁合意）であっても，この同意を得るには大きな障害がある。紛争が起きる前に当事者の同意を得るということになると，企業は投資を躊躇する。

それでも，ハーグ規則の起草者は，なぜ企業は，ハーグ規則に基づく仲裁を利用することに同意するかについて，「ビジネスと人権の交差点に関わるさまざまな利害関係者は全員，ハーグ規則に基づく仲裁に同意することに関心を持つ可能性がある。企業の場合，ハーグ規則に基づいて仲裁し，その結果を尊重し，裁定された損害賠償を支払うという企業とその事業の影響を受ける利害関係者（例：労働者，地域社会，サプライチェーン内の事業体）との間の拘束力のある合意を交わすことで，当該企業は，人権を尊重し，ビジネスと人権に関する国連指導原則の要求に応じて違反に対する救済を提供するという姿勢を示す強いシグナルとなる。この約束は，契約

24）「中華人民共和国和柬埔寨王国関于編制共同推進"一帯一路"建設合作規劃綱要的諒解備忘録」（中華人民共和国とカンボジア王国との間の"一帯一路"建設協力計画の共同推進のための概要の取りまとめに関する覚書）https://www.gov.cn/xinwen/2016-10/14/content_5119051.htm,last visited February 3, 2024.

書で事前に定められたものであっても，紛争が生じた後に仲裁に付託する合意で定められたものであっても，人権尊重の企業文化を促進し，ビジネスに良い評判をもたらす可能性がある。」[25]としている。しかし，このような効果があるか否かについては，今後の動向を見るほかないであろう。

　それでも，近年では，幾つかの国が投資協定において，環境，社会，人権の規範を尊重することをより明確に投資家に要求し，投資保護を投資家の行動条件とする二国間投資協定（BIT）に関する交渉を行いつつある。例えば，2019年のオランダ・モデルBIT[26]は，ビジネスと人権に関する国連指導原則及び多国籍企業のためのOECDガイドラインに基づく投資家による約束の不遵守を考慮することを求めており，7条1項で「投資家とその投資は，人権，環境保護，労働法に関する法律や規制を含むホスト国の国内法や規制を遵守しなければならない。」という規定を設けている。汎アフリカ投資法草案には，投資家の義務として，経済目標が受入国の社会経済開発目標と矛盾しないことを保証すること，天然資源の搾取を控えることなどの規定を設け，地元住民を土地収奪などから守る企業倫理と人権原則を遵守させようとしている[27]。米国モデルBIT[28]は，締約国は，それぞれの環境法及び政策，並びに両締約国が締約している多国間環境協定が環境保護において重要な役割を果たしていることを認識し，権利を剥奪したり，権利を放棄しないことを保証するものと規定している（第12条）。

---

25) The Hague Rules On Business and Human Rights Arbitration QUESTIONS & ANSWERS, https://www.cilc.nl/cms/wp-content/uploads/2021/05/QA-The-Hague-Rules.pdf
26) Netherlands model Investment Agreement 22 March 2019, https://investmentpolicy.unctad.org/international-investment-agreements/treaty-files/5832/download, last visited February 3, 2024.
27) Kabir A.N. Duggal & Nichlas J. Diamond, "Model Investment Agreements and Human Rights: What Can We Learn from Recent Efforts?", https://www.jtl.columbia.edu/bulletin-blog/model-investment-agreements-and-human-rights-what-can-we-learn-from-recent-efforts, last visited February 3, 2024.
28) 2012 U.S. Model Bilateral Investment Treaty, https://investmentpolicy.unctad.org/international-investment-agreements/treaty-files/2870/download, last visited February 3, 2024.

そして，この環境法とは，環境の保護，又は人間，動物，植物の生命に対する危険の防止を主な目的とする各締約国の法令又は規則をいうとしている。投資においては，環境問題が人権侵害に最も深刻な被害をもたらしている現状に鑑みたものであろう。

しかし，上記のようなモデルBITを実現しているのはわずかにとどまる。例えば，南部アフリカ開発共同体（SADC）モデル二国間投資条約[29]では，投資が，貧困の削減も含み持続可能な開発にもたらす上で重要な貢献をしていると認識するとしているが，人権への配慮については規定がなされていない。また，インドのモデルBIT草案では，投資家が遵守すべき投資受入国の法律として「人権」と「天然資源の保全」に関連する法律に特に言及するなど人権に関するいくつかの規定があり，また，投資家は地元の先住民族コミュニティの権利と伝統を認識すべきであるという規定があったが，2015年の最終版にはこれら規定がなされることはなかった[30]。先進国企業の投資を受け入れたい発展途上国及び後発国は，人権問題について強く主張できないという問題がなお存在する。

多くのBIT及びICSID条約は，国際法を投資紛争の解決のための準拠法として適用できると規定しているが，いずれも国際法という用語を定義しておらず，解釈の問題が残っていることも指摘されるところである。この点に関して，ICSID条約に関する世界銀行の理事会報告書は，国際法という用語は，国際司法裁判所規程第38条第1項[31]に含まれる意味として理解されるべきであると述べている[32]。すなわち，国際法とは，国際条約，国際慣行，各国が認めた一般的な法律原則，判例，権威ある文書などを含

---

29) SADC Model Bilateral Investment Treaty Template with Commentary, https://www.iisd.org/itn/wp-content/uploads/2012/10/sadc-model-bit-template-final.pdf
30) *See* supra Note 25.
31) 第38条第1項「裁判所は，付託される紛争を国際法に従って裁判することを任務とし，次のものを適用する。a. 一般又は特別の国際条約で係争国が明らかに認めた規則を確立しているもの，b. 法として認められた一般慣行の証拠としての国際慣習，c. 文明国が認めた法の一般原則，d. 法則決定の補助手段としての裁判上の判決及び諸国の最も優秀な国際法学者の学説。」
32) Report of the World Bank Executive Directors on the Convention, ICSID/2, p.13.

むべきであり，したがって，国際法の一部としての人権規約は，投資紛争の解決に適用される法律となると解されるものである。そうであるならば，ウィーン条約法を人権の優位性を支持する主要な法的根拠として，仲裁が行われるべきであろう。

V まとめ

2013年7月11日，UNCITRAL 第46回会議は，「投資協定に基づく投資家・国家間仲裁に関する透明性規則」(UNCITRAL Rules on Transparency Rules for treaty-based investor-State arbitration)[33]を採択し，同規則は2014年4月1日に発効した。この透明性原則は，アミカス・キュリエの重要な転換点となった。仲裁手続の正当性と透明性を確保するために，透明性規則の第4.6条では，紛争各当事者に第三者の陳述について意見を述べる機会を提供することが義務付けられている。アミカス・キュリエは，環境や人権分野で活発な行動をしている非政府組織が多く，ハーグ規則の発効は，今後，国際投資仲裁で大きな影響を及ぼす可能性がある。仲裁において，環境破壊に関連して人権侵害があるという主張がなされることが考えられる。また，人権保護に関わる問題は，企業の人権尊重責任を伴う貿易慣行に言及することにより，商事仲裁でも考慮される可能性がある。ハーグ規則には，グローバルサプライチェーンにおける人権への影響を仲裁するために設計された手順も含まれている。

人権問題は，様々な点で仲裁に関連してくる可能性がある。商事仲裁においても，人権を尊重する企業の責任を伴う確立された貿易慣行として人権を考慮する必要がある[34]。

---

33) https://uncitral.un.org/sites/uncitral.un.org/files/media-documents/uncitral/en/rules-on-transparency-e.pdf
34) Maria Fogdestam Agius, "Human Rights in International Arbitration" https://globalarbitrationreview.com/review/the-european-arbitration-review/2023/article/human-rights-in-international-arbitration, last visited February 3, 2024.

(初出：梶田幸雄「人権保護と国際仲裁 —"ビジネスと人権仲裁に関するハーグ規則"の適用」(JCA ジャーナル,2024年8月号 (71巻8号) 10-17頁) を一部加筆修正した。)

第7章

国際投資仲裁の透明性とアミカス・キュリエ

I はじめに

　企業による国際投資に関して，環境汚染・破壊，土地収用等地元住民に対する人権侵害があるという批判が少なくない[1]。このような問題が生じる原因の1つとして，近年，投資家と国家間の投資紛争仲裁制度に関して，透明性が欠如していることにあるという指摘がある。そして，国際投資仲裁が公共利益，市民に関わることが増えるにつれ，透明性を高めるために，仲裁手続への第三者の投資仲裁への参与を求める声が増してきている。そこで，国際投資仲裁における透明性を担保する手段として，第三者が「アミカス・キュリエ」（Amicus Curiae：法廷の友）の身分で仲裁手続に参与する事例が見られるようになってきている[2]。

　2011年に国連人権理事会において「ビジネスと人権に関する指導原則」（以下，「国連指導原則」という）[3]が全会一致で支持されて以降，企業には人権を尊重したグローバル事業展開をすることが一層強く要請されるようになってきている。2013年7月11日，国連国際商取引法委員会（UNCITRAL）第46回会議は，「投資協定に基づく投資家・国家間仲裁に関する透明性規

---

1) James D. Fry, International Human Rights Law in Investment Arbitration: Evidence of International Law's Unity, *Duke Journal of Comparative & International Law*, Vol.18, 2007. p.78.
2) 投資保護協定に投資仲裁の透明性条項を規定している例として，例えば，NAFTA第11章（http://www.ustr.gov/sites/default/files/uploads/agreements/bit/asset_upload_file748_9005.pdf）や2004年及び2012年の米国二国間投資協定（BIT）モデル条約（2012 U.S. Model Bilateral Investment Treaty）（https://ustr.gov/sites/default/files/BIT%20text%20for%20ACIEP%20Meeting.pdf），2004年のカナダFIPAモデル協定（Deborah Wilkie,*UNCITRAL Unveils New Transparency Rules Blazing a Trail Towards Transparency in Investor-State Arbitration*, https://arbitrationblog.kluwerarbitration.com/2013/07/25/uncitral-unveils-new-transparency-rules-blazing-a-trail-towards-transparency-in-investor-state-arbitration/，2023年12月27日最終閲覧），2012年の「米EU国際投資共同原則（Statement of the European Union and the United States on Shared Principles for International Investment）」（https://2009-2017.state.gov/p/eur/rls/or/2012/187618.htm,last visited February 10,2024）がある。
3) https://www.unic.or.jp/texts_audiovisual/resolutions_reports/hr_council/ga_regular_session/3404/, last visited February 10,2024.

則」(Rules on Transparency Rules for treaty-based investor-State arbitration, 以下「透明性規則」という)[4]を採択し，同規則は2014年4月1日に発効した。さらに，2019年には，「ビジネスと人権仲裁に関するハーグ規則」(The Hague Rules on Business and Human Rights Arbitration：以下，「ハーグ規則」という)[5]が発布され，国家が人々を人権侵害から保護・救済する義務を有効に果たすためのルールが形成された。ハーグ規則は，ビジネスが人権に及ぼす影響に関連する紛争を仲裁により解決するための一連の手順を提供する。すなわち，国連指導原則Ⅲに規定されている企業活動による人権への影響を受ける人々に対する救済の可能性について，国連指導原則に準拠した苦情処理メカニズムを機能させようとするものである。人権被害者の訴えをより受け入れやすくするために，仲裁という方式での対応を可能にしようとし，UNCITRAL 仲裁規則を適用する。人権への影響を問題とする仲裁が行われようとするとき，アミカス・キュリエの仲裁への関与の重要性が増すものと考えられる。国連人権理事会第54回会議（2023年9月11日から10月6日）の議題3 "Right to development in international investment law, Study by the Expert Mechanism on the Right to Development" においてもアミカス・キュリエの役割についても中心的に取り上げられている[6]。

　本章では，(1) アミカス・キュリエの概念を概説し，(2) 国際仲裁においてアミカス・キュリエが採用されるきっかけとなった事件を概観し，(3) 今日におけるアミカス・キュリエが仲裁手続に関与することが認められる根拠を確認し，(4) アミカス・キュリエの実務上の機能及び効果，課題を指摘する。

---

4) https://uncitral.un.org/en/texts/arbitration/contractualtexts/transparency, last visited December 27, 2023. https://uncitral.un.org/sites/uncitral.un.org/files/media-documents/uncitral/en/rules-on-transparency-e.pdf

5) https://www.cilc.nl/cms/wp-content/uploads/2019/12/The-Hague-Rules-on-Business-and-Human-Rights-Arbitration_CILC-digital-version.pdf

6) https://digitallibrary.un.org/record/4017749/files/A_HRC_54_82-EN.pdf

II　アミカス・キュリエの概念

　アミカス・キュリエとは，英米法の概念であり，司法手続において法廷に事件に関する事実又は法的情報を提出し，法廷が正確な判決を下すのを助ける紛争当事者以外の個人又は組織であり，non-disputing party（非係争当事者）と言われることもある。アミカス・キュリエには，双方の当事者からは独立した非政府組織（NGO），利益団体，個人などがある。ICSID条約において制度化されたものではないが，それらは特定の方式で仲裁の過程に参与し，仲裁手続や結果に一定の影響を及ぼす存在となっている。アミカス・キュリエの意見書は，仲裁廷の要請により提出されるものではなく，アミカス・キュリエ自身が自発的に提出するものである。アミカス・キュリエは，仲裁の当事者ではないが，事件の問題に関係する情報，専門知識などを提供する。この限りにおいて，アミカス・キュリエの役割は，正式な当事者が提供できない視点や情報を提示することであり，多くの場合，公共の利益や政策上の考慮事項など広範な影響を仲裁廷が理解するのを支援する。この点において，仲裁手続における証人，専門家証人と異なる。日本仲裁法第35条は，「仲裁廷又は当事者は，民事訴訟法の規定による調査の嘱託，証人尋問，鑑定，書証（当事者が文書を提出してするものを除く。）及び検証（当事者が検証の目的を提示してするものを除く。）であって仲裁廷が必要と認めるものにつき，裁判所に対し，その実施を求める申立てをすることができる。」と規定している。仲裁における証人は，通常，事件の事実に関する個人的な知識や経験に基づいて証言する。証人は，仲裁に関与する当事者によって，自らの主張や弁護を裏付けるために出廷する。証人の役割は主に事実上の証拠を提供することであり，当事者による尋問や反対尋問の対象ともなる。また，専門家証人は，特定の分野の専門家であり，事件の特定の側面について情報に基づいた技術的又は専門的な知識を提供する。また，仲裁廷は，自ら鑑定人を選任し，必要な事項について鑑定，報告をさせることができる（日本仲裁法第34条）としている。アミカス・キュリエと証人，鑑定人の違いは，その提出する意見の内容，役割が異なり，また，仲裁廷による選任の有無という点で異なる。

このようなアミカス・キュリエの主体は，徐々に多様化してきている。第一に，受入国の地元住民が挙げられる。Glamis Gold 事件[7]では，鉱山開発で宗教的・文化的遺産が破壊されたと主張する先住民族を代表する団体による意見書が仲裁廷に提出された。第二に，業界団体又は商工会議所がある。Eli Lilly and Company v. カナダ事件[8]では，カナダ商工会議所，全米製造者協会，カナダ製薬会社協会（Innovative Medicines Canada）などが意見書を提出している。第三に，国際機関の存在がある。Philip Morris Brands Sàrl, Philip Morris Products S.A. and Abal Hermanos S.A. v. ウルグアイ事件[9]では，世界保健機関（WHO），たばこの規制に関する世界保健機関枠組条約（FCTC）事務局及びパンアメリカン保健機構（PAHO）がアミカス・キュリエとしての参加を仲裁廷に求め，仲裁廷は各機関の特殊性を考慮し，三者は異なる観点から意見が述べられると判断してその参加を認めた[10]。第四に，学者又は研究機関などである。AES v. Hungary 事件[11]，Electrabel S.A. v. Hungary 事件[12]や Eureko B.V. v. Slovak 事件[13]において意見書が提出されている。

　国際投資仲裁において，アミカス・キュリエの歴史は，まだ浅いといえ

---

7) https://www.iisd.org/itn/en/2018/10/18/glamis-v-united-states/, last visited December 27, 2023.
8) https://www.italaw.com/cases/1625,last visited December 27, 2023.
9) Philip Morris Brand Sàrl (Switzerland), Philip Morris Products S.A. (Switzerland) and Abal Hermanos S.A. (Uruguay) v. Oriental Republic of Uruguay (Philip and Others v. Uruguay), ICSID Case No. ARB/10/7, Procedural Order No.3.https://www.italaw.com/cases/460,last visited December 27, 2023.
10) 同様のケースに，例えば，Infinito v. Costa Rica 事件（Infinito Gold Ltd. v. Republic of Costa Rica（Infinito v. Costa Rica），ICSID Case No.ARB/14/ 5, Procedural Order No.2, para.31.），Alicia v. Mexican 事件（Alicia v. Mexican）がある。
11) AES Summit Generation Limited and AES-Tisza Erömü Kft v. The Republic of Hungary, ICSID Case No. ARB/07/22, https://www.italaw.com/cases/193, last visited December 27, 2023.
12) Electrabel S.A. v. Republic of Hungary, ICSID Case No. ARB/07/19, https://www.italaw.com/cases/380, last visited December 27, 2023.
13) Eureko B.V. v. The Slovak Republic, PCA Case No. 2008-13（https://www.italaw.com/sites/default/files/case-documents/ita0309.pdf）.

る。それでも今日では，アミカス・キュリエの存在感は増しつつある。アミカス・キュリエは，仲裁実務においてどのように受け止められ，発展する素地をつけてきたのだろうか。以下でこの点について概観する。

Ⅲ　アミカス・キュリエの契機となった事例

　ICSID 仲裁裁判所は，最近までアミカス・キュリエによる意見の提出について消極的であった。2002年の Aguas del Tunari, S.A. v. Bolivia 事件[14]では，リビアの地方水道が民営化された後，投資家が水道料金を値上げしたため，住民の抗議運動が起き，世論の圧力を受けて政府が民営化決定を取り消したため，投資家が ICSID に仲裁を申し立てた。このとき，アミカス・キュリエから意見書提出の要望があったが，ICSID 仲裁廷は，アミカス・キュリエの意見を受け入れることを拒否し，裁定の中で ICSID 条約や二国間投資協定及び仲裁の特徴を考慮すると，第三者の意見を受け入れるかどうかは紛争当事者が決定すべき問題であると述べた。この仲裁廷の判断は，水や衛生などの基本的な生活水準に対する人権よりも企業の財産権を優先するのかという問題を提起することになり，アミカス・キュリエを受け入れないことに対する批判を受けた[15]。この事件は，その後に ICSID がアミカス・キュリエの関与を可能にする仲裁規則改正（2006年）を行う契機となった。

　アミカス・キュリエには仲裁手続に関与する法的根拠はなかったものの，アミカス・キュリエの意見書を受け入れた最初の国際投資仲裁事件として，Methanex v. USA 事件[16]がある。Methanex は，カリフォルニア州においてメタノールを生産していたが，メタノールを原料とする MtsB による

---

14) Auguas del Tunari, S.A. v. Republic of Bolivia, ICSID Case No.ARB/03/ 3（http://www.italaw.com/cases/57（last visited December 27,2023）。また，石橋可奈美「環境保護と投資─「投資」が有する人権法アプローチとしての機能─」東京外国語大学論集第89号（2014年）82頁。
15) 最終的には，市民社会からの圧力により，当事者間で和解が図られ，また，ボリビアは，住民の水に対する権利を保護するため，水道法と憲法を改正するに至った。

飲料水の汚染が問題となり，カリフォルニア州政府が環境規制を行った。これが間接収用にあたるとして，Methanex が北米自由貿易協定（NAFTA）に基づき ICSID に仲裁申立を行った。この事件において仲裁廷は，NAFTA の当事国であるメキシコが強く反対したものの，UNCITRAL 仲裁規則（1976年）第15条第1項を拡大解釈して，本規則に違反しないことを条件として，仲裁廷は「適切と判断するあらゆる方法で仲裁を行うことができるが，すべての当事者を平等に扱い，仲裁の適切な段階で各当事者に自らの主張を提起する合理的な機会を与えなければならず，アミカス・キュリエの関与は当事者の追加にはあたらない」として，2001年1月にアミカス・キュリエによる意見書提出の要請を許可した[17]。本事件においては，2000年8月25日に「持続可能な開発に関する国際研究所」（IISD：International Institute for Sustainable Development）が，アミカス・キュリエとして投資家と国家の仲裁手続へのアクセスを求める最初の記録に残る意見書を提出し，同時に当事者の弁論への参加を求めた。また，アメリカに本拠を置く他の非政府組織（NGO）からもアミカス・キュリエとして，

---

16) https://www.iisd.org/itn/en/2018/10/18/methanex-v-united-states/，及び https://www.italaw.com/cases/683。また，久保田有香「NAFTA11章仲裁手続におけるアミカス文書の取り扱い――メサネックス事件および自由貿易委員会による見解を事例として」中央大学大学院研究年報第34号（法学研究科篇）2005年2月，347-362頁。

17) 同様の事件に Biwater Gauff Ltd 対タンザニア事件がある（Biwater Gauff (Tanzania) Ltd. v. United Republic of Tanzania, ICSID Case No. ARB/05/22, https://www.italaw.com/cases/157,last visited December 27,2023）。この事件の概要は，以下のとおりである。世界銀行は，タンザニアの上下水道インフラ整備に管理・運営を民間企業に任せることを条件に資金提供をした。これに Biwater Gauff 社が入札し，地元企業と下請け契約を締結した。その後，下請け企業の資産が押収され，事業がタンザニア政府と地元上下水道局に引き継がれた。そこで，Biwater Gauff 社は，英国とタンザニアの二国間投資協定に基づき，タンザニア政府による事業継承は Biwater Gauff 社に対する差別的行為であり，十分な補償も提供されなかったと主張し，仲裁付託した。タンザニア政府は，Biwater Gauff 社にはインフラ整備を行うために十分な資金を注入しておらず，公衆衛生にリスクをもたらしたための措置であり，正当な行為であると主張した。仲裁廷は，タンザニア政府の行為は，投資の収用に該当するという判断を示した。しかし，この紛争において，公共の利益への懸念が最優先であることを認め，Biwater Gauff 社に金銭的損害賠償を与えなかった。

仲裁廷に対して同様の要請がなされた。さらに，米国は，情報公開に関する国内法に従って，すべての陳述を公開し，市民社会団体が資料を入手できるようにした。こうして，この事件は，国際投資仲裁における初のアミカス・キュリエ関与事件となった[18]。

さらに，最近の新しい展開として，Eli Lilly v. カナダ事件[19]において，仲裁廷は，一般からアミカス・キュリエの意見を求めるという大胆な試みを行い，最終的には25の異なる組織や個人からの9件の申請のうち全米製造業協会（NAM）や知的財産法学者などによる5件の意見を受け入れた。

こうして，アミカス・キュリエは，国際投資仲裁において市民権を有するようになってきた。ただし，現実には仲裁規則により仲裁廷に意見を提出することがある程度まで許容されるようになったということであり，十分な地位が認められているとまでは言えない。アミカス・キュリエの意見書を採用するか否かは，仲裁廷の裁量に委ねられているからである。それでも，透明性規則の制定により，アミカス・キュリエの地位が徐々に確固たるものとして確立されつつある。以下，この点について見てみたい。

Ⅳ 透明性規則に基づく地位確立

上述の事件でみられるとおり，アミカス・キュリエの仲裁関与の範囲は，通常，意見書の提出に限定されている。しかし，近年，各仲裁機関の仲裁規則により，アミカス・キュリエが審問に参加する権利も認められるようになり，その権限は大きく前進している。例えば，2017年のストックホル

---

18) 2005年のVivendi and Others v. Argentine 事件（Suez, Sociedad General de Aguas de Barcelona S.A. and Vivendi Universal S.A v Argentine Republic, ICSID Case No. ARB/03/19, Order in Response to Amicus Petition, 12 February 2007, paras 16–18. https://www.italaw.com/sites/default/files/case-documents/ita0823.pdf）は，ICSID 仲裁規則第37条の改正につながった事件であると言われている。この事件に言及しているものに，石塚翔太郎「国際投資仲裁における人権保障と多国間投資協定」（東京大学法科大学院ローレビュー，Vol.6, 2011.9, 21-22頁）がある。

19) Eli Lilly and Company v. The Government of Canada, UNCITRAL, ICSID Case No. UNCT/14/2, https://www.italaw.com/cases/1625, last visited February 10, 2024.

ム商工会議所（SCC）仲裁研究所仲裁規則[20]の付属文書Ⅲは，仲裁廷は当事者の要請に応じて，又は自らの発意により，アミカス・キュリエに書面又は口頭で意見を述べることを許可できると規定している。2019年の北京仲裁委員会（BIAC）国際投資仲裁規則[21]第36条（8）も，仲裁廷は，非係争当事者に対して書面による陳述を求め，又は質問をすることができると規定している。このようにアミカス・キュリエに権利を付与する根拠となる規定，又は，各仲裁機関の仲裁規則のモデルともなっているのが，透明性規則である。では，透明性規則は，アミカス・キュリエにどのような地位を与える根拠となっているのであろうか。

　投資受入国と外国投資家との間の利益のバランスを図るため，米国やEUに代表される国，地域，機関は，投資法に関する規則や仲裁手続規則の改正を始めている。NAFTAが初めに投資仲裁における透明性の重要性について提案し，その後，UNCITRALが透明性規則を採択した[22]。この透明性規則において，アミカス・キュリエの適用手順とその範囲が明確に規定された。これに伴い，投資受入国と外国投資家との間の利益のバランスを図るため，米国やEUに代表される国，地域，機関は，投資法に関する規則や仲裁手続規則の改正を始めている。

　透明性規則は，アミカス・キュリエの重要な転換点となった。透明性規則第4条は，仲裁廷は，第三者が当該紛争に関する文書提出を認めるとしている。ここで注目すべき点は，仲裁廷は紛争各当事者との協議の後，アミカス・キュリエの文書を受け入れるか否かを自ら決定できるということである。換言すれば，紛争各当事者はアミカス・キュリエの文書を拒否する権利を持たないということである。ただし，この文書提出は，以下の要件のもとで認められる。第一に，（1）第三者[23]はまず仲裁庭に申請を提出する必要があり，これは数ページの簡潔で明瞭なものであり，①第三者

---

20) https://sccarbitrationinstitute.se/sites/default/files/2023-01/scc_arbitration_rules_2023_eng.pdf
21) https://www.bjac.org.cn/page/data_dl/touzi_cn.pdf
22) 透明性規則の草案作成は，国際環境法センター（CIEL）と国際持続可能な開発研究所（IISD）の強力な推進の下で行われた。

の構成員及び法的地位，②紛争各当事者との直接又は間接の関係，③政府，個人，又は組織からの情報提供や財政支援の有無，当該第三者の利益，特定の法的又は事実上の問題を開示しなければならない（第4条第2項）。第二に，（2）仲裁廷が，第三者による文書を受理するか否かを決定する際，①第三者が仲裁手続に重大な利害関係を有しているか否か，②提出された文書が，紛争当事者とは異なる視点，特別な知識又は見識を有し，これが仲裁廷が仲裁手続に関連する事実上又は法的問題を判断するのにどの程度有用であるかを考慮するとしている（第4条第3項）。第三に，（3）仲裁廷が第三者の文書を受け入れることを同意した場合，その文書は簡潔であり，仲裁庭が指定した長さを超えてはならず，紛争の範囲に関する問題にのみ焦点を当てる必要がある（第4条第4項）。第四に，（4）仲裁廷は，第三者の陳述が仲裁手続を妨害し，不当な負担を増加させること，又は紛争各当事者に不当な損害を与えないようにする必要がある（第4条第5項）。

　手続の透明性を高めるため，ICSID仲裁規則の2022年改正においては，仲裁判断の公開に関する詳細な規則が定められた（第62条～第66条）。仲裁判断，仲裁判断の取消などICSID手続において提出された文書の公開を積極的に促進するとしている。第62条（3）は，当事者が60日以内に書面で異議を申し立てない限り，仲裁判断及び仲裁判断の取消決定の公開に同意したとみなす旨を規定している。第65条は，ICSID仲裁手続の透明性をさらに高めるために，仲裁廷は，いずれかの当事者が異議を申し立てない限り，第三者の審問への出席及びその傍聴を許可することを認めている。このような透明性規則の整備により，アミカス・キュリエの仲裁手続への参加可能性はさらに高まるであろう。

V　課題の存在

　アミカス・キュリエの価値を高めるためには，なお課題が存在する[24]。

23）透明性規則第4条は，"Submission by a third person" とされている。第5条で "Submission by a non-disputing Party to the treaty" について規定している。

第一に，(1) アミカス・キュリエが代表する利益団体は限られているという問題がある。そうであるので，国際投資仲裁へのアミカス・キュリエ参加を認めるかどうかという問題については，先進国と発展途上国・後発国との間に意見の相違がある。発展途上国・後発国は，自国の経済発展の権利をより重視する。一方，アミカス・キュリエとして意見書を提出するのは，特に環境や人権分野の非政府組織が多く，欧米の先進国に集中している。この場合，アミカス・キュリエが発展途上国・後発国の経済発展にとっては，不利になることがあることが懸念されている。

　第二に，(2) アミカス・キュリエの関与は，準備書面の提出に限定されており，訴訟当事者が提出した証拠や文書の多くへのアクセスが非常に限られており，意思決定に与える可能性を制約しているという問題の指摘もある[25]。そもそもアミカス・キュリエを採用するか否かも仲裁廷に委ねられているところ，当然の帰結と言えるかもしれない[26]。しかし，人権や環境問題に関わる問題である場合，事件へのアクセスができるようなシステムの構築が検討されて良いのかも知れない。

　第三に，(3) 上記の (1) 及び (2) から，アミカス・キュリエの主体審査基準が不明確であるのではないかという問題も指摘されることになる。アミカス・キュリエは生産的な公開対話を呼び起こすという主張があるのに対し，これは仲裁プロセスの政治化を引き起こし，それが仲裁廷の中立性を危険にさらし，仲裁廷を「世論の法廷」に変える可能性があるという

---

24) 本文の以下で叙述する課題に関しては，ICSID 仲裁規則第67条の非係争当事者の意見において，紛争のない当事者による提出を許可するかどうかを決定する際，仲裁廷は，以下を含むすべての関連状況を考慮するものとすると規定している。（a）意見が紛争の範囲内の事項を扱うものであるか否か，（b）意見が，当事者とは異なる視点，特定の知識，見識を提示することにより，仲裁廷が手続に関連する事実上又は法的問題を判断するのに役立つか否か，（c）非係争当事者が仲裁手続において重大な利害関係を有しているか否か，（d）非係争当事者の身元，活動，組織及び所有者，及び（e）意見を提出するために非紛争当事者に財政的又はその他の援助を提供する個人又は団体があるか否か，である。

25) *See supra* note 6, para.61. Charles H. Brower, II, "Structure, legitimacy, and NAFTA's investment chapter", Vanderbilt Journal of Transnational Law, vol. 36, No. 1 (2003), pp. 72-73.

主張もある[27]。

　第四に，(4) アミカス・キュリエとして参加する NGO が増えれば増えるほど，国際投資仲裁はより煩雑で費用がかかるものになる可能性があることである。仲裁廷には，費用を合理的な範囲内に抑えることや，関連する証拠や弁論を受領することなど，バランスを取ることを考慮する義務があることに留意する必要がある[28]。したがって，アミカス・キュリエの参加を認めることは，必ずしも国際投資仲裁の正当性や透明性を向上させるものではないという意見もある[29]。

　第五に，(5) 以上の問題ゆえにアミカス・キュリエには独立した訴訟権はなく，事件の審理における補助的機能を担うことにとどまっていることである。紛争当事者に不必要な損害を与えることなく，アミカス・キュリエの介入が合理的な範囲で確実に制御されるようにするには，仲裁の本質的な特徴を維持することと，投資受入国国民の正当な期待に応えることとの間の適切なバランスを維持することが必要である。

　以上の問題があるがゆえに，現時点において上述の透明性規定における文書提出に関する規制が存在する。この場合に最も肝要であることは，アミカス・キュリエの専門性を高める必要性があるということであろう。

---

26) 連邦最高裁においては，アミカス・ブリーフを提出したアミカス・キュリエの訴訟代理人は，アミカス・キュリエが支持する当事者の同意を得た場合には口頭弁論に参加することができる。当事者の同意がない場合には裁判所に許可申立てができるが，規則上は「極めて例外的な状況においてのみ」許可される（連邦最高裁規則28条7項）。連邦控訴裁判所においては，裁判所の許可を得た場合，アミカス・キュリエは口頭弁論に参加することができる（連邦上訴規則 29 条 (a)(8)）。商事法務研究会「民事訴訟における証拠収集法制等に関する調査研究報告書」（令和 6 年 2 月）118 頁。

27) Lukas Brunner, "Can Amicus Curiae Lead Investor-State Arbitration out of its Legitimacy Crisis and Towards More Efficient Dispute Resolution?", https://arbitrationblog.kluwerarbitration.com/2022/07/15/can-amicus-curiae-lead-investor-state-arbitration-out-of-its-legitimacy-crisis-and-towards-more-efficient-dispute-resolution/, last visited December 28, 2023.

28) See supra note6, para.62.

29) 周昕亮「国際投資仲裁中的法庭之友価値重塑与規則構建」https://image.hanspub.org/Html/ 5 -1080233_57651.htm, 2024年 2 月10日最終閲覧。

Ⅵ　まとめ

　国際投資協定に透明性規則を適用する「投資家と国家間の条約に基づく透明性に関する国連条約」への反応は非常に鈍く，2023年時点でこの条約を批准しているのはわずか9カ国にとどまる[30]。したがって，現時点で，その影響は限定的である。

　外国投資が受入国の人権や環境問題などに悪影響を及ぼし，地域住民などと紛争を生じるケースは少なくない。アミカス・キュリエが仲裁廷に人権に関する意見書を提出しようとすることは，仲裁廷に投資紛争において人権問題が存在することを真剣に考慮させることになるのではないか。ただし，当事者としての受入国が人権擁護に無頓着であればアミカス・キュリエの意見を仲裁廷がどこまで真剣に受け止めるかは判然としない。Deva 氏と Ho 氏は，現在の投資家と国家の紛争解決メカニズムは，投資関連プロジェクトの影響を受ける地域社会を含む他者の権利や利益よりも外国投資家の利益を優先し，投資協定が投資家に直接の人権義務や確固たる責任を課すことはほとんどないと批判している[31]。仲裁廷は，人権や環境問題については，アミカス・キュリエの意見をより重視した判断をすることが求められるのではないか。

　仲裁廷が第三者・公益のために行動できるか否かは，（1）人権や環境への配慮も仲裁判断基準に含み，（2）透明性規則に基づくアミカス・キュリエ制度の導入を通じて，社会の一般大衆が仲裁手続に参加する仕組みをどこまで具体化できるか，そして，（3）仲裁廷を構成する仲裁人の教育・育成が重要な課題となるだろう。さらに，国連人権条約機関において増加している NGO，学術機関，及びその他専門機関による第三者介入

---

30) https://treaties.un.org/pages/ViewDetails.aspx?src=TREATY&mtdsg_no=XXII-3 &chapter=22&clang=en, last visited February 6, 2024.
31) Surya Deva and Tara Van Ho, "Addressing (In) Equality in Redress: Human Rights-Led Reform of the Investor-State Dispute Settlement Mechanism", https://brill.com/view/journals/jwit/24/3/article-p398_3.xml, last visited February 10, 2024.

(TPI) は，関係事件をサポートするために情報や法的主張を提出できるよう制度化されていることを考えると，ICSID 条約に基づく国際投資紛争解決におけるアミカス・キュリエについても同様の制度化をすることも検討に値するかも知れない。

(初出：梶田幸雄「国際投資仲裁の透明性とアミカス・キュリエ」(白門，2024年夏号，通巻859号，22-27頁) を一部加筆修正した。)

索引：事件リスト

AES v. Hungary 事件 ·· 245
Aguas del Tunari, S.A. v. Bolivia 事件 ··· 246
Commonwealth Continental Coating Corp v. Continental Casualty Co. 事件
·· 212-213
Electrabel S.A. v. Hungary 事件 ··· 245
Eli Lilly and Company v. カナダ事件 ··· 245, 248
Eureko B.V. v. Slovak 事件 ·· 245
GKML 事件 ··· 146-156
Glamis Gold 事件 ·· 245
Halliburton Company v. Chubb Bermuda Insurance Ltd. 事件 ············· 213
KEN SIRIUS 号事件（中国 X 保険会社 v. ギリシャ Y 傭船会社）··········· 183
Methanex v. USA 事件 ··· 246-248
Philip Morris Brands Sàrl, Philip Morris Products S.A. and Abal Hermanos S.A. v. ウルグアイ事件 ·· 245
Teinver S.A, et al. v. アルゼンチン共和国事件 ································· 211-212
Urbaser（スペイン法人）v. アルゼンチン共和国事件 ············ 227-228, 233
栄成市西霞口船業有限公司 v. オランダ Spliethoff Shipping Company 事件
·· 190-192
恒基公司事件 ··· 129
恒光公司 v. 超級汽車公司事件 ·· 175-178
シャオミ v. インタデジタル事件 ·· 184
泰州浩普公司 v. Swiss Wicor Holding Company 事件 ··················· 176-178
中軽三聯国際貿易有限公司 v. Tata International Metals（Asia）Co., Ltd. 事件
·· 104-133, 178
チャイ・アレン水力発電所プロジェクト（問題）·········· 234-236
番禺珠江鋼管 v. 深圳市泛邦国際貨運有限公司事件 ······················· 128
ファーウェイ v. Conversant 事件 ··· 185
ブレントウッド v. 広東閻安龍機械設備製造有限公司事件 ············ 18-19
ラナ・プラザ崩壊事故事件 ·· 228-229

《著者紹介》

梶田　幸雄（かじた　ゆきお）　中央大学法学部教授

●――略歴

1954年東京都生まれ。中央大学法学部卒業。中央大学大学院法学研究科博士後期課程国際企業関係法専攻修了。博士（法学）。青森中央学院大学経営法学部、麗澤大学外国語学部などを経て2019年より現職。

●――主要業績

『中国国際商事仲裁の実務』（中央経済社，2004年），『中国ビジネスのリーガルリスク』（日本評論社，2007年），『中国のM&A―その理論と実務』（共著，日本評論社，2008年），『中国企業の日本企業M&A』（共著，蒼蒼社，2011年），『中国対外経済戦略のリアリティー』（共著，麗澤大学出版会，2017年），於興中『法の支配と文明秩序―中国人学者の視点から』（編訳，中央大学出版部，2022年），『中国における国際取引紛争解決法』（日本評論社，2022年）。

国際仲裁制度改革の重要論点――中国仲裁法改正との関連で（こくさいちゅうさいせいどかいかくのじゅうようろんてん――ちゅうごくちゅうさいほうかいせいとのかんれんで）

2025年3月25日　第1版第1刷発行

著　者――梶田幸雄
発行所――株式会社　日本評論社
　　　　〒170-8474　東京都豊島区南大塚3-12-4
　　　　電話03-3987-8621（販売：FAX‐8590）
　　　　　　 03-3987-8611（編集）
　　　　https://www.nippyo.co.jp/　振替　00100-3-16
印刷所――精文堂印刷株式会社
製本所――牧製本印刷株式会社
装　丁――図工ファイブ

JCOPY〈（社）出版者著作権管理機構　委託出版物〉

本書の無断複写は著作権法上での例外を除き禁じられています。複写される場合は，そのつど事前に，（社）出版者著作権管理機構（電話03-5244-5088，FAX03-5244-5089，e-mail: info@jcopy.or.jp）の許諾を得てください。また，本書を代行業者等の第三者に依頼してスキャニング等の行為によりデジタル化することは，個人の家庭内の利用であっても，一切認められておりません。

検印省略　© 2025 Yukio Kajita
ISBN978-4-535-52813-0　　　　　　　　　　　　　　　　　　Printed in Japan

中国における国際取引紛争解決法

梶田幸雄=著 ●中央大学法学部教授

国際商事仲裁、国際商事調停、国際投資仲裁等を内容とした、主に中国の事例を対象とする国際私法の法理論と実務に関する研究。

◆定価6,050円(税込)／A5判／344頁　◆ISBN 978-4-535-52674-7

本書の内容

【第1部　国際商事仲裁】
第1章 臨時仲裁の課題——中国自由貿易区における臨時仲裁／第2章 第三者参加型の多数当事者仲裁の論点——中国南通明徳重工業 v. Crescendo事件を中心に／第3章 国際仲裁における上訴制度／第4章 中国仲裁における渉外的要素の概念——中国法人間の紛争を中国外で仲裁により解決する可能性／第5章 外国仲裁機関による中国国内における仲裁判断の効力——国際化に向けた司法解釈の変更と仲裁法改正案

【第2部　国際商事調停】
第6章 シンガポール国際調停条約と今後の課題／第7章 中国国際商事調停の動向

【第3部　国際投資仲裁】
第8章 腐敗問題が関わる国際投資仲裁——受理要件と腐敗の認定基準／
第9章 環境保護問題と国際投資仲裁の課題

【第4部　外国判決,外国仲裁判断の承認・執行】
第10章 中国の外国仲裁に対する司法審査／
第11章 外国判決の承認・相互主義——中国のケースを参考にして

【第5部　国際商取引の重要論点】
第12章 新型コロナウイルス感染症と中国における不可抗力の適用問題／
第13章 域外適用的経済制裁と国際取引契約における制裁条項の効力——AlDakkakTrading v. 福建鼎豊機電事件などを参考にして

日本評論社
https://www.nippyo.co.jp/